Manual Teórico-Prático de *Compliance*

Manual Teórico-Prático de *Compliance*

2022

André Alfar Rodrigues

ALMEDINA

MANUAL TEÓRICO-PRÁTICO DE *COMPLIANCE*

AUTOR
André Alfar Rodrigues

EDITOR
EDIÇÕES ALMEDINA, S.A.
Rua Fernandes Tomás, n.os 76, 78 e 80
3000-167 Coimbra
Tel.: 239 851 904 • Fax: 239 851 901
www.almedina.net • editora@almedina.net

DESIGN DE CAPA
FBA

EDITOR
EDIÇÕES ALMEDINA, S.A.

IMPRESSÃO E ACABAMENTO

Fevereiro, 2022

DEPÓSITO LEGAL

ALMEDINA | GRUPOALMEDINA

BIBLIOTECA NACIONAL DE PORTUGAL – CATALOGAÇÃO NA PUBLICAÇÃO

RODRIGUES, André Alfar

Manual teórico-prático de compliance. – 1ª ed.
(Manuais profissionais)
ISBN 978-989-40-0116-4

CDU 347

"The difference – and C.S. Lewis pointed this out as well – between those mythological gods and Christ was that there's a historical representation of his existence as well. So what you have in the figure of Christ is an actual person who actually lived plus a myth, and, in some sense, Christ is the union of those two things.

The problem is I probably believe that but I'm amazed at my own belief, and I don't understand it. Because I've seen, sometimes, the objective world and the narrative world touch – you know, that's union synchronicity. And I've seen that many times in my own life and so, in some sense, I believe it's undeniable."

Jordan Peterson – *The Jordan B. Peterson Podcast with Jonathan Pageau* – 1 March 2021

GLOSSÁRIO DE SIGLAS

AAFDL – Associação Académica da Faculdade de Direito de Lisboa
AA.VV – Autores Variados
AICPA – American Institute of Certified Publics Accountants
ASAE – Autoridade de Segurança Alimentar e Económica
ASF – Autoridade de Supervisão de Seguros e Fundos de Pensões
AT – Autoridade Tributária
BC/FT – Branqueamento de Capitais e Financiamento do Terrorismo
BdP – Banco de Portugal
BES – Banco Espírito Santo
BPP – Banco Privado Português
CAE – Classificação das Atividades Económicas
CCO – Chief Compliance Officer
CCTV – Closed-Circuit Television
CEDH – Convenção Europeia dos Direitos do Homem
CEO – Chief Executive Officer
CFO – Chief Financial Officer
CMVM – Comissão do Mercado de Valores Mobiliários
CNPD – Comissão Nacional de Proteção de Dados
COSO – Committee of Sponsoring Organizations of the Treadway Commission
CP – Código Penal
CPP – Código de Processo Penal
CSC – Código das Sociedades Comerciais
DCIAP – Departamento Central de Investigação e Acção Penal da Procuradoria-Geral da República

DL – Decreto-Lei
EBA – European Banking Authority
ECGI – European Corporate Governance Institute
ENCC – Estratégia Nacional de Combate à Corrupção
FCA – Financial Conduct Authority
FCPA – Foreign Corrupt Practices Act
FDA – Food and Drug Administration
GAFI – Grupo de Ação Financeira
GDPR – General Data Protection Regulation
GNR – Guarda Nacional Republicana
IIA – Institute of Internal Auditors
IMPIC – Instituto dos Mercados Públicos, do Imobiliário e da Construção
IPAC – Instituto Português de Acreditação
IPC – Índice de Percepção de Corrupção
ISO – International Organization for Standardization
LBCFT – Lei Branqueamento de Capitais e Financiamento do Terrorismo
M&A – Mergers and Acquisitions
MP – Ministério Público
ONU – Organização das Nações Unidas
OPC – Órgãos de Polícia Criminal
OROC – Ordem dos Revisores Oficiais de Contas
OSAE – Ordem dos Solicitadores e dos Agentes de Execução
PEP – Pessoa Politicamente Exposta
PJ – Polícia Judiciária
PSP – Polícia de Segurança Pública
RAI – Requerimento de Abertura de Instrução
RCBE – Registo Central do Beneficiário Efetivo
RGICSF – Regime Geral da Instituições de Crédito e Sociedades Financeiras
RGPD – Regulamento Geral de Proteção de Dados
RJC – Regime Jurídico da Concorrência
ROC – Revisor Oficial de Contas
SEC – Securities and Exchange Commission
SEF – Serviço de Estrangeiros e Fronteiras
SROC – Sociedade de Revisores Oficiais de Contas
SOX – Sarbanes-Oxley Act
SSRN – Social Science Research Network
TEDH – Tribunal Europeu dos Direitos do Homem

UCP – Universidade Católica Portuguesa
UE – União Europeia
UIF – Unidade de Informação Financeira
UNODC – United Nations Office on Drugs and Crime
Vol. – Volume

ÍNDICE

Exposição de Motivos

O termo *compliance* surgiu através da expressão inglesa "to *comply*", que se traduz na adoção de um comportamento conforme uma determinada norma, comando ou instrução. Embora geralmente associado à atividade bancária e aos mercados financeiros, o *compliance* é um conceito presente na generalidade das atividades económicas, não sendo exclusivo destas. Diversas indústrias, como o caso dos seguros, das farmácias, do setor da energia, ou das telecomunicações, necessitam de meios adequados para garantirem o cumprimento das normas, tanto as que decorrem da própria lei, como das normas internas de uma estrutura empresarial de forma a identificar os riscos associados ao *não-compliance*[1]. A crescente legislação em matéria de branqueamento[2] de capitais e combate ao financiamento do

[1] Como perfeitamente identifica Sebastião Nóbrega Pizarro, "*na verdade, ignorar ou não aplicar o compliance significar estar em não-compliance*", *in Manual de Compliance*, Nova Causa Edições Jurídicas, 2016, p. 12.

[2] É importante a disposição contida no Código Penal Português.

Nos termos do art. 368º-A do CP (Branqueamento):

"*1 – Para efeitos do disposto nos números seguintes, consideram-se vantagens os bens provenientes da prática, sob qualquer forma de comparticipação, de factos ilícitos típicos puníveis com pena de prisão de duração mínima superior a seis meses ou de duração máxima superior a cinco anos ou, independentemente das penas aplicáveis, de factos ilícitos típicos de:*

a) Lenocínio, abuso sexual de crianças ou de menores dependentes, ou pornografia de menores;

b) Burla informática e nas comunicações, extorsão, abuso de cartão de garantia ou de crédito, contrafação de moeda ou de títulos equiparados, depreciação do valor de moeda metálica ou de títulos equiparados, passagem de moeda falsa de concerto com o falsificador ou de títulos equiparados, passagem de moeda

falsa ou de títulos equiparados, ou aquisição de moeda falsa para ser posta em circulação ou de títulos equiparados;
c) Falsidade informática, dano relativo a programas ou outros dados informáticos, sabotagem informática, acesso ilegítimo, interceção ilegítima ou reprodução ilegítima de programa protegido;
d) Associação criminosa;
e) Terrorismo;
f) Tráfico de estupefacientes e substâncias psicotrópicas;
g) Tráfico de armas;
h) Tráfico de pessoas, auxílio à imigração ilegal ou tráfico de órgãos ou tecidos humanos;
i) Danos contra a natureza, poluição, atividades perigosas para o ambiente, ou perigo relativo a animais ou vegetais;
j) Fraude fiscal ou fraude contra a segurança social;
k) Tráfico de influência, recebimento indevido de vantagem, corrupção, peculato, participação económica em negócio, administração danosa em unidade económica do setor público, fraude na obtenção ou desvio de subsídio, subvenção ou crédito, ou corrupção com prejuízo do comércio internacional ou no setor privado;
l) Abuso de informação privilegiada ou manipulação de mercado;
m) Violação do exclusivo da patente, do modelo de utilidade ou da topografia de produtos semicondutores, violação dos direitos exclusivos relativos a desenhos ou modelos, contrafação, imitação e uso ilegal de marca, venda ou ocultação de produtos ou fraude sobre mercadorias.
2 – Consideram-se igualmente vantagens os bens obtidos através dos bens referidos no número anterior.
3 – Quem converter, transferir, auxiliar ou facilitar alguma operação de conversão ou transferência de vantagens, obtidas por si ou por terceiro, direta ou indiretamente, com o fim de dissimular a sua origem ilícita, ou de evitar que o autor ou participante dessas infrações seja criminalmente perseguido ou submetido a uma reação criminal, é punido com pena de prisão até 12 anos.
4 – Na mesma pena incorre quem ocultar ou dissimular a verdadeira natureza, origem, localização, disposição, movimentação ou titularidade das vantagens, ou os direitos a ela relativos.
5 – Incorre ainda na mesma pena quem, não sendo autor do facto ilícito típico de onde provêm as vantagens, as adquirir, detiver ou utilizar, com conhecimento, no momento da aquisição ou no momento inicial da detenção ou utilização, dessa qualidade.
6 – A punição pelos crimes previstos nos nºs 3 a 5 tem lugar ainda que se ignore o local da prática dos factos ilícitos típicos de onde provenham as vantagens ou a identidade dos seus autores, ou ainda que tais factos tenham sido praticados fora do território nacional, salvo se se tratar de factos lícitos perante a lei do local onde foram praticados e aos quais não seja aplicável a lei portuguesa nos termos do artigo 5º
7 – O facto é punível ainda que o procedimento criminal relativo aos factos ilícitos típicos de onde provêm as vantagens depender de queixa e esta não tiver sido apresentada.
8 – A pena prevista nos nºs 3 a 5 é agravada em um terço se o agente praticar as condutas de forma habitual ou se for uma das entidades referidas no artigo 3º ou no artigo 4º da Lei nº 83/2017, de 18 de agosto, e a infração tiver sido cometida no exercício das suas atividades profissionais.

terrorismo obriga a que o *compliance* esteja permanentemente a adaptar--se aos novos desafios de uma economia em constante mudança. A esta crescente transmutação da realidade económica acresce a obrigatoriedade de as empresas reforçarem os seus sistemas de controlo interno de forma a evitarem consequências, tanto para estas como para todo o tecido empresarial e o próprio mercado. A acrescer a esta densificação normativa, as matérias relativas à proteção de dados pessoais encontram-se a proliferar e a conhecer um desenvolvimento sem paralelo[3]. Perante esta conjugação de fatores, é necessário fazer uma exaustiva ponderação destas matérias e regulá-las através de programas de *compliance*[4].

Por estes motivos, este livro procura de uma forma simples e objetiva, ser um aliado a todos os profissionais que lidam diariamente com estas matérias.

9 – Quando tiver lugar a reparação integral do dano causado ao ofendido pelo facto ilícito típico de cuja prática provêm as vantagens, sem dano ilegítimo de terceiro, até ao início da audiência de julgamento em 1.ª instância, a pena é especialmente atenuada.

10 – Verificados os requisitos previstos no número anterior, a pena pode ser especialmente atenuada se a reparação for parcial.

11 – A pena pode ser especialmente atenuada se o agente auxiliar concretamente na recolha das provas decisivas para a identificação ou a captura dos responsáveis pela prática dos factos ilícitos típicos de onde provêm as vantagens.

12 – A pena aplicada nos termos dos números anteriores não pode ser superior ao limite máximo da pena mais elevada de entre as previstas para os factos ilícitos típicos de onde provêm as vantagens".

[3] Roslyn Layton, "How the GDPR Compares to Best Practices for Privacy, Accountability and Trust", *SSRN Electronic Journal*, 2017.

[4] Veronica Root Martinez, "The Compliance Process", *Notre Dame Legal Studies Paper* nº 1838, 2019.

Evolução histórica

O *compliance* teve a sua génese na viragem do século XX, através da criação das primeiras entidades reguladoras. As primeiras funções regulatórias começaram em 1906 nos Estados Unidos através da aprovação do *Food and Drug Act* e a criação da *Food and Drug Administration* (FDA). O governo norte-americano criou um modelo de fiscalização de forma a regular as atividades da indústria alimentar e da indústria farmacêutica[5].

Os programas de *compliance,* tal como concebidos hoje, deram os seus primeiros passos através da legislação norte-americana, com a criação da Prudential Securities, em 1950, a regulação da *Securities and Exchange Commission* (SEC), em 1960, e a criação do *Foreign Corrupt Practices Act* (FCPA) ([6]), em 1977. Só 25 anos depois, o Reino Unido criou o *Bribery Act* (2010)[7]. No entanto, nenhuma legislação estava preparada para

[5] João Vítor Freitas Rodrigues, "Compliance nas Instituições Bancárias – Relação com o Sistema de Controlo Interno e a Auditoria Interna", dissertação apresentada à Universidade Católica Portuguesa para a obtenção do grau de Mestre em Direito e Gestão, sob orientação da Senhora Professora Doutora Isabel Menéres Campos e do Senhor Professor Doutor Ricardo Cruz, UCP Porto, 2019.

[6] Mike Koehler, "The Story of the Foreign Corrupt Practices Act", *Ohio State Law Journal,* Vol. 73, No. 5, 2012.

[7] Eric Engle, "I Get by with a Little Help from My Friends? Understanding the UK Anti--Bribery Statute, by Reference to the OECD Convention, and the Foreign Corrupt Practices Act", *The International Lawyer (American Bar Association),* Vol. 44, 2011, pp. 1173-1188.

os sucessivos escândalos que ainda estavam por ocorrer. Os casos da *WorldCom*[8], *Enron*[9], *Parmalat*[10], *Lehman Brothers*[11], *Petrobras*[12], *Bernard Madoff Investment Securities*[13], são apenas alguns dos exemplos que vieram determinar a necessidade de regular a atividade das organizações empresariais.

A história neste tipo de escândalos é infelizmente muito rica, no entanto, é com ela que devemos procurar emendar os erros do passado. A *Lehman Brothers*, foi um banco fundado em 1850 que tinha um ativo avaliado em 640 mil milhões de USD, sendo à época do escândalo, o quarto maior banco de investimento americano. O seu principal negócio era a compra e venda de ações e ativos de juro fixo, *research*, gestão de investimentos e fundos. A *Lehman Brothers* faliu em 2008 em resultado de perdas colossais na sequência da crise do *subprime*[14], demonstrando que nenhuma instituição financeira é "*too big to fail*"[15].

[8] MICHAEL C. JENSEN, "Agency Costs of Overvalued Equity", *ECGI – Finance Working Paper* No. 39/2004 Harvard Business School NOM Working Paper No. 04-26, Financial Management, Vol. 34, No. 1, Spring 2005.

[9] WILLIAM W. BRATTON, "Enron and the Dark Side of Shareholder Value", *Public Law and Legal Theory Working Paper* nº 035, The George Washington University Law School, 2002.

[10] GUIDO FERRARINI e PAOLO GIUDICI, "Financial Scandals and the Role of Private Enforcement: The Parmalat Case", *ECGI – Law Working Paper* No. 40/2005, 2005.

[11] JOHN KWAKU MENSAH MAWUTOR, "The Failure of Lehman Brothers: Causes, Preventive Measures and Recommendations", *Research Journal of Finance and Accounting*, Vol.5, No.4, 2014.

[12] LUCAS MARAGNO e JOSE ALONSO BORBA, "Unearthing Money Laundering at Brazilian Oil Giant Petrobras", *Journal of Money Laundering Control, Forthcoming*, 2018.

[13] GREG N. GREGORIOU e FRANCOIS LHABITANT, "Madoff: A Riot of Red Flags", *SSRN Electronic Journal*, 2009; LINUS WILSON, "Madoff's Dirty Money", *Journal of Money Laundering Control*, 2019.

[14] YULIYA DEMYANYK e OTTO VAN HEMERT, "Understanding the Subprime Mortgage Crisis", *The Review of Financial Studies* Vol. 24, No. 6, The Academic Analysis of the 2008 Financial Crisis (June 2011), pp. 1848-1880; RICHARD CHRISTOPHER WHALEN, "The Subprime Crisis: Cause, Effect and Consequences", *Networks Financial Institute Policy Brief* No. 2008-PB-04, 2008; ADAM B. ASHCRAFT e TIL SCHUERMANN, "Understanding the Securitization of Subprime Mortgage Credit", *Wharton Financial Institutions Center Working Paper* No. 07-43, FRB of New York Staff Report, No. 318, 2007.

[15] CHEN ZHOU, "Are Banks Too Big To Fail? Measuring Systemic Importance of Financial Institutions", *SSRN Electronic Journal*, 2009; Emilios Avgouleas, "The Reform of 'Too-Big-To--Fail' Bank: A New Regulatory Model for the Institutional Separation of 'Casino' from 'Utility' Banking", SSRN Electronic Journal, 2010.

Por exemplo, em 1995, o Barings Bank, que se tratava de um banco de investimento fundado em 1762, faliu na sequência de transações no mercado japonês de derivados (índices de opções e contratos de futuro), realizadas por um único *trader* da instituição. Os prejuízos rondaram os 1.300 mil milhões de dólares. Este banco é um exemplo nítido do que pode suceder quando existe uma gestão de riscos ineficaz, aliada de um sistema de controlo operacional deficiente.

Em Portugal, tivemos por exemplo, os casos do Banco Privado Português (BPP) e do Banco Espírito Santo (BES)[16]. O BES, foi um dos maiores bancos privados de Portugal, que iniciou a sua atividade em 1869. Em 2013 era presidido pelo neto do fundador, Ricardo Salgado, que revelou um prejuízo acima dos 95 mil milhões de euros. Já no final de março, o crédito em risco representava 11,1% da carteira do banco, tendo este reconhecido que a sua exposição seria superior à média do setor. O banco veio a ser alvo de medidas de resolução, por parte do Banco de Portugal em 3 de agosto de 2014 e entrou em liquidação em julho de 2016.

A não adoção de políticas de *compliance* pode levar uma organização a sofrer graves prejuízos, como processos judiciais, processos contraordenacionais[17], bem como a perda potencial de imagem e lesões na sua

[16] José Engrácia Antunes, "Banco Espírito Santo – The Anatomy of a Banking Scandal in Portugal", Forthcoming in: Ferrarini, Guido/ Busch, Danny/ Van Solingue, Gerard (dir.), "Corporate Governance of Financial Institutions", *Oxford University Press*, Oxford, 2018; Alexandra Fernandes Gonçalves, "Análise de Compliance – O Caso Banco Espírito Santo", Trabalho Final na modalidade de Dissertação apresentado à Universidade Católica Portuguesa para obtenção do grau de mestre em Auditoria e Fiscalidade, sob orientação Professora Doutora Luísa Anacoreta, 2017; Joana Rocio, "A Medida de Resolução no Caso BES – Uma análise do mecanismo de resolução aplicado ao Banco Espírito Santo", Dissertação de Mestrado em Direito Empresarial, Sob a orientação do Mestre Jorge Brito Pereira, UCP, 2015.

[17] Um exemplo paradigmático das pesadas sanções que podem advir da falta de implementação de um programa de Compliance trata-se da decisão da Financial Conduct Authority (FCA) do Reino Unido em que foi aplicada ao Deutsche Bank, uma sanção pecuniária cujo valor ascendeu a 163 milhões devido às graves insuficiências da sua estrutura de controlo do branqueamento de capitais, durante o período compreendido entre 1 de janeiro de 2012 e 31 de dezembro de 2015. O Deutsche Bank expôs o sistema financeiro do Reino Unido aos riscos de crimes financeiros ao deixar de supervisionar adequadamente a formação de novos relacionamentos com clientes e a reserva de negócios globais no Reino Unido. Como consequência de sua estrutura de controlo inadequada, o Deutsche Bank, clientes não identificados

reputação. Tais consequências podem colocar em risco a sobrevivência da organização. O *compliance* não se esgota na mera adoção de normas ou regulamentos internos que possam mitigar as situações de branqueamento de capitais, financiamento do terrorismo, corrupção ou conflitos de interesses, entre outros. Pretende-se também apelar ao "*sentido de honestidade, responsabilidade e idoneidade de cada um*"[18].

Nesta medida, a adoção de políticas de *compliance* permite também habilitar (e responsabilizar) os funcionários quanto ao seu comportamento e ética profissional. Estes são o reflexo de uma organização. De nada serve a uma empresa investir num sistema de controlo completo e rígido se não conseguir transmitir determinados valores aos seus colaboradores. O *compliance* não garante o sucesso de uma organização e muito menos elimina todos os riscos associados a uma atividade empresarial, no entanto, minimiza as suas consequências e torna as operações mais transparentes.

transferiram aproximadamente 10 bilhões de euros de origem desconhecida, da Rússia para contas bancárias offshore de uma forma altamente sugestiva de crime financeiro.

[18] Sebastião Nóbrega Pizarro, *Manual de Compliance*, Nova Causa Edições Jurídicas, 2016, p. 13.

O Conceito de *Compliance*

Já identificámos na nossa exposição de motivos que a palavra *compliance* advém da expressão "*to comply*" que significa conformidade, neste caso perante o Direito vigente. Mas devemos fazer um breve enquadramento sobre o seu significado. Segundo ROTSCH, o *compliance* deve ser entendido como "*o princípio vigente em qualquer ordenamento estadual, de que as empresas e os seus órgãos devem atuar em conformidade com o direito vigente*"[19]. De outra forma KUHLEN, afirma que o *compliance* é um "*sistema estruturado de medidas através das quais as empresas pretendem assegurar-se de que são cumpridas as normas a que estão sujeitas, bem com os seus administradores e trabalhadores, que as infrações sejam descobertas e eventualmente punidas a nível interno*"[20]. Por sua vez, TIAGO GERALDO defende que "*é possível fazer corresponder o compliance a um sistema ordenado, transversal à organização empresarial, de prevenção e monitorização de riscos legais. Esta e as restantes definições apresentam um ponto em comum: o cariz eminentemente preventivo que vai associado ao compliance*"[21]. TERESA QUINTELA DE BRITO afirma que o significado de *compliance*, "*não*

[19] ROTSCH, "Criminal Compliance", *Indret*, nº1, 2012, p. 2.

[20] LOTHAR KUHLEN, "Cuestiones fundamentales de *compliance* y Derecho Penal », *Compliance y teoría del Derecho Penal* (org. LOTHAR KUHLEN, JUAN PABLO MONTIEL E ÍNIGO ORTIZ DE URBINA GIMENO), Marcial Pons, 2013, p. 51.

[21] Quanto às referidas "restantes definições", o autor pronunciou-se sobre as definições avançadas por ROTSCH e KUHLEN, *in*, "A responsabilidade do compliance officer: fundamentos e limites do dever de auto-vigilância empresarial", *Estudos sobre Law Enforcement, Compliance e Direito Penal*, 2ª Edição, Almedina, 2018, p. 275.

significa apenas conformidade ao Direito, mas adoção de regras e processos intra-empresariais que garantam que o cumprimento do Direito não é fruto do acaso, de um compromisso individual ou de interesses parciais de um departamento, antes corresponde a uma «arquitetura de compliance» coerente e omnipresente, i.e., referida às atividades empresariais, internas e externas"[22].

Devemos ter em mente que o *compliance* encontra-se associado ao conceito de cumprimento normativo voluntário. O *compliance* implica *segurança*, *qualidade* e *integridade*. Este conceito foi crescendo aquando do implemento de programas nas empresas que, voluntariamente dessem cumprimento às normas que lhe são aplicáveis. Como ensina PAULO DE SOUSA MENDES, estes programas são concebidos para "*minorar significativamente os riscos de responsabilização das sociedades comerciais e respetivos dirigentes nos âmbitos civil, contraordenacional e até criminal e, com isso, a defender genericamente os interessados (stakeholders)*"[23, 24]. E o conceito de *compliance* não pode ser discutido sem o conceito de *law enforcement* que se traduz na aplicação efetiva da lei.

O principal objetivo aquando da criação de uma estrutura de *compliance* é que seja evitada a prática de atos ilícitos criminais[25], como serão por exemplo, os crimes de corrupção, de branqueamento de capitais, fiscais ou até acidentes. Podemos falar, para além do conceito de *compliance*, do conceito de *criminal compliance*[26], cuja finalidade é a de prevenir suspeitas de infrações de regras jurídico-penais e a de prevenir a responsabilização penal individual de dirigentes e trabalhadores de uma organização. TERESA

[22] TERESA QUINTELA DE BRITO, "*Compliance*, Cultura Corporativa e Culpa Penal da Pessoa Jurídica", *in Estudos sobre Law Enforcement, Compliance e Direito Penal*, Almedina, 2018, p. 59.

[23] PAULO DE SOUSA MENDES, "Law Enforcemente & Compliance", *in Estudos sobre Law Enforcement, Compliance e Direito Penal*, Almedina, 2018, p. 11; ULRICH SIEBER E MARC ENGELHART, *Complaince Programs for the Prevention of Economic Crimes: An Empirical Survey of German Companies*, Schriftenreihe des Max-Planck-Instituts für ausländisches und internationales Strafrecht, Reihe S: Strafrechtliche Forschungsberitche (MPIS), vol. 140, Berlin: Duncker & Humblot, 2014, pp. 1-2.

[24] ULRICH SIEBER e MARC ENGELHART, *Compliance Programs for the Prevention of Economic Crimes: An Empirical Survey of German Companies*, Schriftenreihe des Max-Planck-Instituts für ausländisches und internationales Strafrecht, Reihe S: Strafrechtliche Forschungsberichte (MPIS), Band 140, Berlin: Duncker & Humblot, 2014, pp. 1-2.

[25] EDGARDO BUSCAGLIA, "Controlling Organized Crime and Corruption in the Public Sector", *Forum on Crime and Society*, Vol. 3, Nos. 1/2, December 2003.

[26] TODD HAUGH, "The Criminalization of Compliance", *Notre Dame Law Review*, 1215, 2017.

QUINTA DE BRITO defende que "*no que concerne à criminal compliance, pretende-se que a pessoa jurídica capte a mensagem pública (na forma de risco jurídico-penalmente relevante), reflita sobre o que pode ou não suceder no exercício da sua atividade, e o transmita claramente aos seus membros. Espera-se que, nos termos do Direito Penal vigente, o ente: (i) defina de forma clara como conseguirá operar em consonância com esse Direito; e (ii) se organize, vigie e controle de forma a tornar realmente possível tal cumprimento*"[27].

O *compliance* não serve para isentar os seus destinatários de responsabilidades[28]. E ainda como refere PAULO DE SOUSA MENDES, "*os programas, os sistemas e as medidas de compliance poderão, na prática, ter impacto na avaliação da responsabilidade (coletiva ou individual) e na determinação de sanções aplicáveis*"[29]. Tal parece ser enquadrável no art. 11º, nº 6 do Código Penal[30], bem como no seu art. 71º, nº 2, alínea a) e e)[31] e no art. 69º, nº 1 da Lei nº 19/2012, de 8 de maio referente ao Regime Jurídico da Concorrência[32].

No entanto, este impacto somente é determinável em cada caso em concreto. A existência de um programa de *compliance* não só é insuficiente para eliminar os riscos de ilícitos penais, como também não poderá, por si só, eximir a responsabilidade penal pelos eventuais crimes que possam

[27] TERESA QUINTELA DE BRITO, "*Compliance*, Cultura Corporativa e Culpa Penal da Pessoa Jurídica", *in Estudos sobre Law Enforcement, Compliance e Direito Penal*, Almedina, 2018, p. 61.

[28] RALPH FOORTHUIS e RIK BOSM "A Framework for Organizational Compliance Management Tactics", Lecture Notes in Business Information Processing 83, pp. 259-268, 2011.

[29] PAULO DE SOUSA MENDES, "Law Enforcemente & Compliance", *in Estudos sobre Law Enforcement, Compliance e Direito Penal*, Almedina, 2018, p. 14.

[30] Art. 11º, nº6 do Código Penal (Responsabilidade das pessoas singulares e colectivas) – "A responsabilidade das pessoas colectivas e entidades equiparadas é excluída quando o agente tiver actuado contra ordens ou instruções expressas de quem de direito".

[31] Cfr. Art. 71º do Código Penal (Determinação da medida da pena) – "*Na determinação concreta da pena o tribunal atende a todas as circunstâncias que, não fazendo parte do tipo de crime, depuserem a favor do agente ou contra ele, considerando, nomeadamente: a) O grau de ilicitude do facto, o modo de execução deste e a gravidade das suas consequências, bem como o grau de violação dos deveres impostos ao agente; e) A conduta anterior ao facto e a posterior a este, especialmente quando esta seja destinada a reparar as consequências do crime*".

[32] Cfr. Art. 69º, nº1, alínea f) do Regime Jurídico da Concorrência (Determinação da medida da coima) – "*Na determinação da medida da coima a que se refere o artigo anterior, a Autoridade da Concorrência pode considerar, nomeadamente, os seguintes critérios: f) O comportamento do visado pelo processo na eliminação das práticas restritivas e na reparação dos prejuízos causados à concorrência, nomeadamente através do pagamento de indemnização aos lesados na sequência de acordo extrajudicial*".

estar verificados na esfera da sua atuação. No entanto, tal como refere José Neves da Costa, "*importa, não obstante, ver se tal programa tem relevo, para efeitos da aplicação do nº 6 do art. 11º do CP, na apreciação casuística da responsabilidade coletiva. Por outras palavras, importa apurar se o preceito de um programa de compliance vale como «ordens ou instruções expressas de quem de direito», na parte em que prevejam mecanismos de mitigação de risco para a concretização do ilícito típico que se verificou*"[33].

Segundo a *International Organization for Standardization* (ISO), a organização deve estabelecer, desenvolver, implementar, avaliar, manter e melhorar continuamente um sistema de gestão de conformidade, incluindo os processos necessários e suas interações, levando em consideração os seguintes princípios de *governance*[34]: *acesso direto da função de conformidade ao órgão de direção; independência da função de conformidade; autoridade apropriada e recursos adequados alocados para a função de conformidade.* O sistema de gestão de conformidade deve refletir os valores, objetivos, estratégia e riscos de conformidade[35]. Através dos programas de cumprimento normativo voluntário podem ser evitados diversos conflitos de interesses, podem ser evitadas violações quanto aos deveres de segregação de funções, podem ser evitadas auditorias ou investigações internas e também podem ser evitadas questões quanto à independência e idoneidade dos sujeitos envolvidos.

Não nos podemos esquecer que o *compliance* é uma forma de autorregulação, o que não deixa de ser uma espécie de privatização[36] da função de prevenção e de irregularidades[37]. E isto acarreta diversos riscos. Um

[33] José Neves da Costa, "Responsabilidade penal das instituições de crédito e do *Chief Compliance Officer* no crime de branqueamento", *in Estudos sobre Law Enforcement, Compliance e Direito Penal*, 2ª Edição, Almedina, 2018, p. 329.

[34] Sean J. Griffith, "Corporate Governance in an Era of Compliance", William & Mary Law Review, Vol. 57, No. 6, 2016, Fordham Law Legal Studies Research Paper No. 27666611, 2016.

[35] Segundo o ponto 4.4 da ISO 19600 (*Compliance Management Systems – Guidelines*), criada pela organização internacional não governamental e independente ISO International Organization for Standardization , fundada em 1946 e agrega 165 países.

[36] Scott Killingsworth, "The Privatization of Compliance", *RAND Center for Corporate Ethics and Governance Symposium White Paper Series, Symposium on "Transforming Compliance: Emerging Paradigms for Boards, Management, Compliance Officers, and Government"* (2014).

[37] A expressão é utilizada por Axel-Dirk Blumenberg e Beatriz García-Moreno, "Retos prácticos de la implementación de programas de cumplimiento normativo", in Responsabilidad de la empresa y compliance (Coordenação de Santiago Mir Puig, Mirentxu Corcoy

dos principais riscos é o de que, se existir uma violação clara de regras de cumprimento, é a organização que decide se vai ou não agir e se vai ou não denunciar o evento às autoridades públicas. Outro problema reside no facto de o *compliance officer* ser também ele funcionário da empresa. O responsável pelo *compliance*, por muito independente que seja, continua ele próprio, a ser subordinado da organização para qual labora. A própria figura do *compliance officer* carece ainda de séria regulação.

Ter um programa de *compliance* é ter um programa amplo de guias éticos que elevem a empresa aos mais altos padrões de diligência e integridade e em conformidade com os requisitos legais e regulatórios. Tem de ficar claro que uma empresa não pode prometer, dar ou autorizar nada de valor, direta ou indiretamente a alguém para receber uma vantagem comercial indevida. Este é um conceito basilar do *compliance*. Estes conceitos são dinâmicos e é por isso que é necessária uma constante atualização dos programas de *compliance*. Como podemos verificar, o *compliance* não pode ser reduzido a algo estático, pois encontra-se sempre em desenvolvimento, adaptando-se aos novos tempos. A sua finalidade não se reconduz à mera sistematização de deveres de controlo e vigilância. Tem também como finalidade prevenir ([38]), ou na medida do possível, eliminar fatores que possam gerar potenciais atos ilícitos.

Bidasolo y Victor Gómez Martín), Edisofer, 2014, p. 273; É também utilizada por Paulo César Busato, "O que não se diz sobre o criminal compliance", *in Estudos sobre Law Enforcement, Compliance e Direito Penal*, Almedina, 2018, p. 24.

[38] Frederico da Lacerda da Costa Pinto, "Tendências e ruturas na evolução do Direito Penal económico", *Católica Law Review*, Vol. I, nº3, 2017, 107; Juan Antonio Lascuraín "Los programas de cumprimento como programas de prudencia penal", *Revista Portuguesa de Ciência Criminal*, nº 25, 2015, pp. 97-115.

A Ética Corporativa e o *Compliance*

Existe uma importante relação entre a ética corporativa e o *compliance*[39]. A primeira nota a reter é a de que nenhuma organização está livre de riscos. Todas as organizações empresariais estão sujeitas a condutas indesejáveis. O *compliance* visa minorar os riscos destas condutas e os seus potenciais efeitos nocivos. Num mercado competitivo é esperado que os funcionários de uma determinada organização tenham de tomar decisões de forma rápida, eficiente e de acordo com as leis do mercado onde se inserem. É através do *compliance* que uma determinada empresa deve identificar problemas, procurando minorá-los da melhor forma possível. As organizações devem estar dotadas de mecanismos internos que permitam não só identificar um problema em concreto, como devem também criar uma estrutura e dar formação aos seus colaboradores para que estes possam identificar e mitigar eventuais conflitos, agindo com ética e de acordo com a lei[40]. Os sucessivos escândalos que aludimos em *supra*, devem ser um exemplo para as atuais organizações empresariais, na medida em que ilustram a necessidade de antecipar a ocorrência de problemas que podem comprometer o futuro de uma empresa. Estes drásticos

[39] John R. Graham, Jillian Grennan, Campbell R. Harvey, Shivaram Rajgopal, "Corporate Culture: Evidence from the Field" (June 26, 2019). 27th Annual Conference on Financial Economics and Accounting Paper, Duke I&E Research Paper No. 2016-33, Columbia Business School Research Paper No. 16-49.

[40] Isaac Mamaysky, "Understanding Ethics and Compliance", *Journal of Regulatory Compliance*, 2021.

eventos obrigaram os países a criarem leis contra o branqueamento de capitais e o financiamento do terrorismo, aumentando o *law enforcement* e o valor das sanções a que as organizações se encontram sujeitas, caso incumpram a lei.

A modernização das tecnologias e o aumento das formas de branqueamento de capitais, da corrupção, do financiamento do terrorismo, entre outras ilegalidades, levaram a que ocorresse um aumento da exigência da autorregulação e dos padrões éticos[41]. Nesta medida, as empresas devem adaptar-se aos novos tempos e aumentar a sofisticação dos programas de *compliance*. Quanto maior for uma estrutura empresarial, maiores são os riscos que a sua atividade comporta. Assim, o bom governo das sociedades (*corporate governance*)[42] é essencial para satisfazer todos os objetivos de uma organização e os interesses dos *stakeholders*[43].

O conceito de *stakeholders* abrange todo o conjunto de pessoas, grupos e organizações que mostram interesse, ou que influenciam e são influenciadas por uma determinada empresa. Podemos dividir este conceito em dois grupos, os *stakeholders internos*, como é o caso dos administradores, funcionários e acionistas, e os *stakeholders* externos, que podem ser, a título de exemplo, os clientes, os reguladores, os fornecedores ou uma determinada comunidade. Uma organização deve identificar e prevenir eventuais conflitos de interesses que possam surgir, tanto entre *stakeholders* internos, como entre estes e *stakeholders* externos[44].

A estrutura empresarial deve auxiliar os seus funcionários a lidar com as questões éticas que possam surgir no decurso das suas vidas profissionais[45]. Vários são os dilemas éticos que podem surgir dentro da mesma estrutura organizacional. Estes conflitos podem surgir tanto entre colaboradores,

[41] Tom C. W. Lin, "Compliance, Technology, and Modern Finance", *Temple University Legal Studies Research Paper* nº 2017-06, 2017.

[42] Daoud Abdellatef Jerab, "The Effect of Internal Corporate Governance Mechanisms on Corporate Performance", *SSRN Electronic Journal*, 2011.

[43] Klaus J. Hopt, "Corporate Governance of Banks after the Financial Crisis", in: E. Wymeersch, K. J. Hopt, G. Ferrarini, eds., *Financial Regulation and Supervision, A post-crisis analysis, Oxford University Press* 2012, pp. 337-367 (Part A) *ECGI – Law Working Paper* nº 207.

[44] Pallavi Mahajan, "Business Ethics in the Scenario of Corporate Governance", *SSRN Electronic Journal*, 2011.

[45] Yuval Feldman e Yotam Kaplan, "Behavioral Ethics as Compliance", *Cambridge Handbook of Compliance* (Van Rooij & Sokol Eds.) Publisher: Cambridge U Press, 2019.

como também podem surgir entre *stakeholders* externos. Por vezes, estas diferenças ocorrem porque existem conflitos de valores. E nem sempre existe uma resposta correta ou errada. Em determinadas situações é o contexto que influencia a tomada de decisões.

Vamos considerar o seguinte exemplo: Alberto, funcionário de uma empresa multinacional sediada em Lisboa, solicitou ao colega Bernardo, que o ajudasse a encobrir uma falta que pretende dar no trabalho, num determinado dia, de forma a conseguir assistir a um jogo de futebol onde o seu filho ia participar. Tanto Alberto como Bernardo são colegas de departamento e uma falta injustificada leva o trabalhador a violar as políticas da empresa. Não nos pronunciaremos sobre as faltas injustificadas no âmbito do Código do Trabalho. O que releva para o nosso caso prático é que a empresa proíbe as faltas injustificadas e obriga os seus colaboradores, caso tenham conhecimento de algum comportamento desviante das normas da empresa por parte de outro trabalhador, a reportar o sucedido ao seu respetivo superior hierárquico. Em termos éticos, isto levanta diversas questões. Deverá Bernardo comunicar ao seu superior hierárquico o sucedido? Ou deverá este ir de encontro à pretensão do seu colega em assistir ao jogo do filho? Será que a empresa promove a conjugação da vida profissional e pessoal dos seus trabalhadores? Será este comportamento grave o suficiente para que um colega o denuncie? Não existe uma resposta correta, pois dependerá dos valores pessoais de cada um.

Outro exemplo: Imaginemos que a empresa FazLuz (ligada ao sector energético) cria uma regra de que não deverá existir mais do que um membro da mesma família dentro da organização, por questões de confidencialidade, e também de forma a proteger o *know how* e o seu *modus operandi* da empresa. Marília, que é diretora do departamento de desenvolvimento científico, descobre que a empregada de limpeza, Patrícia, é sua prima em quarto grau. Esta última alega quem quando se candidatou à vaga não sabia que Marília era sua prima, e só descobriu posteriormente a uma conversa com esta sobre as suas origens familiares. Sabendo que Marília tem o dever de reportar o sucedido, será que o deve fazer? Pode suceder que Marília não concorde com as normas instruídas pela empresa. Mas o facto de esta não comunicar o sucedido também pode comprometer a sua posição na empresa caso o facto seja descoberto. Como deveria agir Marília?

Foi estabelecido pela Assembleia Geral das Nações Unidas, um conjunto de 17 medidas globais, designada por Agenda 2030, que enumera diversos objetivos de desenvolvimento sustentável. Estes objetivos são amplos e interdependentes. A Agenda 2030 foi acordada entre 193 países. Ficou estabelecido no ponto 16 que os países iriam ter como objetivo conjunto, a "*paz, justiça e instituições eficazes*", visando a promoção de sociedades pacíficas e inclusivas para o desenvolvimento sustentável, proporcionando o acesso à justiça para todos e construir instituições eficazes, responsáveis e inclusivas em todos os níveis. A meta 5 do objetivo 16 visa a redução substancial da corrupção e do suborno, independentemente da forma que estes possam assumir.

Olhando para a ética de uma perspetiva organizacional, podemos sustentar a ideia de que uma empresa deverá assentar os seus princípios, valores e normas, de forma a orientar o comportamento dos seus colaboradores, procurando que estes respeitem as normas deontológicas que a profissão exige[46]. A empresa, deve assim, estatuir valores que serão verdadeiros princípios orientadores da atuação dos seus colaboradores.

Assim, uma empresa deverá criar regulamentos que possam dar resposta a estes eventuais conflitos, devendo para tal instituir valores empresariais, estabelecendo metas para o efeito e garantir boas práticas de atuação dos seus funcionários. As organizações podem basear-se em diversos instrumentos e iniciativas internacionais já criadas para o efeito, como é o caso da *Anti-Corruption Ethics and Compliance Handbook for Business*[47], do *The Business Principles for Countering Bribery*[48], e dos *10 Princípios do Global Compact*[49]. Assim, podemos identificar que é muito importante a criação de uma cultura ética no seio de uma organização.

São várias as vantagens da criação de uma cultura ética no seio de uma organização[50]. Uma empresa que estatua e que adote uma postura pró-ativa

[46] PETRA BENEDEK, "Compliance Management – a New Response to Legal and Business Challenges", *Acta Polytechnica Hungarica*, 2012.

[47] Desenvolvido por empresas, para empresas, com o auxílio da OCDE, do Escritório das Nações Unidas sobre Drogas e Crime (UNODC) e do Banco Mundial.

[48] Criados pela Transparency International que é a principal organização da sociedade civil liderando o combate à corrupção.

[49] Desenvolvido pela Organização das Nações Unidas.

[50] SENEM SEZEK e DIMITRIOS N. KOUFOPOULOS, "Corporate Ethics Governance – The Role of Stakeholders in a Framework beyond Codes and Borders", *SSRN Electronic Journal*.

em relação à sua ética empresarial, fará com que os seus funcionários sintam uma maior confiança na atuação da empresa, permitindo dessa forma aumentar a produtividade destes últimos, o que irá gerar, em muitos casos, melhores resultados para a própria empresa.

Em rigor, a confiança pode demorar a anos a ser construída, enquanto basta um mero ato para que esta confiança seja quebrada, podendo esta nunca mais ser reposta. Ao garantir que os funcionários estão satisfeitos com as metas da empresa, aumenta-se a possibilidade que estes possam construir uma carreira a longo prazo nas instituições, permitindo a manutenção de colaboradores que representam uma mais-valia para a organização. A existência de uma cultura corporativa irá também permitir que exista uma maior probabilidade do cumprimento normativo. A instituição irá também beneficiar de uma maior credibilidade e de um aumento da sua reputação no mercado em que se insere. Esta conjugação de fatores irá fomentar um aumento na produtividade, o que por sua vez levará ao incremento da confiança dos clientes na empresa.

Desta forma, as empresas poderão maximizar os lucros e contribuem para o Desenvolvimento Sustentável. Desta forma, os responsáveis pelo departamento de *compliance,* devem promover a criação e a manutenção de uma cultura ética dentro de uma organização empresarial. Nesta medida podemos entender que o *compliance* não se esgota através da mera conformidade do cumprimento normativo.

Podemos identificar uma dimensão negativa da função do *compliance,* na medida em que é necessário a elaboração de medidas preventivas que são destinadas a detetar e impedir infrações, sejam estas legais ou decorrentes de regulamentos da empresa. O que se procura é o cumprimento normativo e não uma mudança de comportamento. Por sua vez, na sua dimensão positiva, deve existir uma preocupação com a ética e a integridade das organizações.

Assim, o *compliance* deverá ser aplicado tendo em conta a conjugação destas duas dimensões. As empresas não podem só pensar nos fins, ou seja, nos resultados, mas também devem pensar nos meios, ou seja, na forma de atuação. Os *stakeholders* têm aumentado as suas expectativas quanto ao comportamento ético nos negócios.

A ética mostra-se assim um elemento fundamental para o sistema de procedimentos que uma organização quer implementar, na medida em que a tomada de decisões é balizada pelos valores que compõem a empresa.

O *compliance* não pode ser visto só como uma obrigação, devendo ser encarado como um meio de controlo do cumprimento normativo que age de acordo com o mercado, auxiliando os seus intervenientes a pautarem o seu comportamento com uma ética adequada às funções que exercem. Os responsáveis pelo *compliance* de uma organização devem procurar, continuamente, uma melhoria dos seus sistemas de controlo de cumprimento, adaptando-se às exigências dos novos tempos.

A importância do *compliance* para as organizações

Para compreendermos a importância do *compliance*[51] para as organizações empresariais temos de compreender o conceito "*tone at the top*". Este termo foi popularizado após a introdução da Lei Sarbanes-Oxley (SOX) de 2002[52]. Este conceito pode ser utilizado para definir os valores orientadores e o clima ético de uma organização que são estabelecidos pelo CEO (*Chief Executive Officer*), pelo seu Conselho de Administração e pelo CCO (*Chief Compliance Officer*)[53]. Ou seja, quando falamos em "*tone at the top*", falamos da cultura corporativa estabelecida pela liderança de uma organização[54].

As pessoas responsáveis e que estão no topo da hierarquia de uma empresa devem estabelecer claramente, através de procedimentos

[51] Paola Musile Tanzi, Giampaolo Gabbi, Daniele Previati, Paola Schwizer, "Compliance Risk in the Evolution of the Investment Services – Characteristics, Control Tools and Organizational Issues", *SSRN Electronic Journal*, 2009.

[52] David Hess, "A Business Ethics Perspective on Sarbanes Oxley and the Organizational Sentencing Guidelines", *Michigan Law Review*, Vol. 105, No. 8, 2006; Renu Desai e Robert W. McGee, "The Sarbanes-Oxley Act: Deterrent or Aid to Finance and Accounting Outsourcing?", *SSRN Electronic Journal*, 2009.

[53] Todd Archibald, Ken Jull e Kent Roach, "Corporate Criminal Liability: Myriad Complexity in the Scope of Senior Officer", *Criminal Law Quarterly* 50(3), 2013.

[54] Scott Killingsworth, "Modeling the Message: Communicating Compliance Through Organizational Values and Culture", *Georgetown Journal of Legal Ethics*, Vol. 25, No. 4, 2012, 6

internos, quais as funções que desempenham e de que modo o fazem[55]. Tem de existir uma harmonização de valores. De certa forma, e recorrendo a uma analogia, podemos ver o conceito do "*tone at the top*" como uma "*orquestra*". Embora quem toque a "*melodia*" seja a administração, esta facilmente desafina se não for bem coordenada por um "*maestro*". A quem cabe esta última função é ao CEO. O seu papel é crucial para o sucesso da empresa, pois este não só é o rosto desta, como também é aquele que os funcionários veem em última análise, como o pilar da visão, liderança e orientação da organização.

O conselho de administração deve assegurar que a escolha do CEO assenta em critérios baseados na sua formação, experiência, personalidade, credibilidade e idoneidade. Assim, o conselho de administração tem uma dupla função, o de criar códigos de conduta[56] e o de agir de acordo com eles[57]. O *Chief Executive Officer,* deve ser alguém com capacidade de liderança e com capacidade de punir, mas também de recompensar os funcionários. LEONARD BROOKS e PAUL DUNN descrevem que os líderes de uma organização devem ser recetivos às preocupações éticas dos funcionários, devendo valorizar a ética e a integridade, em relação às metas de negócios de curto prazo e devem respondem apropriadamente se tomarem conhecimento de uma conduta inadequada[58].

A avaliação do "*tone at the top*" é feita pelos auditores. A Lei Sarbanes-Oxley (SOX) de 2002 foi precisamente criada devido ao escândalo do caso Enron[59]. A Enron foi uma empresa norte-americana ligada ao setor energético, que empregava cerca de 21.000 trabalhadores e que foi uma das empresas líderes durante largos anos no que respeitava à distribuição de energia, como o gás ou a eletricidade. Sucede, porém, que a empresa

[55] GEOFFREY P. MILLER, "The Compliance Function: An Overview", *NYU Law and Economics Research Paper* No. 14-36, 2014.

[56] DIMITRIOS N. KOUFOPOULOS, "Corporate Ethics Governance – The Role of Stakeholders in a Framework beyond Codes and Borders" SSRN Electronic Journal, 2012.

[57] David O'Regan, *Auditor's Dictionary: Terms, Concepts, Processes, and Regulations* ([Online--Ausg.] ed.). New York: John Wiley and Sons Ltd., 2004, pp. 257.

[58] Leonard J. Brooks e Paul Dunn, *Business & professional ethics for directors, executives, & accountants* (5th ed.). Mason, OH: South Western Cengage Learning, 2010, p. 261.

[59] Sobre o caso Enron: JULEN CARREÑO AGUADO, *El tratamiento jurídico-penal de la inveracidad en la información social. Una propuesta de revisión del artículo 290 del Código Penal,* Madrid: La Ley, 2013, pp. 35 a 95.

apresentava dezenas de biliões de dólares de lucros, quando na verdade tinha de facto biliões de dólares em prejuízos. O CFO da Enron utilizava uma estratégia "*mark to market*"[60]. Esta técnica permitia manipular o valor dos rendimentos da empresa, pois esta recorria ao valor da projeção dos resultados de contratos futuros, contando-os como correntes. Os números que constavam dos balanços eram muito elevados, no entanto, a empresa pagava valores muito baixos em impostos. Após diversas denúncias, foram descobertos os verdadeiros resultados da empresa. A Arthur Anderson que era uma das principais cinco empresas de auditoria do mundo, era a responsável por fazer a auditoria das contas da Enron. No entanto, a Arthur Anderson contribuiu para a falsificação de resultados da Enron, ocultando e destruindo documentos que comprovavam a corrupção e os crimes de colarinhos branco que esta praticava, de forma deliberada e concertada com a empresa de energia. Esta concertação de esforços entre a Enron e a Arthur Anderson abalou toda a economia mundial e além de ter levado ambas as empresas à falência, permitiu que as empresas se apercebessem da importância da existência dos sistemas de controlo internos.

Estes dois exemplos demonstram claramente a importância do *compliance*. Se uma organização possuir um excelente "*tone at the top*", através da implementação e atualização dos sistemas de controlo interno, se tiver canais de denúncias adequados, entre outros, os riscos associados à sua atividade serão reduzidos. O objetivo de um programa de *compliance* é assim, o de prevenir e detetar irregularidades, fraudes, desvios, e conflitos que possam surgir no decurso de uma atividade.

É por estas razões que, apesar do "*tone at the top*" ser imprescindível, é também necessário que exista um "*mood in the middle*". Na maior parte dos casos, os funcionários não têm contacto direto com os órgãos de administração de uma empresa, em especial nos casos das empresas de grandes dimensões. Assim, as pessoas que estão no meio da hierarquia, são também de grande importância na medida em que têm contacto direto com, tanto os órgãos de administração, como os demais funcionários e colaboradores.

O *Compliance Chief Officer* tem uma importância acrescida, na medida em que, é imprescindível para um bom "*mood in the middle*". Cabe a este, a

[60] *Consiste* numa *avaliação de um ativo (ou uma posição) de acordo com seu valor de mercado*, tal como está expresso por sua *cotação mais recente*. A ideia é que cada posição seja avaliada por *um valor que corresponda ao que se pensa que seria possível realizar se quiséssemos liquidar essa posição no mercado.*

implementação de sistemas de controlo interno e dos programas de ética e *compliance* da empresa. Assim, tanto os *compliance officers* como os outros gestores são fundamentais na medida em que servem de ponte entre os órgãos de administração e os colaboradores da empresa.

O *Compliance Officer*

Por detrás de todas as estruturas e programas de *compliance,* existe o *compliance officer* (o responsável máximo é o *Chief Compliance Officer* (CCO))[61]. Este é responsável por garantir a conformidade das obrigações contratuais, estatuárias e legais de uma empresa. Cabe-lhe, além da implementação de estruturas de sistemas de controlo interno, revê-las periodicamente, bem como auxiliar os outros membros no cumprimento das normas que lhes são importas[62], entre outras funções. O *compliance officer*, em nossa opinião, deve ser o responsável pela função que a LBCFT designa por responsável pelo cumprimento normativo (RCN), na acepção do seu art. 16º.

[61] ALAN FRANKLIN, "So You Want to Be a Compliance or Risk Assessment Officer?", *SSRN Electronic Journal*, 2017.

[62] Contudo, por vezes o relacionamento entre o departamento de compliance e os outros departamentos pode revelar-se difícil. Tal como explicado por Verhage: "*em relação a casos ou clientes específicos, os compliance officers parecem continuarem em confronto com colegas ou diretores relutantes, em função dos conflitos entre os objetivos comerciais e os objetivos do compliance... Pode ser difícil de explicar a colegas porque é que uma relação com um cliente deve terminar, quando esse cliente é muito lucrativo para o banco .... Um dos desafios ou dilemas é reconciliar os aspetos comerciais os aspetos relativos ao compliance. É uma questão de políticas de curto, médio e longo prazo. Grande parte dos comerciais pensa num curto, enquanto nós – como compliance – pensamos a médio e longo prazo*", ANTOINETTE VERHAGE, The *Anti Money Laudering Complex and the Compliance Industry*, Routledge, 2011, *apud* SEBASTIÃO NÓBREGA PIZARRO, *Manual de Compliance,* Nova Causa Edições Jurídicas, 2016, pp. 81 e 82.

Cabe a este zelar pelo controlo do cumprimento do quadro normativo em matéria de prevenção de BC/FT, sempre que seja adequado à natureza, dimensão e complexidade da atividade prosseguida pelas entidades obrigadas, ou exigível por lei, regulamentação ou determinação da autoridade setorial competente. O *compliance officer* desempenha uma das mais árduas e espinhosas funções no seio de uma estrutura empresarial. Este participa na definição e na emissão de pareceres prévios sobre as políticas e os procedimentos e controlos destinados a prevenir o BC/FT, bem como deve acompanhar, de forma permanente, a atualidade e a adequação destes procedimentos, propondo quaisquer atualizações que julgue necessárias. Nos termos do art. 16º, nº 2 da LBCFT, o *compliance officer* deve participar no acompanhamento e avaliação da política de formação interna da entidade obrigada, bem como deve assegurar a centralização de toda a informação das áreas de negócios em que a entidade esteja envolvida.

Para além destas funções, o *compliance officer* é o interlocutor das autoridades judiciárias, policiais e de supervisão e fiscalização, dando cumprimento ao dever de comunicação previsto no artigo 43º da LBCFT, assegurando o exercício das demais obrigações de comunicação e de colaboração. Devido às exigências que decorrem da sua atividade, a função de *compliance officer* deve ser independente do órgão de administração da entidade obrigada, tendo autonomia, independentemente da natureza do seu vínculo para com a entidade obrigada[63]. Este tem de ter a idoneidade, a qualificação profissional e a disponibilidade adequada para o correto exercício da sua profissão.

Cabe à entidade obrigada garantir que o *compliance officer* tem todos os meios e recursos suficientes para que as suas funções sejam exercidas, sem qualquer limitação. Este deve ter um acesso sem restrições a toda a informação interna relevante para o exercício das suas funções, em particular a informação referente à execução do dever de identificação e diligência e aos registos das operações efetuadas. As entidades obrigadas devem ainda garantir que o *compliance officer* não se encontra sujeito a potenciais conflitos funcionais, em especial quando não se verifique a segregação das suas funções.

Este tem ainda a obrigação de manter uma formação continua quanto aos seus conhecimentos. Para além destas obrigações, o *compliance officer*

[63] STAVROS GADINIS E AMELIA MIAZAD, "The Hidden Power of Compliance", *SSRN Electronic Journal*, 2018.

tem ainda como deveres, a identificação de riscos, a condução de investigações e a manutenção de um registo organizado dos procedimentos da empresa. Para além destas obrigações que decorrem do exercício das suas funções, este deve obedecer aos mais elevados padrões de diligência, lealdade e transparência[64].

Para além de toda a formação académica e profissional que possa ter, o *compliance officer* tem de ter como *soft skills*, a título de exemplo, a capacidade para ter um pensamento crítico, na medida em que deve identificar e reconhecer potenciais riscos, criando soluções adequadas para o efeito. Outra capacidade que deve ter, é a de conseguir garantir que todos os prazos são cumpridos. É uma profissão que envolve muita análise de documentação, pelo que este deve garantir o cumprimento pontual de todos os prazos e o preenchimento de todas as exigências que os procedimentos envolvem.

O *compliance officer* tem também de compreender que as diferenças entre o *compliance* e o *não-compliance* por vezes são muito ténues. Nesta medida deve ser uma pessoa orientada para os detalhes. Quanto ao *Chief Compliance Officer*, este tem ainda de ter uma importante qualidade humana, a de liderança, não só devendo auxiliar a administração a encontrar novas maneiras de alcançar os resultados pretendidos, como tem de garantir a manutenção dos mais elevados padrões éticos. O *compliance officer* é um vigilante interno da empresa[65].

Após a crise financeira de 2007/2008 que abanou os mercados mundiais, tornou-se ainda mais notória a necessidade de se proceder à identificação das causas e dos responsáveis por infrações económicas e financeiras. Os legisladores nacionais foram obrigados a aumentar o volume e a robustez das leis ligadas ao setor financeiro, tendo em vista a minimização de riscos como a corrupção, o branqueamento de capitais e

[64] Como explica Tiago Geraldo, "*cabe-lhe, em traços gerais, assegurar em estrita conformidade com as normas legais e regulamentares aplicáveis, velando pela implementação de sistemas de compliance destinados a propiciar tal cumprimento e, por essa via, criando e sedimentando condições estruturais de prevenção do risco (de ocorrência) de resultados lesivos associados à atividade empresarial*", *in Estudos sobre Law Enforcement, Compliance e Direito Penal*, 2ª Edição, Almedina, 2018, p. 269.

[65] Tiago Geraldo, "A responsabilidade do compliance officer: fundamentos e limites do dever de auto-vigilância empresarial", *Estudos sobre Law Enforcement, Compliance e Direito Penal*, 2ª Edição, Almedina, 2018, p. 269.

o financiamento do terrorismo[66]. Houve nestes termos, um incremento do *enforcement*. De forma a garantir o cumprimento normativo adequado, as empresas viram-se obrigadas a criarem sistemas de controlo internos que permitam a detenção, vigilância e controlo das situações passiveis de gerarem riscos associados à atividade das empresas. Este fenómeno pode ser descrito como uma "*auto-regulação adequada*"[67]. Assim foram criados os chamados de *gatekeepers internos*[68].

Os *gatekeepers* não são um conceito jurídico, mas sim económico[69]. Estes podem ser internos ou externos. Segundo José Ferreira Gomes, "*este conceito é comummente usado no âmbito do mercado de valores mobiliários norte-americano (e cada vez mais a nível europeu) onde se denominam normalmente por gatekeepers «os intermediários reputacionais que servem os investidores através da preparação, verificação ou certificação da informação que recebem». Os exemplos típicos de gatekeepers são os auditores, responsáveis pela revisão legal de contas, os bancos de investimentos, responsáveis pela estruturação e implementação de transações financeiras, os analistas financeiros, responsáveis pela análise da informação relativa a emitentes e valores mobiliários, as sociedade de notação de risco de crédito, responsáveis pela análise do risco de crédito e, questionavelmente, os advogados*[70], *responsáveis pela emissão de pareceres jurídicos essenciais para determinadas transações*

[66] Bernd Schünemann já afirmava nos anos 70 do Século XX que o controlo interno das empresas deveria servir como estratégia de prevenção no segmento empresarial, *in Unternehmenskriminalität und Strafrecht: eine Untersuchung der Verantwortlichkeit der Unternehmen und ihrer Führungskräfte nach geltendem und geplantem Straf und Ordnungswidrigkeitenrecht*, Heymann: Köln, 1979, p.22

[67] Temo que deriva da formulação inglesa "*regulated self-regulation*".

[68] Sobre o conceito de *gatekeepers vide* Adán Nieto Martín, "Responsabilidad social, gobierno corporativo y autorregulación: sus influencias en el derecho penal de la empresa", *Política Criminal*, nº 5, Ano 3-5, pp. 1 a 18. De um ponto de vista do direito societário com algumas referências a esta figura *vide* Rui de Oliveira Neves, "Fiscalização e Proteção do Investidor. Alguns Problemas do Governo Societário", *in I Congresso Direito das Sociedade em Revista* (Org: Rui Pinto Duarte, Pedro Pais de Vasconcelos, Coutinho de Abreu), Almedina, 2011, p. 335.

[69] Andreia Filipa Amaral Santos, *Os Revisores Oficiais de Contas como Gatekeepers no seio das Sociedades Anónimas*, Dissertação de Mestrado em Direito Empresarial sob a Orientação do Prof. Doutor Rui Pinto Duarte, 2016, p. 8.

[70] Sobre os riscos associados à atividade dos advogados na lógica de gatekeeper externo *vide* Roberto Robles Planas, "Riesgos penales del asesoramiento jurídico", *Diario la Ley*, 7015, 2008.

financeiras. (...) A estabilidade do mercado assenta no papel desempenhado por estes profissionais, cujos incentivos privados para fiscalizarem a informação recebida dos seus clientes garante a fiabilidade da mesma. Aos seus incentivos privados acrescem incentivos legais, nomeadamente os decorrentes da responsabilidade civil, disciplinar, administrativa e penal. Os seus incentivos privados decorrem do penhor da sua reputação."[71].

Nesta medida podemos afirmar que o *compliance officer* é um *gatekeeper* interno. Outros *gatekeepers* internos são, por exemplo, os auditores internos, membros da administração e os seus respetivos delegados. Estes são os "guardas" da *autovigilância empresarial*[72].

Como referem Filipa Marques Júnior e João Medeiros, os "*compliance officers devem ter poderes de auditoria interna para vigiar, rever e atualizar a referida cultura empresarial, cabendo-lhes vigiar e supervisionar a própria direção da atividade empresarial, os seus objetivos financeiros e a capacidade dos altos dirigentes da empresa*"[73].

Parece assente que o incumprimento de deveres preventivos por parte dos titulares de órgãos de administração, de dirigentes e de trabalhadores é passível de gerar responsabilidade administrativa ou contraordenacional. Nos termos do art. 161º da Lei nº 83/2017, pela prática das contraordenações podem ser responsabilizadas, conjuntamente ou não, pessoas singulares, pessoas coletivas, ainda que irregularmente constituídas, e associações sem personalidade jurídica.

É responsável como autor das contraordenações previstas na Lei nº 83/2017, todo aquele que, por ação ou omissão, contribuir causalmente para a sua produção. E acrescenta o nº 1 do art. 163º da Lei nº 83/2017, que

[71] José Ferreira Gomes, "A responsabilidade civil dos auditores", in AA.VV, *Código das Sociedades Comerciais e Governo das Sociedades*, Almedina, p. 344; Andreia Filipa Amaral Santos, *Os Revisores Oficiais de Contas como Gatekeepers no seio das Sociedades Anónimas*, Dissertação de Mestrado em Direito Empresarial sob a Orientação do Prof. Doutor Rui Pinto Duarte, 2016, p. 8.

[72] Expressão utilizada por Tiago Geraldo, "A responsabilidade do compliance officer: fundamentos e limites do dever de auto-vigilância empresarial", *Estudos sobre Law Enforcement, Compliance e Direito Penal*, 2ª Edição, Almedina, 2018, p. 272. Esta expressão também é utilizada por Jesús Maria Silva Sánchez, "Deberes de vigilância y compliance empresarial", *Fundamentos del Derecho penal de la empresa*, Edisofer, 2013, pp. 192-193.

[73] Filipa Marques Júnior e João Medeiros, "A elaboração de programas de compliance", *Estudos sobre Law Enforcement, Compliance e Direito Penal*, 2ª Edição, Almedina, 2018, p. 133.

a responsabilidade das pessoas coletivas e entidades equiparadas a pessoas coletivas não exclui a responsabilidade individual das pessoas singulares que sejam titulares de funções de administração, gerência, direção, chefia ou fiscalização, representantes, trabalhadores ou demais colaboradores, permanentes ou ocasionais.

Nos termos do nº 2 da citada norma, não obsta à responsabilidade dos agentes individuais que representem outrem a circunstância de a ilicitude ou o grau de ilicitude depender de certas qualidades ou relações especiais do agente e estas só se verificarem na pessoa do representado, ou de requerer que o agente pratique o ato no seu próprio interesse, tendo o representante atuado no interesse do representado.

Importante é ainda o conteúdo do nº 3 da referida norma, que estatui que, as pessoas singulares que sejam membros de órgãos de administração, de direção ou de fiscalização da pessoa coletiva ou entidade equiparada a pessoa coletiva incorrem na sanção prevista para o autor, especialmente atenuada, quando, cumulativamente, não sejam diretamente responsáveis pelo pelouro ou pela área onde se verificou a prática da infração e a sua responsabilidade se funde unicamente no facto de, conhecendo ou devendo conhecer a prática da infração, não terem adotado imediatamente as medidas adequadas para lhe pôr termo, a não ser que sanção mais grave lhe caiba por força de outra disposição legal.

Mas a violação de deveres preventivos pode levar também à responsabilidade criminal destes sujeitos?[74]. A resposta será, à partida, negativa. Os critérios de risco associados aos deveres preventivos não permitem, sozinhos, identificar uma situação de branqueamento de capitais por parte dos demais sujeitos envolvidos. Apenas nos casos onde for ***manifesta*** a origem ilícita da operação em causa é que se pode equacionar a hipótese da responsabilidade criminal.

Temos de nos pronunciar quanto à responsabilidade criminal do *compliance officer*. A 5.ª Secção Penal do Supremo Tribunal Federal Alemão, pronunciou-se a 17.07.2009 que o responsável pelo cumprimento normativo voluntário tem um dever de garante jurídico-penal de grande

[74] Renato de Mello Jorge Silveira e Eduardo Saad-Diniz, *Compliance, Direito Penal e Lei Anticorrupção*, São Paulo: Saraiva, 2015, p. 244; Paulo de Sousa Mendes, "A problemática da punição do autobranqueamento e as finalidades de prevenção e repressão do branqueamento de capitais no contexto da harmonização europeia", *Católica Law Review*, Vol. I, nº3, 2017, 144.

amplitude que o vincula à prevenção de delitos da empresa que se possam revelar danosas[75].

É assente em Portugal, pela doutrina dominante, que a organização assume uma posição de garantia originária fundada nos potenciais danos que esta pode gerar no âmbito da sua atividade[76]. Os seus responsáveis máximos estão vinculados ao dever de evitar a concretização desses danos. A posição de garante é associada ao cumprimento escrupuloso do dever de vigilância, dever esse que pressupõe o dever de prevenção no controlo os riscos associados à atividade empresarial. Este dever de vigilância só assume relevância penal quando os comportamentos tenham uma relação direta com a atividade exercida pela empresa[77].

Em suma, podemos afirmar que o *compliance officer*, apesar de ter uma posição de garante, esta não é originária. Esta tem origem no órgão de administração que delega funções nos demais *gatekeepers* internos. O dever que decorre da posição da garante é preenchido através do cumprimento do dever de vigilância e a respetiva adoção de mecanismos para mitigar os riscos da atividade empresarial[78]. Como explica TIAGO GERALDO, "*por via*

[75] BGH 5 StR 394/08, de 17.07.2009. Ainda sobre o tema: PAULO DE SOUSA MENDES, "A problemática da punição do autobranqueamento e as finalidades de prevenção e repressão do branqueamento de capitais no contexto da harmonização europeia", *Católica Law Review*, Vol. I, nº3, 2017, 145.

[76] FIGUEIREDO DIAS, *Direito Penal, Parte Geral*, Tomo I (Questões Fundamentais. A Doutrina Geral do Crime), 2ª Edição, Coimbra Editora, 2007, p. 947; AUGUSTO SILVA DIAS, *Proteção Jurídico-Penal dos Interesses dos Consumidores* (policopiado), 2001, pp. 69 e ss; TIAGO GERALDO, "A responsabilidade do compliance officer: fundamentos e limites do dever de auto-vigilância empresarial", *Estudos sobre Law Enforcement, Compliance e Direito Penal*, 2ª Edição, Almedina, 2018, p. 269; PEDRO SOARES ALBERGARIA, "A posição de garante dos dirigentes no âmbito da criminalidade da empresa", *Revista Portuguesa de Ciência Criminal*, nº 9, 1999, pp. 617 e seguintes. Fora do âmbito da doutrina portuguesa, mas dentro do contexto no direito espanhol vide EDUARDO DEMETRIO CRESPO, *Responsabilidad penal por omisión del empresário*, Iustel, 2009, pp 50 e ss.

[77] LUÍS GRECO identifica que o dever de vigilância se encontra somente circunscrito aos designados crimes de empresa, in "O que significa a teoria do domínio de fato para a criminalidade da empresa", *Autoria como domínio do facto. Estudos introdutórios sobre concursos de pessoas no direito penal* brasileiro (Organização: LUÍS GRECO, ADRIANO TEIXEIRA, ALAOR LEITE e AUGUSTO ASSIS), Marcial Pons, 2014, p. 114.

[78] Tal como refere ROBERTO PLANAS, "*naturalmente, tal implica uma correta organização dos processos internos, a criação de mecanismos de segurança e a implementação de sistemas de vigilância e controlo reportados às funções próprias da atividade empresarial que ficam nas mãos dos trabalhadores*",

da delegação, o (dirigente) delegante deixa de estar obrigado a controlar diretamente os focos de risco que estejam incluídos na esfera de competência do delegado. Mas permanece obrigado a escolher criteriosamente o delegado desses poderes, a formá-lo (se e quando necessário), a facultar-lhe toda a informação relevante e a conceder-lhe os meios necessários para o exercício rigoroso e eficaz da sua função. (...) o dirigente (...) em suma, fica obrigado a monitorizar, vigiar e controlar o exercício das funções de vigilância por parte do delegado"[79].

Desta forma, podemos afirmar que é ainda dentro da esfera jurídica do delegante que residem as competências decisórias, estando o delegado incumbido dos deveres de vigilância. E quando falamos em responsabilidade penal do *compliance officer*, mantemos o que dissemos quando esta figura não exista na estrutura orgânica de uma empresa, mas esta tenha alguém que desempenhe funções de implementação e monitorização de programas de *compliance*. Como será o caso de, por exemplo, um diretor jurídico ou um diretor de auditoria interna. A figura do *compliance officer* não tem um estatuto legal[80]. O que adensa e dificulta ainda mais a questão da sua responsabilidade penal. A nosso ver, a extensão da sua responsabilidade será proporcional aos deveres a que se encontra adstrito.

Uma questão importante é a de saber se o *compliance officer* pode ser responsabilizado pela prática de um crime de branqueamento de capitais por omissão própria/pura ou por omissão imprópria/impura. Para que exista uma imputação pelo crime de branqueamento de capitais ao *compliance officer* é necessário que exista a prática de um comportamento doloso, enquanto elemento típico.

"El responsable de cumplimiento («Compliance Officer») ante el Derecho penal", *Criminialidad de Empresa y Compliance "Prevención y Reacciones Corporativas"* (Direção: Jesús María Silva Sánchez; Coordenação: Raquel Montaner Fernández, Atelier Libros, 2013, pp. 319 a 331.

[79] Tiago Geraldo, "A responsabilidade do compliance officer: fundamentos e limites do dever de auto-vigilância empresarial", *Estudos sobre Law Enforcement, Compliance e Direito Penal*, 2ª Edição, Almedina, 2018, pp. 284 e 285.

[80] Para um estudo sobre a responsabilidade do *compliance officer* na Alemanha *vide* Andy Carrión Zenteno e Gustavo Urquizo Videla, "La responsabilidad penal del oficial de cumplimiento en el ámbito empresarial: Un breve análisis comparativo entre Alemania-Perú y EEUU", *in*: AA.VV., *Lavado de activos y compliance: Perspectiva internacional y derecho comparado* (org.: Kai Ambos / Dino Carlos Caro Coria / Ezequiel Malarino), Jurista Editores, 2015, pp. 376 e 377.

Os crimes de omissão própria/pura, também designados por "crimes de mera atividade", traduzem-se na omissão de uma atividade prevista na lei. Como refere Marisa Bom, "*nos crimes de omissão impura ou imprópria, o agente com a sua inatividade causa um resultado, que poderia também produzir-se através de uma conduta activa, sendo que para estes exige-se um especial dever de garante da não produção de um resultado, não podendo, portanto, ser considerado autor de um crime de omissão imprópria um qualquer indivíduo, mas apenas aquele sobre o qual recaia tal dever jurídico*"[81]. Assim sendo, cabe identificar as modalidades de intervenção delituosa do *compliance officer*. Nos casos de crimes por omissão própria/pura fundadas na violação dos designados deveres gerais de vigilância e controlo, perfilhamos a opinião de que não existe a possibilidade de imputar a responsabilidade do *compliance officer* por omissão pura, fundada na omissão da denúncia quanto a crimes associados ao exercício das funções[82]. Este somente só pode ser sujeito a responsabilidade contra-ordenacional.

Deixamos algumas considerações sobre os crimes de omissão imprópria/impura fundadas na violação de deveres de garante. Como referimos anteriormente, a posição de garante do *compliance officer* não é originária, decorrendo esta da posição de garante dos órgãos de administração. E como nota Tiago Geraldo "*aquela posição originária não é integralmente transferida para a esfera jurídica do delegado, mantendo-se no delegante um poder fundamental: o poder-dever de decisão, em particular quanto a cursos delitivos, i.e., quanto a processos de concretização potencial ou iminente de outputs lesivos da atividade empresarial*"[83]. Nestes termos, o *compliance officer* só tem uma posição de garante quando efetivamente detém funções de controlo, com independência e autonomia.

[81] Marisa Sofia Marra Todo Bom, "Crimes de Omissão: A sua admissibilidade na instigação", Dissertação apresentada à Faculdade de Direito da Universidade de Coimbra no âmbito do 2ºCiclo de estudos em Direito (conducente ao grau de Mestre), na Área de Especialização em Ciências Jurídico-Forenses, sob a Orientação do Dr. Nuno Brandão, 2015, p. 8.

[82] Parece ser a opinião seguida por Tiago Geraldo, "A responsabilidade do compliance officer: fundamentos e limites do dever de auto-vigilância empresarial", *Estudos sobre Law Enforcement, Compliance e Direito Penal*, 2ª Edição, Almedina, 2018, pp. 288 a 292.

[83] Tiago Geraldo, "A responsabilidade do compliance officer: fundamentos e limites do dever de auto-vigilância empresarial", *Estudos sobre Law Enforcement, Compliance e Direito Penal*, 2ª Edição, Almedina, 2018, p. 292.

Tal como ensina PAULO DE SOUSA MENDES, "*a delimitação da sua competência no âmbito da empresa constitui o único fundamento possível para a sua posição de garante, com base na qual se possa depois erigir uma eventual responsabilidade criminal por comissão por omissão. (...) A posição de garante do oficial de cumprimento corresponde a um dever derivado e não originário. (...) A designação de um oficial de cumprimento através de uma suficiente diligentia in delegando não desonera, porém, o órgão de administração, pois o dever originário permanece no órgão de liderança e fiscalização da empresa. Importante é, pois, impedir que haja descarga de responsabilidade por parte dos líderes das empresas no responsável de compliance, como se este fosse o bode expiatório de todas as falhas da empresa e fosse pago para isso.*"[84].

Resumidamente, o *compliance officer* responderá penalmente, por comissão, nos casos em que tenha o poder-dever de agir e não o faça. É sempre necessário aferir se este agiu adequadamente para evitar o resultado, nos termos do art. 10º, nº 1 do CP[85].

[84] PAULO DE SOUSA MENDES, "A problemática da punição do autobranqueamento e as finalidades de prevenção e repressão do branqueamento de capitais no contexto da harmonização europeia", *Católica Law Review*, Vol. I, nº3, 2017, 146.

[85] Art. 10º, nº1 do Código Penal (*Comissão por acção e omissão*): "*Quando um tipo legal de crime compreender um certo resultado, o facto abrange não só a acção adequada a produzi-lo como a omissão da acção adequada a evitá-lo, salvo se outra for a intenção da lei*".

Em especial: A função do *Compliance Officer* bancário

Segundo o disposto no nº 1 do art. 7º Aviso do Banco de Portugal nº 2/2018, de 26 de setembro de 2018, as entidades financeiras devem designar, nos termos previstos no artigo 16º da Lei 83/2017, um elemento da sua direção de topo ou equiparado, para zelar pela aplicação efetiva das políticas e dos procedimentos e controlos adequados à gestão eficaz dos riscos de branqueamento de capitais e de financiamento do terrorismo a que a entidade financeira esteja ou venha a estar exposta. Este será ainda responsável pelo controlo do cumprimento do quadro normativo nesta matéria.

É da responsabilidade das entidades financeiras, dotar o *compliance officer* dos meios necessários previstos naquele artigo, nos termos e para o efeito do art. 2º, nº 1, alínea j) do Aviso do Banco de Portugal nº 2/2018. As entidades financeiras devem ainda garantir que o responsável pelo cumprimento normativo é um colaborador da entidade e que este exerce as suas funções em regime de exclusividade.

Sempre que, nos termos do nº 3 do presente Aviso, se verifique a não segregação entre a função de controlo do cumprimento do quadro normativo e outras funções, as entidades financeiras devem estabelecer mecanismos de controlo adicionais que permitam mitigar os potenciais conflitos e riscos acrescidos daí emergentes.

Desde que as entidades financeiras garantam que o responsável pelo cumprimento normativo é um colaborador da entidade e que exerce as suas funções em regime de exclusividade, estas podem recorrer, nos termos do nº 4 do presente Aviso, ao estabelecimento de serviços comuns para o desenvolvimento de responsabilidades relacionadas com a prevenção do branqueamento de capitais e do financiamento do terrorismo, ao abrigo do disposto no nº 6 do artigo 24º do Aviso do Banco de Portugal nº 5/2008, de 1 de julho.

Nos termos do nº 5 do art. 7º do Aviso do Banco de Portugal nº 2/2018, as entidades financeiras devem garantir a segregação entre a função de controlo do cumprimento do quadro normativo e outras funções, sem prejuízo de poderem cumular a função de controlo do cumprimento do quadro normativo com as demais competências atribuídas à função de *compliance* prevista no Aviso nº 5/2008, sempre que:

- O número de colaboradores, excluindo os administradores, seja igual ou superior a seis; e
- b) Os proveitos operacionais no último exercício económico sejam iguais ou superiores a € 1 000 000.

Nos termos do art. 2º, nº 1, alínea c) do Aviso do Banco de Portugal nº 2/2018, entende-se por área funcional de controlo do cumprimento do quadro normativo, a área dirigida pelo elemento da direção de topo ou equiparado, designado nos termos do artigo 16º da Lei nº 83/2017, responsável pela aplicação efetiva das políticas e dos procedimentos e controlos adequados à gestão eficaz dos riscos de branqueamento de capitais e de financiamento do terrorismo a que a entidade financeira esteja ou venha a estar exposta, e ao controlo do cumprimento do quadro normativo nesta matéria.

Para efeitos do nº 5 do art. 7º do Aviso do Banco de Portugal nº 2/2018, o nº 6 dispõe que as entidades financeiras devem garantir que o responsável pelo cumprimento normativo não se encontra sujeito a potenciais conflitos, nomeadamente através da atribuição de pelouros conflituantes com a função de controlo do cumprimento do quadro normativo ou com a função de *compliance* prevista no Aviso nº 5/2008.

Estatui ainda o nº 7 do art. 7º do presente Aviso que, quando a natureza, a dimensão, a complexidade e o risco da atividade prosseguida ou a qualidade dos controlos adotados o justifiquem, pode o Banco de Portugal determinar que a função de controlo do cumprimento do quadro normativo seja segregada da função de *compliance* prevista no Aviso nº 5/2008.

Importa ainda referir que, sem prejuízo do cumprimento do demais deveres previstos no nº 2 do artigo 16º da Lei nº 83/2017, compete ao responsável pelo cumprimento normativo, nos termos do nº 8 do Aviso do Banco de Portugal nº 2/2018: zelar pela atualidade, suficiência, acessibilidade e abrangência da informação sobre o sistema de controlo interno e sobre as políticas e os procedimentos e controlos instrumentais para a sua execução que é disponibilizada aos colaboradores relevantes da entidade financeira; apoiar a preparação e execução das avaliações previstas no artigo 17º da Lei e no artigo 8º do presente Aviso e; coordenar a elaboração dos reportes, relatórios e demais informação a enviar ao Banco de Portugal em matéria de prevenção do branqueamento de capitais e do financiamento do terrorismo.

As entidades financeiras devem assegurar que a seleção do quadro de colaboradores afetos à área funcional de controlo do cumprimento do quadro normativo é feita com base em elevados padrões éticos e exigentes requisitos técnicos, isto sem prejuízo do disposto no art. 16º, nº 3 da Lei nº 83/2017. Estatui ainda o nº 10 do art. 7º do Aviso do BdP nº 2/2018, que as entidades financeiras devem informar o Banco de Portugal da identidade e demais elementos identificativos do responsável pelo cumprimento normativo, nos termos definidos no relatório de prevenção do branqueamento de capitais e do financiamento do terrorismo, previsto no artigo 73º do presente Aviso, bem como de quaisquer alterações a esses elementos, logo que as mesmas se verifiquem. O responsável pelo cumprimento normativo é considerado titular de funções essenciais, na aceção do artigo 33º-A do RGICSF.

E ainda nos termos do nº 12 e 13 do presente Aviso, quando a natureza, a dimensão, a complexidade e o risco da atividade prosseguida pela entidade financeira o justifique, pode o Banco de Portugal, aquando do projeto de constituição ou do procedimento de habilitação para o exercício de atividade em território nacional, sujeitar a autorização prévia, a designação do responsável pelo cumprimento normativo, mediante notificação da entidade financeira e fixação de prazo para o efeito. Pode também o Banco de Portugal sujeitar a autorização prévia, a substituição ou recondução do responsável pelo cumprimento normativo anteriormente designado.

A função de *compliance* encontra-se também prevista no art. 17º do Aviso nº 5/2008, de 1 de julho de 2008. Segundo este artigo, as instituições devem estabelecer e manter uma função de *compliance* independente, permanente e efectiva, para controlar o cumprimento das obrigações legais e dos deveres a que se encontram sujeitas, que seja, nomeadamente, responsável:

- Pelo acompanhamento e a avaliação regular da adequação e da eficácia das medidas e procedimentos adotados para detetar qualquer risco de incumprimento das obrigações legais e deveres a que a instituição se encontra sujeita, bem como das medidas tomadas para corrigir eventuais deficiências no respectivo cumprimento;
- Pela prestação de aconselhamento aos órgãos de administração e de gestão, para efeitos do cumprimento das obrigações legais e dos deveres a que a instituição se encontra sujeita;
- Pelo acompanhamento e avaliação dos procedimentos de controlo interno em matéria de prevenção do branqueamento de capitais e do financiamento do terrorismo, bem como pela centralização da informação e respetiva comunicação às autoridades competentes;
- Pela prestação imediata ao órgão de administração de informação sobre quaisquer indícios de violação de obrigações legais, de regras de conduta e de relacionamento com clientes ou de outros deveres que possam fazer incorrer a instituição ou os seus colaboradores num ilícito de natureza contra-ordenacional;
- Pela manutenção de um registo dos incumprimentos e das medidas propostas e adoptadas nos termos da alínea anterior; e
- Pela elaboração e apresentação ao órgão de administração e ao órgão de fiscalização de um relatório, de periodicidade pelo menos anual, identificando os incumprimentos verificados e as medidas adoptadas para corrigir eventuais deficiências.

Segundo o nº 2 do art. 17º do referido Aviso nº 5/2008, para garantir a adequação e a independência da função de *compliance*, a instituição deve:

- Constituir a função de *compliance* mediante um processo formal e dotá-la de suficiente autonomia e responsabilidade;
- Nomear um responsável por esta função e por qualquer prestação de informação relativa a esta e conferir-lhe os poderes necessários ao desempenho das suas funções de modo independente, designadamente quanto ao acesso a informação relevante;

- Dotá-la de recursos materiais e humanos adequados para o desempenho eficaz das suas responsabilidades;
- Assegurar que as pessoas que desempenhem as funções de *compliance* não têm ligação directa às áreas funcionais objecto de avaliação, no sentido de evitar conflitos de interesses;
- No caso das suas responsabilidades serem executadas pelo pessoal integrado em diversas unidades de estrutura, a afetação das mesmas a essas unidades de estrutura deve ser clara; e
- Assegurar que o método de determinação da remuneração das pessoas que desempenhem as funções de *compliance* não é suscetível de comprometer a sua objetividade.

Nestes termos, se existir a omissão, por parte do *compliance officer* dos deveres de diligência, exame ou comunicação, agindo este em representação do interesse coletivo da instituição de crédito, esta última incorrerá em responsabilidade penal pelo crime de branqueamento, nos termos cumulados do art. 368º-A, nº 1 (ou nº 3) e do artº 11º, nº 2, alínea a) do Código Penal.

Por fim, o nº 3 do art. 17º do presente Aviso define que os deveres previstos nas alíneas d) e f) do nº 2 não são exigíveis se a instituição demonstrar que o seu cumprimento não é necessário para garantir a adequação e a independência desta função, tendo em conta a natureza, a dimensão e a complexidade das suas actividade.

O que acabámos de fazer foi uma contraposição entre o regime do Aviso do BdP nº 5/2008 com a versão mais recente correspondente ao Aviso do BdP nº 2/2008. A leitura de ambos é de elevada importância (mesmo que o Aviso do Bdp nº 5/2008 se encontre revogado[86]) para aferir a extensão da importância do *compliance officer* no seio de uma instituição financeira.

Como podemos verificar, é através do sistema bancário que a figura do *compliance officer* assume uma particular relevância. Os Avisos do Banco de Portugal são apenas alguns exemplos de regras que as instituições financeiras têm de obedecer, de forma que os seus administradores e

[86] Revogado pelo Aviso do BdP nº 3/2020 que Regulamenta os sistemas de governo e controlo interno e define os padrões mínimos em que deve assentar a cultura organizacional das entidades sujeitas à supervisão do Banco de Portugal.

outros responsáveis pela sua gestão, não incorram na prática de crimes de branqueamento de capitais e de financiamento do terrorismo. São por estes motivos que todo o sistema de *compliance* assenta, numa fase inicial, na prevenção destes riscos, mitigando os seus potenciais efeitos.

Programas de *Compliance*

Quando falamos em sistemas de controlo de cumprimento falamos em *compliance*[87]. *Compliance* traduz-se na actuação através de certos padrões obrigatórios de comportamento ou recomendações para uma determinada actividade económica ou profissional, de forma a minorar os riscos da responsabilização das sociedades e dos seus dirigentes[88].

Tal como refere João Labareda, *"de qualquer modo, o sistema de controlo de cumprimento e a função que o exercita referem-se à prevenção, seguimento e mitigação do correspondente risco, traduzido na possibilidade de afectação da situação patrimonial das entidades empresariais, na decorrência de acções ou omissões violadoras de normativos aplicáveis e materializada, designadamente, «em sanções de carácter legal, na limitação de oportunidades de negócio, na redução do potencial de expansão ou na impossibilidade de exigir o cumprimento de obrigações contratuais»"*[89].

Visa-se através do cumprimento normativo voluntário a prevenção de ilícitos, sobretudo os ilícitos criminais (como é o caso de crimes tributários, crimes ambientais, crimes de corrupção ativa ou passiva, branqueamento de capitais e financiamento do terrorismo, crimes contra os consumidores e

[87] Maurice E. Stucke," In Search of Effective Ethics & Compliance Programs", Journal of Corporation, *University of Tennessee Legal Studies Research Paper* No. 229, 2013.

[88] Paulo de Sousa Mendes, "Law Enforcement & Compliance", *in Estudos sobre Law Enforcement, Complaince e Direito Penal*, 2ª Edição, Almedina, 2018, p. 11.

[89] João Labareda, *Contributo para o Estudo do Sistema de Controlo e da Função de Cumprimento "Compliance"*, Instituto dos Valores Mobiliários, 2013, p. 10.

até acidentes laborais). Este é o seu fim último. Os programas de *compliance* não devem servir para isentar, individual ou coletivamente, os sujeitos que eventualmente possam incorrer em responsabilidades.

Desta forma, os legisladores nacionais não podem pressupor que a mera existência de programas de *compliance* são suficientes para que se possa isentar os sujeitos de responsabilidades. O aumento da autorregulação confere às pessoas coletivas uma ampla margem de liberdade, contudo, também lhes comporta uma ampla responsabilidade. Aliás, o facto de o Estado permitir às pessoas coletivas gozarem da prerrogativa de organizar e controlar os riscos associados à sua atividade comporta a assunção da responsabilidade pelas deficiências dos métodos utilizados por estas. A culpa irá assentar na liberdade da sua auto-organização[90].

Como ensina Paulo de Sousa Mendes, "*importar notar que, em cada caso gerador de responsabilidade, o visado é que tem o ónus de alegar e produzir prova no processo sobre os seguintes itens: (i) existência de programas de cumprimento normativo voluntário; (ii) existência de sistemas efetivos de cumprimento normativo voluntário; (iii) identificação de medidas adequadas e realmente implementadas contra falhas organizacionais suscetíveis de originar a prática de infrações; (iv) identificação, avaliação e controlo dos riscos empresariais. Não se diga que esse ónus de alegação e produção de prova configura uma inversão do ónus da prova, desde logo porque os itens mencionados não integram os elementos típicos da infração, nem constituem excludentes da responsabilidade*"[91].

Um ponto que gostaríamos de salientar relativamente aos programas de *compliance* está relacionado com o custo que a sua implementação poderá acarretar. Não existe um valor definido, mas este será proporcionalmente mais elevado consoante a dimensão da estrutura organizativa que o instituirá. Se uma empresa começar do zero, os custos serão mais acrescidos. Para além da contratação e formação de pessoas que possam desempunhar as funções de *compliance officer*, as organizações podem também ter de

[90] Expressão utilizada por José Neves da Costa, "Responsabilidade penal das instituições de crédito e do *Chief Compliance Officer* no crime de branqueamento", *in Estudos sobre Law Enforcement, Compliance e Direito Penal*, 2ª Edição, Almedina, 2018, p. 326.

[91] Paulo de Sousa Mendes, "A problemática da punição do autobranqueamento e as finalidades de prevenção e repressão do branqueamento de capitais no contexto da harmonização europeia", *Católica Law Review*, Vol. I, nº3, 2017, 145.

contratar ou subcontratar advogados[92] e auditores[93]. E tal acarreta custos elevados.

Ou seja, a organização terá de estar dotada de meios humanos adequados para a implementação destes programas de *compliance*. Toda esta estrutura humana, que tem de ser especializada e qualificada para o efeito, acarreta custos consideráveis. Não nos podemos esquecer que, por muito qualificados sejam estes profissionais, a criação destes programas também demora o seu tempo. E como dita o mercado, "*tempo é dinheiro*".

Para além disto, os profissionais irão ter de consolidar os seus conhecimentos através de sucessivas acções de formação, tendo estas de ser em número proporcional consoante as alterações legislativas que ocorram. As sucessivas crises económicas, alterações legislativas, pandemias e até escândalos empresariais mostram que, embora os sujeitos possam ser altamente qualificados e competentes, tal não é uma garantia de sucesso[94].

Por isso, não só a empresa deve adaptar-se aos novos tempos, como os seus funcionários têm a obrigação de evoluírem consoante os acontecimentos. Esta obrigação decorre para ambas as partes, mas cabe à entidade empregadora garantir a formação adequada dos seus colaboradores. Posteriormente à formação, os funcionários vão ter de a aplicar os conhecimentos através da implementação, e sucessiva alteração dos procedimentos. As empresas têm de ter a capacidade financeira para suportar estes custos. Devido aos elevados custos que podem surtir um forte impacto nas contas das organizações, estas podem sentirem-se tentadas (através dos seus órgãos de administração) a facilitar no processo de

[92] Para um artigo sobre se os advogados podem servir gatekeepers morais no exercício das suas funções, *vide* David Nersessian, "Business Lawyers as Worldwide Moral Gatekeepers? Legal Ethics and Human Rights in Global Corporate Practice", *Georgetown Journal of Legal Ethics*, 2015; Constance E Bagley, Mark Roellig e Gianmarco Massameno, "Who Let the Lawyers Out?: Reconstructing the Role of the Chief Legal Officer and the Corporate Client in a Globalizing World", University of Pennsylvania Journal of Business Law (Forthcoming), 2016.

[93] Milton C. Regan, Jr. e Jeffrey D. Bauman, "Legal Ethics and Corporate Practice", *Georgetown Law and Economics Research Paper* nº 843607, 2005.

[94] David Hess, "Ethical Infrastructures and Evidence-Based Corporate Compliance and Ethics Programs: Policy Implications from the Empirical Evidence", *New York University Journal of Law and Business, Forthcoming*, 2015.

criação de programas de *compliance*. Mas como teremos a oportunidade de verificar ao longo da nossa investigação, os riscos associados ao *non-compliance* são certamente superiores. Não falamos só de pesadas multas, mas também de danos reputacionais que podem significar o fim da atividade da empresa.

Como guia de referência para os programas de *compliance*, iremos socorrer-nos da *Evaluation of Corporate Compliance Programs* (atualizado em Junho de 2020) elaborada pela *Divisão Criminal do Departamento de Justiça dos EUA*. Este guia serve como referência para os promotores de justiça na avaliação de programas de *compliance* no contexto das investigações da *Divisão Criminal do Departamento de Justiça Norte-Americano*[95]. Serve como um *checklist* para avaliar os programas de *compliance* das empresas que estão sujeitas ao escrutínio por parte deste Departamento. São porventura, e em nossa opinião, as *guidelines* mais completas.

O guia de referência começa logo por enunciar três perguntar que os promotores têm de responder aquando da avaliação dos programas de *compliance*. A primeira questão reside em saber se está "*bem desenhado*", ou seja, se tem uma estrutura suficientemente adequada a produzir os efeitos pretendidos.

Quanto à segunda questão, o promotor tem de averiguar se estes procedimentos estão a ser aplicados de boa-fé e com seriedade, o que pressupõe a conformidade dos procedimentos com a lei em vigor.

Como terceira e última questão, é necessário saber se estes procedimentos podem realmente ser utilizados na prática. Um programa de *compliance* pode estar perfeitamente desenhado e ser eticamente exemplar, mas não ter aplicação prática. Significa isto que não basta a mera construção teórica destes programas, sendo necessário que estes sejam aplicáveis em termos práticos. É necessário passar do "*papel para a prática*". E muitas vezes esses é um dos grandes entraves do *compliance* das organizações.

Os programas de compliance devem transmitir uma mensagem clara de que as condutas erróneas não são toleradas. Neste sentido, as políticas e procedimentos devem ser claros quanto à atribuição adequada de responsabilidade, aos programas de formação dos colaboradores e até aos

[95] Mesmo durante a pandemia COVID-19, a *Divisão Criminal do Departamento de Justiça dos EUA* continuar a salientar que as empresas devem dedicar os recursos adequados para a avaliação e aprimoramento contínuo de seus programas de *compliance*.

sistemas de incentivos e disciplina. Estes procedimentos devem avaliar o nível de risco da atividade da organização e o perfil de riscos dos outros sujeitos que com esta vão interagir.

Estes riscos podem ser associados, a título de exemplo, à localização das operações, ao setor comercial onde opera a organização, à competitividade do mercado, o panorama regulatório, os potenciais clientes e parceiros de negócios, eventuais transações com governos estrangeiros, os pagamentos a funcionários estrangeiros, entre outros. Por vezes, a oferta de pequenos presentes, despesas de viagens, entretenimento, doações de caridade ou doações para campanhas políticas podem ser suficientes para mascarar eventuais atos de corrupção.

Nestes termos, os programas de *compliance* devem: abranger uma avaliação dos riscos; devem instruir corretamente as suas políticas e procedimentos; devem abarcar questões como a formação dos colaboradores de uma organização e; devem dispor e estabelecer quais os canais de comunicação entre o *compliance officer* e os demais colaboradores.

Os programas de *compliance* devem também garantir a existência de mecanismos eficientes e confiáveis pelos quais os funcionários podem relatar de forma anónima, eventuais violações à lei ou aos regulamentos da empresa. Assim, devem existir canais de "*denúncia*". Importante é também que o departamento de *compliance* identifique o grau de exigência de *due diligence* que as organizações têm que efetuar, tendo por base, não só a complexidade do negócio, como também a relevância dos sujeitos envolvidos e de terceiros. O *compliance officer* deve também avaliar a complexidade do *due diligence*, com especial cuidado, quando ocorram fusões e aquisições. As organizações podem criar, adquirir ou até fundir sociedades para efeitos de corrupção e de lavagem de dinheiro[96]. O *compliance* constitui assim uma trave-mestra para evitar este tipo de ocorrências[97].

Perfilhamos a metodologia utilizada por Filipa Marques Júnior e João Medeiros que defendem que os programas de compliance passam necessariamente, pelos seguintes passos: "*a) análise do risco (gerais e*

[96] Kalle Johannes Rose, "Lack of Clarity in Recent Criminal Law Directive Gives Ground for Significant Expansion of EU Money Laundering Regulation", *Copenhagen Business School, CBS LAW Research Paper* nº 21-05, 2021.

[97] David A. Chaikin, "Risk-Based Approaches to Combating Financial Crime", *Journal of Law and Financial Management*, Vol. 8, No. 2, pp. 20-27, 2009.

específicos da atividade); b) elaboração de códigos de conduta e regulamentos internos; c) monitorização, controlo e comunicação; d) investigação e processos disciplinares; e) educação e formação dos colaboradores"[98].

[98] Filipa Marques Júnior e João Medeiros, "A elaboração de programas de compliance", *Estudos sobre Law Enforcement, Compliance e Direito Penal*, 2ª Edição, Almedina, 2018, p. 136 e 137.

Due Diligence

Podemos definir o *due diligence* como uma avaliação preliminar de terceiros (*third parties*), sejam eles clientes, fornecedores ou intermediários, com a qual ou com os quais a empresa pretende contratar ou estabelecer um relacionamento[99]. Deve permitir um profundo conhecimento do potencial parceiro, desde os seus acionistas, gestão de topo, reputação e recursos económicos e financeiros para cumprir os serviços contratados[100].

Uma *due diligence* é uma operação complexa, através da qual se realiza uma análise completa sobre múltiplas dimensões jurídicas da empresa, com a finalidade de identificar e avaliar ativos e passivos e de mitigar contingências[101]. A complexidade deste tipo de processos exige dos profissionais, uma capacidade técnica especializada.

Quanto à questão de saber o porquê de realizar um processo de diligência, podemos identificar logo a sua importância, na medida em que permite avaliar potenciais riscos de integridade da contraparte, bem como

[99] Bent Flyvbjerg, "Quality Control and Due Diligence in Project Management: Getting Decisions Right by Taking the Outside View", *International Journal of Project Management*, vol. 31, nº 5, pp. 760-774, 2016.

[100] Para mais informações: *Guide pratique : dispositif anticorruption de la Loi Sapin II* elaborado pela The Mouvement des entreprises de France (MEDEF).

[101] Daniel Wangerin, "*M&A Due Diligence*, Post-Acquisition Performance, and Financial Reporting for Business Combinations", *Contemporary Accounting Research* 36(6), 2019.

permite identificar transações suspeitas e permite a promoção e a aplicação de medidas de mitigação adequadas[102].

Relativamente ao momento que a *due diligence* deve ocorrer, em nossa opinião, este deve ser feito antes de iniciar-se a relação comercial, bem como deve ocorrer, caso ocorram renovações contratuais e quando ocorram fundadas suspeitas de irregularidades. Para tal deve garantir-se a fiabilidade de medidas de prevenção da corrupção implementadas através de uma matriz de risco. Esta matriz de risco deve existir aquando do início da relação entre as partes, e deve ser atualizada durante a relação de negócios entre estas. A *due diligence* deve ser baseada na cartografia de riscos que tem um foco na natureza e na dimensão do terceiro, a fim de avaliar o seu grau de risco. A implementação de bases de dados e sistemas automáticos poderão facilitar o processo de *due diligence.*

A exigência da *due diligence* dependerá do grau de exposição do risco daquilo que for contratualizado entre ambas as partes. Para tal, importa a atividade do parceiro comercial, o país onde este se insere, o tipo de atividade, e a existência ou não de uma relação comercial anterior. A *due diligence* pode ser feita através de uma pesquisa de informações publicamente acessíveis, através da Internet e por meio de organizações que detêm informações sobre as empresas. Pode-se por exemplo, solicitar o registo comercial de uma sociedade. Poderão também ser dirigidos questionários à parte sujeita a esta diligência, ou poderá ser feita uma entrevista aos sujeitos, ou ao respetivo representante da empresa. Toda esta recolha de informação poderá ser complementada por investigações realizadas por entidades competentes.

Do ponto de vista jurídico, uma empresa pode ser responsabilizada por atos de corrupção de terceiros. Por exemplo, nos casos de subcontratação, as cláusulas contratuais do contrato podem mencionar que um terceiro não pode subcontratar, enquanto não receber o consentimento do conselho de administração das empresas de ambas as partes ou do consentimento do órgão/sujeito que vincule as decisões da organização. A aposição deste tipo de cláusulas torna-se essencial para aferir a responsabilidade de um determinado comportamento.

[102] Um dos escândalos que acentuou a importância das *due diligence* foi o caso Madoff. Sobre o tema: JASON SCHARFMAN, "The Madoff Identity: A New Operational Due Diligence Paradigm in a Post-Madoff World", *SSRN Electronic Journal*, 2009.

Os responsáveis pelo *compliance* de uma empresa devem rever o acordo entre as partes, antes de este ser finalizado em termos contratuais, e devem garantir que a empresa toma as devidas diligências para acautelar eventuais responsabilidades. Estas cláusulas assumem também uma especial relevância, quando existem auditorias, na medida em que ajudam a apurar a responsabilidade a que cada uma das partes incorre. Deve também relevar para efeitos da *due diligence,* o estudo quanto às legislações a que as partes se encontram sujeitas, dentro da relação que as partes irão estabelecer. A identificação de todos os elementos torna possível a tomada das precauções necessárias, antes do início de uma relação comercial.

Quanto à questão de saber quem poderá ser considerado como terceiro nestes processos, podemos afirmar que os terceiros para os quais as operações de *due diligence* são necessárias, são os clientes, os fornecedores e os intermediários. Outros sujeitos também podem ser considerados terceiros, ***dependendo do seu grau de intervenção***, como é o caso dos consultores, dos prestadores de serviços, dos parceiros, das empresas candidatas a *joint ventures*, dos representantes de vendas, entre outros. Terá de existir uma recolha exaustiva de informação e documentação sobre estas *third parties* de forma a identificar, atualizar ou avaliar a exposição ao risco de corrupção que uma organização tem no início ou na renovação de uma relação de negócios com terceiros. Tal justifica-se por razões de integridade, reputação e para evitar implicações diretas em casos de corrupção.

Quanto aos elementos a verificar, estes podem variar consoante o risco a que a relação entre as partes possa gerar. Estes elementos podem ser, a título de exemplo: a natureza do serviço que será concretamente prestado; a atividade da empresa; o país onde esta se encontra sediada; o facto de podermos estar perante uma entidade pública ou uma pessoa politicamente exposta; o montante e a moeda do projeto; a eventual subcontratação de serviços; a reputação dos terceiros, bem como dos seus acionistas e gestores; a sua capacidade financeira; o seu método de remuneração; entre outros.

Além destes fatores, deverá existir uma identificação concreta quanto ao nome da empresa, das marcas que esta possa representar, da sua morada[103], do seu número de identificação fiscal, bem como dos seus gestores ou

[103] Por exemplo, um elemento a ter em atenção é a sede da empresa, pois podemos estar perante empresas de fachada.

administradores, os seus contactos, a sua forma jurídica, a data da sua constituição. Outros elementos a ter em conta são o endereço da internet, o número de colaboradores que prestam serviços à empresa, bem como o seu volume de negócios. No caso de estarmos perante uma filial, deverá ser verificado o nome da empresa mãe, bem como a morada e o número de identificação fiscal desta última. Existem diversos riscos de *compliance* nos casos de fusão de empresas, basta pensar-se na absorção de lucros, nos preços de transferência, nas eventuais lavagens de dinheiro ou numa eventual gestão fiscal agressiva.

Em termos de dados financeiros deverá ser verificado o volume de vendas nos diversos anos da sua atividade, bem como deve apurar-se se esta empresa apresentou resultados negativos. Deverá ser tido em conta eventuais dívidas que estas possam possuir à Segurança Social e à Autoridade Tributária do respetivo país. Deve também ser verificado se existem antecedentes criminais.

A *due diligence* não se deve bastar com a mera identificação dos sujeitos e dos seus respetivos dados financeiros. Deve também ser tido em conta se a empresa tem ou não um código de ética comercial. Deverão também ser identificados eventuais conflitos de interesses que existam ou que possam ocorrer no futuro. A existirem, deverão ser concretamente identificados os potenciais sujeitos e situações em conflito. É também importante aferir se a empresa dispõe de políticas de responsabilidade social. Deverão também ser identificadas as empresas subcontratadas relevantes para o relacionamento que as partes possam estabelecer entre si.

No caso de um terceiro ser recomendado, sugerido ou imposto por um determinado cliente ou parceiro, deverão os responsáveis pela realização da *due diligence* verificar o real contexto em que foi feita a escolha deste terceiro.

Um outro fator a ter em conta é o país de proveniência da organização ou dos seus gerentes. Devem os responsáveis pela *due diligence* verificar se a empresa e os seus acionistas estão localizados em um país, ou em países considerados de risco particular em termos de corrupção e/ou lavagem de dinheiro[104]. Outro fator a ter em conta prende-se também com a localização do banco do parceiro para pagamentos relacionados com contrato.

[104] PIERRE M. PICARD e PATRICE PIERETTI, "Bank Secrecy, Illicit Money and Offshore Financial Centers", *Paolo Baffi Centre Research Paper* nº 2009-45, 2009.

Se o banco proposto não estiver localizado no país onde o terceiro está registado ou no país do projeto previsto, tal pode constituir um sinal de alerta para um eventual risco.

Ao estabelecer um acordo de parceria com um terceiro, independentemente da forma que o contrato possa assumir, a empresa deve enviar a este último o seu código de conduta e os seus procedimentos de anticorrupção, de forma a garantir a maior transparência possível na relação que se vai estabelecer entre ambas as partes. No acordo, deverão ser estabelecidas cláusulas que permitam identificar o grau de responsabilidade de cada parte quanto a uma determinada matéria.

A título de exemplo podemos identificar uma linha de atos sucessivos que podem ocorrer numa *due diligence*. Em nossa opinião, quem deverá identificar os potenciais terceiros numa relação negocial deve ser o *compliance officer*. No entanto, como este não consegue ser "*omnipresente*", a primeira triagem deve ser feita pelos colaboradores que estão na primeira linha da relação negocial.

Vamos imaginar o caso dos intermediários financeiros. Se estivermos perante uma sociedade de investimentos, a primeira pessoa a identificar eventuais sujeitos que possam comportar algum risco é o próprio intermediário. Estes são aqueles que estão na linha da frente e que podem, em primeira instância, proceder a uma avaliação do risco associado. São estes que devem adquirir e recolher a informação necessária para o efeito. Através desta recolha é possível chegar a um resultado preliminar e avaliar quem são as partes envolvidas que apresentam um risco mais elevado.

Em caso de dúvida, o colaborador da empresa deverá solicitar a intervenção e a monitorização do *compliance officer*. Se estivermos perante um terceiro que apresente um risco baixo, não existirá, à partida qualquer entrave para a criação ou manutenção da relação comercial. No entanto, se estivermos perante um terceiro que comporte um risco elevado, o responsável pela primeira triagem da informação deverá pedir a intervenção do *compliance officer* para que este verifique a conformidade da informação prestada acerca deste terceiro. O *compliance officer* deve providenciar o seu *know-how* e orientar os colaboradores da empresa que recolheram a informação inicial, caso surja um terceiro que possa comportar um risco elevado.

A decisão final quanto à criação/manutenção da relação negocial caberá aos *tops managers* das organizações. Em nossa opinião, o *compliance officer* não pode, nem deve servir como "*inspetor*" da atividade de terceiros, no entanto, este terá de ter uma posição ativa aquando da monitorização dos riscos que os terceiros possam comportar.

De qualquer forma, a coordenação entre os vários departamentos de uma organização permite a mitigação de riscos operacionais, bem como eventuais conflitos de interesses e situações de fraude à lei. É normal que uma organização recorra a serviços de terceiros no âmbito de uma *due diligence* de forma a obter informação e os documentos necessários sobre as *third parties.* Isto acontece especialmente quando as organizações são de menores dimensões, ou quando procura-se minimizar os custos da *due diligence.* Geralmente recorre-se à contratação de entidades sediadas nos mesmos países das *third parties,* de forma a facilitar o acesso à informação necessária para completar a *due diligence.*

Por exemplo, vamos imaginar que um destes terceiros é uma sociedade constituída há um mês. Será expetável que esta sociedade não esteja ligada a um caso de corrupção e os seus membros de direção tenham um "*cadastro limpo*". Mas devido à sua recente data de constituição, esta poderá representar um risco elevado. É necessário saber quem são os sujeitos por detrás da sua constituição, bem como quais foram os motivos que levarão à sua criação. O histórico dos seus dirigentes também deverá ser investigado. Muitas vezes são criadas sociedades que servem para satisfazer os interesses de uma sociedade mãe, afiliada ou parceira, servindo como um mero escape de responsabilidade para outras sociedades que transacionam capitais ou outros bens de forma ilícita ou cujo fim será contrário à lei.

Quanto à revisão da *due diligence,* esta pode caber ao responsável pelo *compliance,* devendo ser transmitido a este último toda a informação e documentação. O responsável pode, ao efetuar a revisão de toda a documentação, solicitar mais informação às partes, de forma a aplicar mecanismos adequados para prevenir riscos. Cada parte pode determinar o âmbito da função do responsável pelo *compliance,* cuja eficácia pode ser avaliada por um auditor. Os documentos relativos à *due diligence* devem ser conservados, de acordo com o previsto nas legislações aplicáveis, incluindo os documentos relativos aos dados pessoais das partes. Mesmo depois de efetuada a *due diligence,* o responsável deve acompanhar e monitorizar o processo, tendo em conta a sua necessidade, dimensão e responsabilidade, revendo o *due diligence* sempre que for necessário.

Não nos podemos esquecer que são os *top managers* que tomam a decisão final, dependendo esta do estado da relação de negócio, da categoria dos terceiros envolvidos e do nível de risco. Mesmo que seja aprovada uma relação negocial com um terceiro, tal não é uma garantia que não existirão riscos. E o raciocínio oposto é também válido. Ou seja, uma relação negocial pode iniciar-se ou manter-se mesmo que existam riscos associados. O que realmente é fundamental é que os riscos sejam identificados e que existam normas e procedimentos que, caso estes aconteçam, possam mitigar os seus efeitos e consequências. Com isto, podemos afirmar em suma, que uma organização deve estar munida de medidas de prevenção adequadas.

A título de exemplo, uma empresa pode pedir a um terceiro que subscreva o programa de anticorrupção adotado por esta, de forma a garantir que o terceiro se compromete na luta contra atos de branqueamento de capitais ou financiamento do terrorismo. É importante que uma empresa sensibilize o terceiro para a importância das áreas de risco e para os afeitos adversos que este podem trazer à relação entre estes. Pode também a empresa, em certa medida, solicitar ao terceiro que reveja a integridade dos subcontratados de forma a garantir a integridade de todas as partes na "*teia*" comercial.

Uma empresa também pode, aquando do contrato estabelecido entre esta e o terceiro, estabelecer uma cláusula na qual é permitida a resolução imediata do contrato caso surjam indícios da prática de crimes de corrupção, lavagem de dinheiro[105] ou de outra forma de branqueamento de capitais. Bem sabemos que para uma empresa, uma resolução de um contrato, dependendo da sua dimensão, pode acarretar custos bastante elevados. No entanto, se uma das partes se encontrar envolvida numa operação que envolva lavagem de dinheiro[106] ou atos criminosos, mesmo que não

[105] Mariano-Florentino Cuéllar, "The Tenuous Relationship Between the Fight Against Money Laundering and the Disruption of Criminal Finance", *Stanford Public Law Working Paper*, nº 64, 2017.

[106] Sobre um artigo que efetua uma quantificação do volume de atividades de lavagem de dinheiro: Friedrich Schneider, "Money Laundering and Financial Means of Organized Crime: Some Preliminary Empirical Findings", *Paolo Baffi Centre Research Paper* nº 2008-17; Lucia Dalla Pellegrina e Donato Masciandaro, "The Risk Based Approach in the New

tenha qualquer tipo de conhecimento destas práticas, esta não deixará de ser responsabilizada. E quando falamos de responsabilidade, esta poderá ser penal, contraordenacional ou até reputacional. Será preferível perder um negócio a arriscar iniciar ou manter uma relação comercial que possa colocar em risco a própria existência de uma organização. Uma empresa pode ainda exigir a um terceiro que se responsabilize pela cadeia comercial que traga para as negociações. Ou seja, que assuma a responsabilidade pela atuação das empresas por si subcontratadas.

Deixamos, a título de exemplo, algumas informações que poderão ser solicitadas, no âmbito de uma *due diligence*:

1. Informações a pedir no âmbito societário:
   - Contrato de Sociedade;
   - Certidão do registo comercial ou certidão permanente válida e em vigor;
   - Informação sobre quaisquer registos da Sociedade;
   - Estatutos completos e atualizados;
   - Versões anteriores dos estatutos da sociedade, por exemplo, referentes aos últimos três ou cinco anos;
   - Relatórios de gestão dos últimos anos de exercício;
   - Livros de atas da Assembleia Geral, por exemplo, dos últimos cinco anos, bem como os seus respetivos anexos. Poderão também ser pedidas, se existirem, atas avulsas da AG;
   - Livros de atas do Conselho de Administração, referentes aos últimos cinco anos, bem como os seus respetivos anexos e atas avulsas;
   - Relação de todas as participações sociais detidas pela Sociedade, sejam estas participações direitas ou indiretas;
   - Acordos parassociais;
   - Lista de procurações outorgadas pela Sociedade em vigor e cópias das mesmas;

2. Informações a pedir em matéria contratual:
   - Contratos relevantes com parceiros;

European Anti-Money Laundering Legislation: A Law and Economics View", *Paolo Baffi Centre Research Paper* nº 2008-22.

- Contratos relevantes com clientes;
- Outros contratos relevantes como contrato de franchising, de consórcio, de distribuições, entre outros;
- Contratos financeiros (como é o caso do contrato de mútuo, contrato de abertura de crédito, contrato de leasing, cartas de conforto, entre outros);
- Garantias (fianças, hipotecas, etc.);
- Letras, livranças ou cheques;
- Imóveis;
- Contratos referentes a estabelecimentos;
- Outros ativos (ex: automóveis).

3. Informações em matéria laboral:
    - Lista completa dos trabalhadores, que inclua, entre outros elementos, o seu nome, a data de admissão, o tipo de contrato, categoria profissional, as funções a que se encontra adstrito, entre outros;
    - Organigrama da sociedade;
    - Recibos de vencimentos dos trabalhadores;
    - Contratos celebrados com prestadores de serviços;
    - Regulamentos internos em vigor;
    - Mapa de horários de trabalho;
    - Registo de faltas;
    - Registo de trabalho suplementar;
    - Plano de formação em vigor;
    - Apólices de seguros;
    - Comprovativos de pagamentos à segurança social;
    - Informações sobre, caso tenham existido, acidentes de trabalho;
    - Registo de sanções disciplinares, entre outras situações.

4. Informações em matéria de tratamento de dados pessoais e de *compliance*[107]:
    - Lista das bases de dados mantidas pela instituição e dos tipos e categorias de dados pessoais recolhidos e processados;

[107] Mike Hintze, "Viewing the GDPR through a De-Identification Lens: A Tool for Compliance, Clarification, and Consistency", *International Data Protection Law (Oxford University Press)*, Volume 8, Issue 1, 1, Pages 86–101, 2018.

- Documentação relacionada com o tratamento de dados pessoais;
- Cópia de toda a documentação trocada entre a Sociedade e a Comissão Nacional de Proteção de Dados;
- Cópia de toda a informação da instituição existente em matéria de tratamento de dados pessoais, como é o caso da política geral, política de privacidade, acordo de subcontratação, entre outros;
- Informação sobre o de tratamento de dados pessoais dos trabalhadores, incluindo as recolhidas através de vigilância e de dados biométricos;
- Comprovativo de registo da Sociedade no registo central do beneficiário efetivo e respetivo código RCBE.

Todos os exemplos acima referidos são meramente indicativos, pelo que poderão existir outras matérias onde será necessária uma recolha de informação e documentação mais extensa, como por exemplo, em matéria administrativa, em matéria fiscal, contencioso ou até propriedade intelectual.

Fusões e Aquisições (*M&A*)

No que concerne às fusões e aquisições (*M&A*) de sociedades, o processo de *due diligence* é mais exigente. As fusões e aquisições surgem no contexto de crescimento das empresas, na medida em que estas procuram novas oportunidade de investimento, quer através da diversificação de novos produtos ou serviços, quer pelo alargamento das suas atividades em novos mercados. Este crescimento comporta também riscos elevados. Nestes termos, torna-se fundamental a realização de uma análise minuciosa dos riscos inerentes às transações no âmbito de fusões e aquisições.

Estes riscos são diversos, desde já se salienta: corrupção, lavagem de dinheiro, conflitos de interesses, obrigações impostas pela lei, fraude[108], suborno, restrições ao comércio e exportação, entre outros. Estes riscos, a ocorrerem, levam os investidores a ficarem sujeitos à redução de receitas, ao aumento de prejuízos financeiros e reputacionais, acções judiciais por parte de concorrentes ou acionistas ou até pesadas multas, isto sem descurar uma eventual responsabilidade criminal.

Embora a maior preocupação aquando das operações de *M&A* seja do ponto de vista legal, financeiro e fiscal, o *compliance* começa a ganhar importância dentro das fusões e aquisições de empresas. Isto na medida em que a análise dos riscos é fundamental, nos dias de hoje, para a realização destas transações.

[108] Sobra a relação entre fraudes contabilísticas e o corporate governance *vide* Riccardo Tiscini e Francesca di Donato, "The Relation between Accounting Frauds and Corporate Governance Systems: An Analysis of Recent Scandals", *SSRN Electronic Journal*, 2008.

No âmbito do processo de *M&A*, ocorrem várias *due diligence*. Estas devem ser feitas, tanto na fase de pré-aquisição, como na fase pós-aquisição. Depois disto, existirá um portfólio de empresas subsidiárias e afiliadas. Cabe ressalvar que podem ser enveredadas estratégias de saída, *spin-off* e desinvestimento. Cada uma destas fases comporta necessariamente uma *due diligence*.

Numa fase de pré-aquisição, deverá ocorrer uma *due diligence* de terceiros, vocacionada para identificar a forma como: estes terceiros obtiveram o seu património; qual é o seu *core business*; qual é a sua experiência; em que países atuam e; quais são os seus fornecedores e clientes. Ou seja, deve-se identificar o mercado onde estes terceiros se inserem e devem ser identificados os sujeitos envolvidos nos seus negócios. Para isto, deve ser feita uma análise contratual, uma análise dos riscos de *compliance* do negócio, uma análise transacional e uma avaliação do programa de *compliance*. Para tudo isto ser cumprido, é necessário um grande trabalho de investigação e uma análise exaustiva de toda a informação disponibilizada.

Numa fase de pós-aquisição, é esperado que a informação obtida seja muito completa. Mas infelizmente não nos podemos esquecer que é numa fase de pré-aquisição, onde os riscos são mais difíceis de mitigar, na medida em que nem sempre a informação que é transmitida corresponde à verdade. Numa pré-aquisição existe a tendência, por parte das partes, em facilitar o processo. Depois de adquirida a empresa, a informação terá de ser minuciosamente revista e monitorizada. Poderão ocorrer investigações forenses, processos de arbitragem, disputas relativamente à definição do preço, fundo de maneio, entre outras questões.

Em certa medida, quem a sociedade adquirente deverá verificar a gestão efetuada pela administração da sociedade adquirida. Caso existiam um portfólio de empresas subsidiárias e afiliadas, terá de existir um entendimento detalhado dos riscos que as empresas subsidiárias comportam, bem como deve existir uma implementação e uma revisão anual dos programas de *compliance* de toda a estrutura empresarial. Os riscos variam consoante a empresa, pois nem todas as sociedades pertencentes ao mesmo grupo prestam os mesmos serviços.

Controlo Interno

Evolução Histórica

Como ensina MARIA JOÃO ESTEVES FERNANDES LOUREIRO, "*o controlo interno permite à organização alcançar os seus objetivos principais, assegurar que as operações relacionadas com a sua estratégia funcionam de modo efetivo, que atuam em conformidade com as leis e regulamentos aplicáveis, que os seus ativos se encontram protegidos de roubos ou fraudes e que a informação financeira é preparada e reportada com precisão, de modo a proporcionar aos seus investidores uma tomada de decisão sustentada e consciente. É, portanto, um processo desenhado para cumprir os objetivos da organização e que começa no topo desta, com os quadros de direção e de gestão a criar e reforçar a estrutura e harmonia dos controlos, contudo, envolve todas as pessoas da organização, indo além dos controlos internos de relato financeiro*"[109].

O sistema de controlo interno, como podemos apurar, representa a máxima importância dentro de uma estrutura organizacional[110]. É um mecanismo necessário, que tem de ser implementado de forma adequada e eficaz, bem como tem de ser proporcional à própria natureza e dimensão da entidade. Através do controlo interno, as organizações podem prevenir

[109] MARIA JOÃO ESTEVES FERNANDES LOUREIRO, "O Sistema de Controlo Interno nas Instituições financeiras", dissertação submetida ao Instituto Superior de Contabilidade e Administração de Lisboa para cumprimento dos requisitos necessários à obtenção do grau de Mestre em Auditoria, realizada sob a orientação científica de ANA MARINHO PIRES, professora da área científica de Riscos Empresariais e de Controlo Interno, p. 17.

[110] LAWRENCE A. CUNNINGHAM, "The Appeal and Limits of Internal Controls to Fight Fraud, Terrorism, Other Ills", *SSRN Electronic Journal*, 2003.

a ocorrência de eventos que obstam à execução dos objetivos da gestão empresarial.

O *American Institute of Certified Publics Accountants* (AICPA) foi, em 1934, o primeiro organismo a estabelecer uma definição de controlo interno[111]. Definiu-se que o controlo interno "*compreende um plano de organização e coordenação de todos os métodos e medidas adotadas num negócio a fim de garantir a salvaguarda de ativos, verificar a adequação e confiabilidade dos dados contabilísticos, promover a eficiência operacional e encorajar a adesão às políticas estabelecidas pela gestão*"[112].

Em Portugal, a histórica Instrução nº 76/92 do Banco de Portugal, estatuía que as Instituições de Crédito e Sociedades Financeiras deviam dispor de um sistema de controlo interno que abrangesse a definição da estrutura organizativa, os métodos e os procedimentos adequados à prossecução dos objetivos definidos nesta Instrução, com vista a minimizar os riscos de fraudes, irregularidades e erros, assegurando a sua prevenção e deteção tempestivas. Esta instrução foi revogada pelo Aviso nº 3/2006. Por sua vez, este aviso foi revogado dois anos depois pelo Aviso nº 5/2008.

O Aviso nº 5/2008, estabelecia que as instituições de crédito, as sociedades financeiras e as sucursais com sede em países terceiros deviam dispor de um sistema de controlo interno com vista a garantir um desempenho eficiente e rentável da atividade, a existência de informação financeira e de gestão completa, fiável, pertinente e tempestiva, bem como o respeito pelas disposições legais e regulamentares aplicáveis.

De forma a continuar a ser possível corresponder às exigências dos tempos modernos, o Banco de Portugal redigiu o Aviso nº 3/2020, que procedeu à revogação do Aviso nº 5/2008. O mais recente Aviso do BdP, regulamenta os sistemas de governo e controlo interno, bem como define

[111] Cátia Marisa Rodrigues Garcia, "Implementação de um Sistema de Controlo Interno numa Entidade do Setor Não Lucrativo", Orientado por: Mestre Daniel Oliveira, Instituto Politécnico de Tomar
Projeto apresentado ao Instituto Politécnico de Tomar para cumprimento dos requisitos necessários à obtenção do grau de Mestre em Auditoria e Análise Financeira, p. 10.

[112] Paulo Jorge da Silva Leitão, "Elaboração de Proposta de Manual de Controlo Interno do Grupo Derovo", Trabalho de projeto apresentado para a obtenção do grau de mestre em Controlo de Gestão, com orientação de Georgina Morais e supervisionado por Amândio Santos, Instituto Politécnico de Coimbra, Instituto Superior de Contabilidade e Administração de Coimbra, p. 10.

os padrões mínimos em que deve assentar a cultura organizacional das entidades sujeitas à supervisão do Banco de Portugal.

Houve uma interessante evolução no Aviso nº 3/2020 do BdP, quanto à regulação de várias matérias, como: a cultura organizacional; o governo interno; a avaliação da adequação de membros dos órgãos de administração e fiscalização; do sistema de gestão de riscos e controlo interno; da avaliação dos titulares de funções essenciais; das partes relacionadas e dos conflitos de interesses; das políticas e práticas remuneratórias entre outros.

Conceito e Enquadramento Jurídico:

A definição de controlo interno pode extraída do art. 12º, nº1 do Aviso nº 3/2020, e pode ser definida como um conjunto de estratégias, políticas, processos, sistemas e procedimentos com o objetivo de garantir a sustentabilidade da instituição no médio e longo prazo e o exercício prudente da sua atividade. O sistema de controlo interno abrange toda a instituição, incluindo as responsabilidades e as funções dos órgãos de administração e de fiscalização (segmentos de atividade, unidades de estrutura, funções de controlo interno, atividades subcontratadas, canais de distribuição de produtos).

O Aviso nº 3/2020 regulamenta, no seu art. 1º, os sistemas de governo e controlo interno e define os padrões mínimos em que deve assentar a cultura organizacional das seguintes entidades:

a) Instituições de crédito e sociedades financeiras com sede em Portugal;
b) Sucursais de instituições de crédito, de instituições financeiras e de empresas de investimento com sede em países que não sejam Estados-Membros da União Europeia;
c) Sociedades gestoras de participações sociais sujeitas à supervisão do Banco de Portugal nos termos do disposto no artigo 117º do Regime Geral das Instituições de Crédito e Sociedades Financeiras, quando sejam consideradas empresas-mãe nos termos da alínea q) do artigo 2ºA do mesmo diploma.

De acordo com as orientações da EBA sobre governo interno (EBA/ /GL/2017/11), divulgadas através da Carta Circular do Banco de Portugal nº CC/2018/00000016, o conceito de governo interno inclui todos os critérios e princípios relacionados com a forma como: (i) são estabelecidos os objetivos, estratégias e sistema de gestão de riscos de uma instituição, (ii) os seus negócios se encontram organizados, (iii) as responsabilidades e linhas de autoridade são definidas e alocadas, (iv) as linhas de reporte se encontram configuradas, e (v) o sistema de controlo interno é organizado e implementado, incluindo os procedimentos contabilísticos e as políticas de remuneração. Abrange também os sistemas de produção de informação, a subcontratação e a gestão da continuidade do negócio.

Assim, o sistema de controlo interno é definido tendo em consideração o princípio da proporcionalidade e o grau de centralização de autoridade e de delegação estabelecido na instituição. Este sistema deve incluir funções de controlo interno permanentes e efetivas, com uma posição e independência adequadas na estrutura organizacional, destinadas a verificar, nas respetivas áreas de competência, se as estratégias, sistemas, processos, políticas e procedimentos estabelecidos são adequados, devidamente atualizados, corretamente aplicados e efetivamente cumpridos.

Como estabelece o art. 12º, nº 2 do presente Aviso, o sistema de controlo interno abrange toda a estrutura organizacional, bem como todos os segmentos de atividade, atividades subcontratadas e canais de distribuição de produtos.

A Importância dos Órgãos de Administração e Fiscalização no Controlo Interno

O Aviso do BdP realça que a escolha e a avaliação da adequação dos membros dos órgãos de administração e de fiscalização (individual e coletivamente), e dos titulares de funções essenciais, devem ser iniciadas de forma atempada e assentar numa identificação sustentada das necessidades concretas da entidade supervisionada, atendendo às suas características e circunstâncias específicas.

Os órgãos de administração e de fiscalização são responsáveis por promover a existência de uma cultura organizacional, assente em elevados padrões de exigência ética. Devem estes órgãos promover uma cultura de risco que assegure a identificação, avaliação, acompanhamento e controlo dos riscos a que a instituição esteve, está ou pode vir a estar exposta.

Cabe aos órgãos de administração e fiscalização garantir que todos os colaboradores executam as suas funções, e que cumpram o código de conduta elaborado pela própria instituição. Desta forma, será possível reforçar os níveis de confiança e da reputação da própria instituição, quer a nível interno, quer a nível externo. Por último, é possível afirmar que o órgão de administração não tem só o dever de fiscalizar a atuação dos demais colaboradores, como deve garantir que os prestadores de serviços com os quais as instituições se relacionam, promovem uma cultura organizacional assente em padrões de ética equiparáveis aos da própria instituição.

O Aviso nº 3/2020 estabelece um conjunto de deveres do órgão de administração, que elencamos:

a) Promove a definição, aprova, após parecer prévio do órgão de fiscalização, e zela pela aplicação de um código de conduta, com as características referidas no artigo seguinte;
b) Discute regularmente, nas suas reuniões, e nas reuniões com os demais membros da direção de topo, as matérias relacionadas com a conduta e cultura organizacional e assegura o registo das respetivas conclusões;
c) Adota medidas que valorizam comportamentos alinhados com uma cultura organizacional com as características descritas no nº 1 do artigo 2º, incluindo, nomeadamente, medidas disciplinares adequadas e proporcionais sempre que forem detetadas situações de incumprimento às regras de conduta;
d) Promove um ambiente de controlo que valoriza o controlo interno como um elemento essencial para a resiliência e o bom desempenho no longo prazo da instituição;
e) Informa as diferentes unidades de estrutura, através de comunicações regulares, sobre o nível de tolerância ao risco da instituição, adota medidas concretas com vista a promover uma forte consciência, junto de todos os colaboradores da instituição, de aversão a níveis de risco que ultrapassem os limites definidos e assegura que todos os colaboradores conhecem as suas responsabilidades em matéria de tomada e controlo de riscos;
f) Promove um ambiente organizacional que encoraja os colaboradores a partilhar a sua opinião de forma livre e aberta e a comunicar

superiormente a existência de problemas sem receio de represálias, e a não adotar ou tolerar práticas de gestão agressivas;

g) Promove a realização de ações de formação, realizadas com caráter obrigatório no momento do início de funções e renovadas a cada dois anos ou sempre que houver alterações relevantes de conteúdo, com vista à sensibilização de todos os colaboradores, incluindo os membros dos órgãos de administração e de fiscalização, relativamente aos valores da instituição e às regras de conduta em vigor, assegurando, nomeadamente, que os colaboradores da instituição se encontram cientes das consequências legais e disciplinares que podem resultar de condutas impróprias;
h) Para além do disposto na alínea anterior, promove, ao longo do ano, a comunicação e divulgação das regras de conduta em vigor na instituição, de modo a torná-las presentes no dia-a-dia da gestão e no processo de tomada de decisão;
i) Assegura que no processo de recrutamento e seleção de novos colaboradores, incluindo membros dos órgãos sociais, é avaliada a adesão dos candidatos aos padrões éticos da instituição;
j) Age com diligência, lealdade e neutralidade nas relações mantidas com terceiros, e assegura que são adotados procedimentos internos isentos, transparentes e auditáveis, nomeadamente quando esteja em causa a contratação de serviços e a aquisição e alienação de ativos pela instituição.

Incumbe ainda ao órgão de administração, o dever de realizar avaliações periódicas relativas à conduta e aos valores da instituição, devendo estas ser feitas por entidades externas à instituição, de forma a garantir uma avaliação isenta e independente. Por sua vez, o órgão de fiscalização também se encontra sujeito a avaliações periódicas, a realizar por entidades externas, sobre a conduta e valores do próprio órgão de fiscalização. Aconselha-se a realização, por parte da mesma entidade externa, da avaliação destas duas situações em conjunto.

Nos termos do art. 4º, nº 3 do Aviso nº 3/2020 do BdP, o órgão de administração aprova, após parecer prévio do órgão de fiscalização, o código de conduta e as políticas internas, definindo entre outros aspetos, a responsabilidade da função de controlo interno, os procedimentos de verificação regular do seu cumprimento, as medidas de prevenção, identificação, gestão e mitigação de conflitos de interesses e os deveres de reporte associados. Não retrataremos neste capítulo a importância da ética empresarial, cujo desenvolvimento remetemos para o que já foi dito em *supra*. Mas temos de fazer referência ao código de conduta a que alude o Aviso do Banco de Portugal.

Este código de conduta, que deverá estar em vigor e que deve ser permanente atualizado, tem de prever, no mínimo, o desempenho da atividade, em cumprimento com a legislação em vigor, a regulamentação e as orientações aplicáveis, bem como deve prever a obrigatoriedade de adoção de comportamentos consonantes com os níveis de tolerância aos riscos definidos pela instituição.

É especialmente importante o conteúdo da alínea c) do nº 2 do art. 4º do Aviso nº 3/2020 do BdP, na medida em que esta norma obriga as instituições, a definir os comportamentos exigíveis aos colaboradores, bem como as medidas e procedimentos de prevenção e controlo, designadamente em matéria de: dever de segredo; proibição de uso ilegítimo de informação privilegiada; deveres de lealdade; prevenção de conflitos de interesses e negócios com partes relacionadas; atividades exercidas em acumulação com as funções exercidas na instituição; liberalidades; ofertas e; benefícios e contactos com a comunicação social e outras entidades externas.

Para o efeito, deve prever as consequências legais e disciplinares do incumprimento, por parte dos colaboradores, dos deveres que lhes encontram associados. O código de conduta deve ainda conter princípios orientadores e normas internas que visam a relação da instituição com os clientes, devendo estas estar em conformidade com o previsto no Regime Geral das Instituições de Crédito e Sociedades Financeiras (RGICSF).

O código de conduta deve ser revisto, nos termos do nº 4 do art. 4º do referido Aviso do BdP, pelo menos, uma vez a cada dois anos. É aconselhável que as instituições efetuem as revisões consoante as alterações legislativas, não se limitando a aguardar pelo aproximar do prazo legal máximo para proceder às referidas revisões. Incumbe ao órgão de administração divulgar o código de conduta perante todos os funcionários da instituição, bem como deve existir a sua divulgação, tanto interna, como externamente, que deverá ser feita através da internet.

Quanto à estrutura organizacional, cabe ao órgão de administração definir, aprovar e implementar uma estrutura que inclua os órgãos sociais da instituição e respetivos comités, assegurando que a mesma está definida de forma integrada, objetiva, transparente e percetível, num manual de estrutura orgânica ou documento interno equivalente. Nos termos do art. 9º, nº 1 do Aviso nº 3/2020 do BdP, o órgão de administração deve ainda garantir que a estrutura organizacional suporta o desenvolvimento da atividade da instituição e a implementação de um sistema de controlo interno adequado e eficaz, de forma a assegurar que a gestão e o controlo das operações são efetuados de uma forma prudente.

A estrutura organizacional deve assentar numa definição coerente, clara e objetiva das linhas de reporte e de autoridade, das competências e responsabilidades de cada órgão, unidade de estrutura e função, bem como do grau e âmbito de cooperação entre si[113], bem como dever contemplar uma adequada segregação de funções potencialmente conflituantes, assegurando que quaisquer situações de potenciais conflitos de interesses são identificadas antecipadamente, minimizadas e sujeitas a uma monitorização cuidadosa e independente.

Por fim, e de acordo com o que consta do Aviso, esta estrutura deve estar dotada de um número suficiente de membros da direção de topo e da gestão intermédia, bem como de outros colaboradores, para o desenvolvimento das responsabilidades e funções definidas.

Para além destes extensos deveres, incumbe ao órgão de administração definir uma estratégia, sustentável a longo prazo, para a atividade da instituição, para o seu perfil de risco e para o sistema de controlo interno, através de um processo formal de planeamento, executado com uma periodicidade adequada, respeitando o preceituado no art. 10º do referido Aviso do BdP. Esta estratégia deve possibilitar uma adaptação tempestiva, caso se verifiquem alterações significativas nos pressupostos que lhe estão subjacentes, tendo por base uma avaliação prévia do impacto de materialização de desvios. A estratégia adotada deve ainda determinar uma política de risco e estabelecer orientações que sirvam de base ao desenvolvimento do sistema de controlo interno.

É ainda dever do órgão de administração assegurar a existência de todos os recursos materiais, nomeadamente capital e liquidez, técnicos e humanos adequados para a prossecução sã e prudente da estratégia de

[113] Sean J. Griffith, "Agency, Authority, and Compliance", *Fordham Law Legal Studies Research Paper* nº 3462638, 2019.

longo prazo da instituição, nos termos definidos pelo art. 11º do presente Aviso do BdP.

O órgão de administração tem ainda importantes deveres quanto ao estabelecimento do sistema de controlo interno. Este órgão deve estabelecer um sistema de controlo interno que seja capaz de dar cumprimento aos objetivos consignados no planeamento estratégico, bem como deve efetuar a identificação, avaliação, acompanhamento e controlo de todos os riscos que a instituição está ou pode vir a se encontrar sujeita. Este órgão deve também garantir que são adotados procedimentos contabilísticos sólidos.

É ainda dever do órgão de administração, nos termos do art. 13º do Aviso nº 3/2020 do BdP, assegurar que o sistema de controlo interno é definido de acordo com o princípio da proporcionalidade e o grau de centralização de autoridade e delegação da instituição. Para o efeito, o órgão de administração deve garantir que o sistema de controlo da instituição assenta num sistema de gestão de riscos adequado, que permita avaliar, identificar, acompanhar e controlar os riscos que a instituição esteja sujeita, bem como deve prever soluções que permitam mitigar esses riscos.

O órgão de administração deve ainda assegurar que são incluídas funções de controlo interno permanentes e efetivas, com estatuto, autoridade e independência da estrutura organizacional. O sistema de controlo interno deve também estar organizado de forma a assentar num sistema de gestão de informação e comunicação que possam assegurar a recolha, tratamento, arquivo e troca de dados relevantes de forma a permitir o desempenho eficaz e tempestivo da gestão e controlo dos riscos. Por último, cabe referir que, em consonância com o que se encontra disposto no art. 13º, nº 2, alínea d) do presente Aviso, a organização do sistema de controlo interno deve assentar num processo de monitorização contínua que possa assegurar a adequação e eficácia do sistema a longo prazo, nomeadamente através da identificação e correção tempestiva de eventuais deficiências.

O Aviso do BdP define, nos termos do nº 3, o conceito de deficiências, que deve ser compreendido como o conjunto das insuficiências, potenciais ou efetivas, ou da oportunidade de introdução de melhoria que permitam fortalecer a cultura organizacional e os sistemas de gestão de riscos, de governo e controlo interno, incluindo as política e prática remuneratórias.

Funções de Controlo Interno

Cabe ao órgão de administração, definir as unidades de estrutura que desempenham **funções de gestão de riscos, de conformidade e de auditoria interna**, nos termos do art. 14º do Aviso do BdP. É deixado a este órgão a escolha de um modelo que entenda ser o mais adequado face à natureza e à dimensão da instituição, podendo incluir o desdobramento de cada uma dessas funções. Os requisitos previstos no Aviso nº 3/2020 do BdP, aplicam-se à função do responsável pelo cumprimento normativo, referida no art. 7º do Aviso nº 2/2018 do BdP, sempre que esta se encontre segregada daquela função de controlo interno.

Nos termos do art. 14º, nº 4 do Aviso nº 3/2020 do BdP, o órgão de administração tem o dever de nomear responsáveis pelas funções de controlo interno, tendo estes um estatuto e autoridade suficientes para o cabal desempenho das suas funções. Estes devem agir de forma objetiva e independente, tendo um regulamento próprio aprovado pelo órgão de administração, depois de obtido o parecer prévio do órgão de fiscalização. A sua atividade não pode ser condicionada ou limitada pelo órgão de administração e ou pelo órgão de fiscalização.

Importante é que exista um número de colaboradores proporcional à dimensão do grau de exigência e à dimensão da estrutura organizacional da instituição. Não deve em qualquer momento, ser vedado aos responsáveis pelas funções de controlo interno, o acesso aos sistemas de informações internas e externas que sejam necessárias para o cumprimento das suas responsabilidades.

Este devem ainda, nos termos do art. 14º, nº 4, alínea f) do referido Aviso do BdP, ter acesso total, livre e incondicionado a todas as funções, atividades, incluindo funções, processos e atividades subcontratadas, instalações próprias ou dos prestadores de serviços, bens e colaboradores, informações, registos contabilísticos, sistemas, ficheiros informáticos e dados da instituição. Qualquer condicionamento da sua atividade deve ser comunicado aos órgãos de administração e fiscalização, para análise e registo em ata, bem como deve a autoridade de supervisão competente ser informada dessa ocorrência. Os responsáveis pelo controlo interno devem ter acesso direto aos órgãos de administração e fiscalização, sendo este último apenas responsável por avaliar o desempenho daqueles que exercem as funções de controlo interno.

Resulta do art. 15º do Aviso nº 3/2020 do BdP, que as funções de controlo interno são estabelecidas em unidades de estrutura organicamente segregadas das atividades que monitorizam e controlam. As funções de gestão de riscos, de conformidade e de auditoria interna são estabelecidas em unidades de estrutura autónomas e independentes entre si. É possível combinar numa única unidade de estrutura as responsabilidades da função de gestão de riscos e as responsabilidades da função de conformidade[114]. Existem exceções à segregação das funções de controlo interno, previstas no art. 16º do presente Aviso do BdP, que em suma, ocorrem quando a instituição não se encontre habilitada a receber depósitos, e desde que adote os mecanismos necessários para prevenir ou mitigar o risco de situações de conflitos de interesses.

Os responsáveis pelas funções de controlo interno fazem parte, nos termos do art. 17º do presente Aviso do BdP, da direção de topo da instituição, não que não podem desempenhar outras funções na instituição. Os responsáveis pelas funções de controlo interno devem exercer as suas funções de forma independente, sem qualquer condicionalismo. Estes não podem ser, no exercício das suas funções, subordinados ao membro executivo do órgão de administração que seja responsável pela gestão das atividades que cada função de controlo interno monitoriza e controla.

O cargo pode ser desempenhado por um quadro superior da instituição que desempenhe outras funções, desde que seja salvaguardada a inexistência de conflitos de interesses e implementadas as medidas necessárias para os mitigar. Esta situação só é possível se a instituição não se encontrar habilitada a receber depósitos.

Nos termos do art. 18º do BdP, a adequação dos responsáveis pelas funções de controlo interno é objeto de autorização para o exercício de funções pela autoridade de supervisão competente, em momento anterior ao início de funções, em instituições de crédito categorizadas como outras instituições de importância sistémica (O-SII) nos termos do disposto no art. 138º-Q do RGICSF.

[114] Anette Mikes, "Risk Management at Crunch Time: Are Chief Risk Officers Compliance Champions or Business Partners?" *SSRN Electronic Journal*, 2008; Tamar Frankel, "The Law Officer (LO) and Compliance Officer (CO): Status, Function, Liabilities, and Relationship", *Boston Univ. School of Law, Law and Economics Research Paper*, nº 18-25, 2018.

Nos termos do art. 33º-A, nº 3 do RGICSF, a adequação, para o exercício das respetivas funções, dos titulares de funções essenciais das instituições de crédito está sujeita a avaliação, aplicando-se, com as necessárias adaptações, o regime previsto nos artigos 30º, 30º-A, 30º-D e 31º a 32º-A do RGICSF. Dispõe ainda o nº 4 do art. 33º-A do RGICSF, que cabe às instituições de crédito verificar previamente o preenchimento dos requisitos de idoneidade, qualificação profissional e disponibilidade dos titulares de funções essenciais, devendo os resultados dessa avaliação constar do relatório a que se refere o nº 7 do artigo 30º-A. Este relatório deve ser colocado á disposição da assembleia geral no âmbito das respetivas informações preparatórias.

Nos termos do art. 18º, nº 5 do Aviso nº 3/2020 do BdP, a instituição recolhe e mantém apenas os dados pessoais necessários à avaliação da adequação, pela própria instituição e pela autoridade de supervisão competente, dos responsáveis pela função de gestão de riscos, de conformidade e de auditoria interna.

Sistema de Gestão de Riscos

O órgão de administração[115] é responsável por uma adequada gestão de todos os riscos a que a instituição possa encontrar-se exposta. O art. 19º, nº 1 do Aviso nº 3/2020 dispõe que o sistema de gestão de riscos pode ser definido como um conjunto de estratégias, políticas, processos, sistemas e procedimentos, que têm como objetivo a identificação, avaliação, acompanhamento e controlo de todos os riscos a que a instituição está ou pode vir a estar exposta, tanto por via interna como externa, por forma a assegurar que aqueles se mantêm ao nível previamente definido pelo órgão de administração e que não afetam significativamente a situação financeira da instituição.

O órgão de administração tem o dever de garantir que o sistema de gestão de riscos é incorporado de forma efetiva no processo de definição da estratégia da instituição, bem como deve assegurar que este sistema

[115] Christoph Van der Elst, "The Risk Management Duties of the Board of Directors", Hanne Birkmose, Mette Neville & Karsten Engsig Sørensen (eds.), Boards of Directors in European Companies – Reshaping and Harmonising Their Organisation and Duties, Forthcoming, *Financial Law Institute Working Paper* Series 2013-02.

influencia, de forma ativa, a tomada de decisões de toda a direção de topo e da gestão intermédia, contribuindo também para o adequado exercício da competência do órgão de fiscalização.

Nos termos do art. 19º, nº 4 do Aviso nº 3/2020 do BdP, o órgão de administração é responsável pela adequação da gestão de todos os riscos que a associação se possa encontrar exposta.

A organização do sistema de riscos encontra-se prevista no art. 20º, nº 1 do referido Aviso do BdP. O sistema de gestão de riscos deve ser sólido, eficaz e consistente, para além de ter de abranger todos os produtos, atividade, processos e sistemas, incluindo os subcontratados, filiais, sucursais ou outras formas de estabelecimento ou de prestação de serviços. O sistema de gestão de riscos deve ainda basear-se em processos de identificação, avaliação, acompanhamento e controlo dos riscos, suportados em políticas, procedimentos e limites de tolerância ao risco apropriados, claramente definidos e aprovados, os quais são periodicamente revistos, bem como deve integrar o disposto nos planos de recuperação, permitindo assegurar o restabelecimento tempestivo de situações de desequilíbrio financeira da instituição.

O órgão de administração tem também, na organização do sistema de gestão de riscos, um conjunto de deveres. Este órgão deve definir, aprovar e rever com regularidade a política global de risco da instituição, assegurando a sua divulgação perante todos os colaboradores da instituição, bem como deve aprovar outras políticas e procedimentos de gestão de riscos, bem como aquelas que são aplicáveis aos novos produtos e atividades da instituição.

O órgão de administração deve ainda verificar o cumprimento dos níveis de tolerância ao risco e das políticas e procedimentos de gestão de riscos[116] em vigor, avaliando a sua eficácia e adequação às atividades desenvolvidas, de forma a detetar e corrigir atempadamente a existência de quaisquer deficiências. Deve também ser garantido que são aprovados procedimentos que garantam a elaboração de relatórios periódicos e precisos sobres os riscos que a instituição pode vir a estar sujeita. Isto tem por objetivo facultar ao próprio órgão de administração, a possibilidade de garantir a efetiva execução das suas orientações e recomendações, bem

[116] Christopher C. Hood e Henry Rothstein, "Business Risk Management in Government: Pitfalls and Possibilities", *CARR Discussion Paper (Launch Paper)*, 2003.

como todas as correções ou melhorias no sistema de gestão de riscos. É ainda dever do órgão de administração pronunciar-se, em tempo útil, sobre os relatórios redigidos pelas funções de controlo interno, que versem sobre recomendações destinadas à eliminação de deficiências.

Nos termos do art. 21º do Aviso do BdP, a instituição deve adotar categorias de risco que, no seu conjunto, abranjam todos os fatores associados aos eventos de risco a que a instituição está ou possa vir a se encontrar exposta. Qualquer decisão de exclusão de determinadas categorias de risco identificadas na lei, em regulamentos ou outras orientações aplicáveis, têm de ser justificadas pela função de gestão de riscos e aprovada pelo órgão de administração, tendo o órgão de fiscalização de apreciar essa decisão.

O órgão de administração é ainda responsável pelo processo de identificação, avaliação e acompanhamento dos riscos nos termos do arts. 22º, 23º e 24º do Aviso nº 3/2020 do BdP. De salientar que o processo de mitigação de riscos deve ser executado com uma periodicidade mínima anual, de forma a permitir a identificação tempestiva de novos eventos de risco e revisão dos existentes, bem como deve permitir a hierarquização dos riscos, com grau de detalhe adequado a natureza que cada risco comporta.

Quanto ao processo de avaliação, este deve assentar em análises qualitativas e quantitativas, sendo executado com uma periodicidade mínima anual, assentando em hipóteses, parâmetros e fontes de informação adequadas e fiáveis. Este processo de avaliação de riscos deve permitir a elaboração de relatórios que suportem a formação de um juízo fundamentado sobre a relevância e o impacto negativo nos resultados, posição de capital ou de liquidez dos riscos.

Em relação ao processo de acompanhamentos dos riscos, como referimos anteriormente, cabe ao órgão de administração garantir que existe um processo sistematizado de acompanhamento da exposição de cada risco identificado, bem como que cada categoria de risco é acompanhada por uma função de controlo interno, enquadrável na segunda linha de defesa[117].

Cabe ainda fazer referência ao processo de controlo de riscos. O objetivo passa por garantir que os objetivos definidos são atingidos e que são tomadas as ações necessárias para responder adequadamente aos riscos

[117] Christoph Van der Elst, "The Risks of Corporate Legal Principles of Risk Management", *ECGI – Law Working Paper* nº 160, 2010.

previamente identificados. O órgão de administração, após parecer das funções de gestão de riscos e de conformidade, aprova e revê uma política que estabeleça os objetivos da instituição, no que respeita ao perfil e ao nível de tolerância ao risco, devendo esta ser revista, pelo menos, com uma periodicidade mínima anual. Devem existir políticas e procedimentos adequados para identificar e controlar os riscos de exposição, bem como deve ser assegurada a revisão destas práticas, tendo em consideração todas as recomendações emitidas pela função de auditoria interna[118].

Quanto aos procedimentos de controlo de risco, o órgão de administração assegura que são adotadas, nos termos do art. 25º, nº 3 do Aviso nº 3/2020 do BdP, numa base contínua e como parte integrante das atividades diárias da instituição, as seguintes ações:

- Recolha e manutenção de elementos que documentem de forma objetiva, as decisões tomadas, bem como as operações realizadas. Esta documentação deve estar organizada de forma cronológica num formato compreensível e acessível;
- Definição e aplicação de formulários padronizados, redigidos de forma clara e objetiva, de todos os elementos necessários para o bom desenvolvimento das operações;
- Definição e aplicação de requisitos previamente estabelecidos para aprovação, renovação ou alteração dos termos e condições das operações, ajustados ao risco existente;
- Análise prévia, autónoma e independente, realizada pelas funções de gestão de riscos e de conformidade, de todas as operações relevantes para a instituição, tendo em conta o impacto do perfil de risco na instituição;
- Segregação de funções que envolvam responsabilidade conflituantes;
- Restrições ao nível de segurança no acesso a ativos, recursos e informação, garantindo a proteção contra utilizados não autorizados;
- Obrigações de reporte, análise e decisão sempre que ocorram desvios, erros, fraudes ou incumprimentos;
- Implementação e manutenção de indicadores de alerta;
- Definição de limites objetivos e prudentes para cada um dos riscos;

[118] Elizabeth V. Mulig e Murphy Smith, "Understanding and Preventing Money Laundering", *Internal Auditing*, 19(5): 22-25, September-October 2004.

- Realização de verificações e reconciliações periódicas;
- Implementação de métodos adequados de valorização de ativos, passivos e elementos extrapatrimoniais a aplicar com uma periodicidade anual;
- Definição, implementação e revisão periódica de planos de contingência e de continuidade de negócio.

Considerando os desenvolvimentos entretanto ocorridos, as categorias de riscos previstas no Aviso do Banco de Portugal nº 5/2008 foram eliminadas, remetendo-se agora para o disposto na legislação, regulamentação e orientações aplicáveis. Prevalece, porém, o mesmo princípio de as entidades supervisionadas adotarem as categorias de risco que, no seu conjunto, abranjam todos os fatores associados aos eventos de risco a que estão ou podem vir a estar expostas. De forma resumida[119], devem ser geridos os:

- Riscos de Modelo de Negócio (tendo como subcategorias de risco, por exemplo, a viabilidade e a sustentabilidade do modelo de negócio);
- Riscos de Governo Interno (tendo como subcategorias de risco, por exemplo, a estrutura do governo interno e estrutura de gestão e cultura do risco);
- Riscos de Crédito (tendo como subcategorias de risco, por exemplo, o risco de país, o risco de spread de crédito, o risco de liquidação e de entrega, o risco residual, entre outros);
- Riscos de Mercado (tendo como subcategorias de risco, por exemplo, o risco de liquidez, o risco cambial, o risco de opções, o risco de incumprimento, o risco de migração, o risco de instrumentos de capital, entre outros);
- Riscos de Taxa de Juro da Carteira Bancária;
- Riscos Operacionais (tendo como subcategorias de risco, por exemplo, o risco de fraude, as práticas em matéria de emprego e segurança no local de trabalho, bem como situações de perturbações das atividades comerciais, entre outras);
- Riscos de Liquidez e de Financiamento (tendo como subcategorias de risco, por exemplo, risco de financiamento por grosso, a curto

[119] A lista completa consta do Anexo I à Instrução do Banco de Portugal nº 18/2020.

ou a longo prazo, o risco de financiamento de retalho, o risco de sustentabilidade do financiamento cambial, entre outros);
- Outros Riscos (como exemplo, o risco reputacional, o risco de branqueamento de capitais e financiamento do terrorismo, o risco imobiliário, o risco de seguros, o risco alavancagem excessiva, entre outros).

Modelo das Três Linhas de Defesa

Tal como foi definido pelas orientações da EBA sobre o governo interno (EBA/GL/2017/11), o Aviso do BdP tem por base o modelo das três linhas de defesa do *Institute of Internal Auditors* (IIA), recentemente referidas pelo *European Systemic Risk Board* no relatório "Macroprudential approaches to nonperforming loans", publicado em janeiro de 2019 e pelo G30, no relatório "Banking Conduct and Culture - A Permanent Mindset Change", publicado em novembro de 2018.

Em traços gerais, o modelo das três linhas de defesa assenta na repartição de responsabilidades distintas, em matéria de governo e gestão dos riscos, pelas diferentes funções que integram cada uma das linhas, as quais podem ser caracterizadas, sumariamente, da seguinte forma:

- **Primeira linha**: as unidades geradoras de negócio e áreas conexas, que geram risco para a instituição e que são as primeiras responsáveis pela identificação, avaliação, acompanhamento e controlo dos riscos em que incorrem, nos termos do disposto no artigo 26º do presente Aviso. A primeira linha de defesa é assim assegurada pela gestão operacional, na medida em que os gestores de nível intermédio desenvolvem e implementam procedimentos detalhados de controlo e supervisionam a sua execução, por parte dos seus colaboradores.
- **Segunda linha**: as funções de suporte e de controlo que incluem, nomeadamente, as funções de gestão de riscos e de conformidade, as quais interagem com as funções da primeira linha com vista à adequada identificação, avaliação, acompanhamento e controlo dos riscos inerentes à atividade desenvolvida pelas funções da primeira linha, nos termos do disposto nos artigos 27º e 28º do presente Aviso. Assim, a segunda linha de defesa é assegurada pelas funções de Gestão de Risco, Compliance e Controlo Financeiro, sendo que

estes podem intervir diretamente, de modo a modificar e desenvolver o controlo interno.

- **Terceira linha**: a função de auditoria interna, que realiza análises independentes e orientadas para o risco, nos termos do disposto no artigo 32º do presente Aviso. Cabe à auditoria interna fornecer aos órgãos de gestão e administração, avaliações adequadas e baseadas em elevados níveis de independência e objetividade. Os responsáveis pela função de auditoria interna avaliam a eficácia do modelo de governação, da gestão de riscos e dos controlos internos. A terceira linha de defesa é assim assegurada pela função de auditoria interna, que avalia a eficácia das primeira e segunda linhas de defesa.

O *Bank for International Settlments*, veio, no entanto, ressalvar que o modelo das três linhas de defesa não é suficiente, sendo que deveria existir uma quarta linha de defesa[120]. Esta ideia é reforçada, sobretudo, se tivermos em consideração os escândalos bancários que ocorreram nos últimos anos. Mesmo após a implementação de um sistema com três linhas de defesa, tal não se revelou suficiente. Assim, subsistem os seguintes problemas:

- <u>Incentivos desalinhados face à apetência ao risco</u> → Vários são os especialistas que defendem que a linha mais importante de defesa é sobretudo a primeira, que é assegurada pela gestão operacional[121]. O que acaba por existir é um conflito entre as responsabilidades de controlo e de gestão de risco e o objetivo comercial dos tomadores de risco.
- <u>Falta de independência orgânica de funções na segunda linha de defesa</u> → Outro dos problemas detetados, prende-se com a falta de

[120] "Financial Stability Institute: The "four lines of defence model" for financial institutions (dezembro 2015)", p. 7 e ss.

[121] Lyons, Corporate oversight and stakeholder lines of defense, The Conference Board Executive Action Report, no 365, October 2011; Capriglione & Casalino, "Improving corporate governance and managerial skills in banking organizations", International Journal of Advanced Corporate Learning, 2014, vol 7, issue 3; Spira & Page, "Risk management: the reinvention of internal control and the changing role of internal audit, Accounting, Auditing and Accountability Journal, 2003, vol. 16, no 4, pp. 640–661; Committee of Sponsoring Organizations of the Treadway Commission (COSO), Effective enterprise risk oversight: the role of the board of directors, September 2009.

independência orgânica das funções de controlo, uma vez que a gestão diária e os canais de comunicação passam sobretudo pela gestão executiva da instituição. O que acaba por suceder é que as funções críticas de controlo acabam por perder a sua independência quando são incorporados no fluxo operacional.

- Falta de competências nas funções de segunda linha de defesa → Outro problema que pode subsistir é que as pessoas responsáveis pela segunda linha de defesa, podem não ter os conhecimentos suficientes para contestar as práticas dos responsáveis pela primeira linha de defesa.
- A auditoria interna pode realizar uma avaliação de riscos inadequada e subjetiva → A eficácia do trabalho dos auditores internos depende, em grande medida, da adoção de um plano de auditoria, estabelecido com base numa avaliação anual do risco abrangente e objetiva. O conhecimento, as competências e a experiência necessária para a realização destes julgamentos depende muito da experiência dos auditores.

Desta forma, segundo o *Bank for International Settlements*, deveria existir uma quarta linha de defesa, que seria composta por uma auditoria externa e pelas entidades de supervisão. O modelo das quatro linhas de defesa é assim visto como a melhor solução, de forma a garantir que os sistemas de gestão de risco são eficazes, procedendo-se desta forma ao reforço da coordenação entre os departamentos de supervisão e de auditoria, externa e interna, existindo entre estes departamentos, uma melhor comunicação, possibilitando assim a redução ou a eliminação da assimetria das informações entre as entidades envolvidas.

Desta forma, a solução passa pela intervenção de organismos independentes externos. Embora estes organismos, por serem externos à instituição, não tenham a mesma familiaridade com a instituição, como o departamento de auditoria interna[122], em bom rigor, possibilitam a tomada de decisões independentes e isentas. Para além disso, é a nosso ver, uma vantagem relativamente à reputação da própria instituição perante terceiros. Os auditores externos coordenam o trabalho de auditoria, em

[122] Jan Cattrysse, "Reflections on Corporate Governance and the role of the internal auditor", SSRN Electronic Journal, 2005, pp. 32 e ss.

conjunto com os auditores internos, fazendo uma avaliação autónoma das três primeiras linhas de defesa.

Desta forma, a quarta linha de defesa visa corrigir as demais deficiências, atribuindo às entidades externas a função de avaliar e ajuizar a atuação dos sujeitos responsáveis pelas outras três linhas de defesa. Embora permanecendo fora da estrutura organizacional, estes constituem um elemento vital de sistemas de garantia e governação.

Desta forma podemos afirmar que a quarta linha de defesa é essencial para o sucesso do sistema de controlo interno, uma vez que permite reforçar a coordenação entre as partes externas e os auditores internos, permitindo reduzir ou eliminar, informações assimétricas entre as partes. Os auditores externos poderão assim, fornecer uma avaliação autónoma, isente e independente das três primeiras linhas.

Em 2013, foi sugerido pela Protiviti, uma firma de consultoria internacional, que existisse uma quinta linha de defesa, permitindo uma adição das funções-chave identificadas para a alta administração e o conselho de administração ([123]), tendo estes uma função de supervisão.

Responsabilidades da Função de Gestão de Riscos

O órgão de administração deve, nos termos do art. 27º do Aviso nº 3/2020 do BdP, estabelecer e manter uma função de gestão de riscos que dá cumprimento ao disposto no art. 115º-M do RGICSF ([124]) e que é responsável por uma multiplicidade de funções, tais como:

[123] Tim Leech & Conor Hanlon, "Three Lines of Defense versus Five Lines of Assurance: Elevating the Role of the Board and CEO in Risk Governance", *The Handbook of Board Governance: A Comprehensive Guide for Public, Private and Not – for – Profit Board Members*, 2016, pp. 335 a 355.

[124] Artigo 115º-M
Art. 115º-M do RGICSF (Função de gestão de riscos):
"*1 – As instituições de crédito estabelecem uma função de gestão de riscos independente das funções operacionais e dotada de recursos adequados, sendo responsável por:*
a) Garantir que todos os riscos materiais da instituição de crédito são identificados, avaliados e reportados adequadamente;
b) Participar na definição da estratégia de risco da instituição de crédito;
c) Participar nas decisões relativas à gestão de riscos materiais.
2 – O responsável pela função de gestão de riscos exerce as suas funções de forma independente e em exclusividade, devendo pertencer à direção de topo, salvo se a natureza, nível e complexidade das atividades da

- Garantir que todos os riscos a que a instituição está ou pode vir a estar exposta são identificados, avaliados, acompanhados e controlados de forma adequada, sendo estes reportados a todas as unidades da estrutura;
- Submeter para aprovação do órgão de administração, após parecer prévio do órgão de fiscalização, todas as políticas e procedimentos que possam apoiar o sistema de gestão de riscos;
- Implementar e garantir a manutenção de um quadro sólido de gestão de riscos em toda a instituição;
- Aplicar e monitorizar o cumprimento dos limites de tolerância ao risco;
- Identificar os riscos inerentes à atividade da instituição, bem como avaliar a exposição ao risco;
- Acompanhar de forma adequada, tempestiva e permanente as atividades geradoras de risco, bem como as exposições ao mesmo;
- Colaborar na implementação das medidas de gestão de risco a adotar pelas diferentes unidades de estrutura;
- Desenvolver, implementar e monitorizar o processo interno de autoavaliação da adequação do capital interno e o processo de autoavaliação de liquidez. Deve ainda coordenar a elaboração dos seus relatórios;
- Participar no processo de aprovação de novos produtos e serviços, avaliando os riscos associados a estes;
- Analisar as operações com partes relacionadas, identificado e avaliando os riscos inerentes para a instituição;
- Analisar e aconselhar os órgãos de administração e de fiscalização antes da tomada de decisões que possam envolver a assunção de riscos significativos, sobretudo quando estejam em causa, operações de valores elevados para a instituição, bem como quando se trate de aquisições, alienações, fusões ou lançamento de novas atividades, produtos ou serviços;

instituição de crédito não o justificarem, sendo neste caso a função desempenhada por um quadro superior da instituição de crédito, salvaguardando-se a inexistência de conflito de interesses.
3 – O responsável pela função de gestão de riscos pode reportar diretamente ao órgão de fiscalização e não pode ser destituído sem aprovação prévia do mesmo".

- Implementar e desenvolver de forma contínua mecanismos de alerta para situações de desvios ou incumprimentos dos limites de tolerância ao risco;
- Emitir recomendações, tendo por base os resultados das avaliações realizadas;
- Contribuir com a sua experiência, através da prestação de informações, analises e avaliações pertinentes e independentes sobre as posições de risco;
- Reportar de imediato aos órgãos de administração e de fiscalização, quaisquer incumprimentos que tenha conhecimento, tanto relativamente às políticas e procedimentos definidos, como aos limites de tolerância ao risco definidos. Para além do dever de reporte, o responsável pela função de gestão de risco deve encontrar soluções para mitigar ou eliminar estes incumprimentos.
- Elaborar com a periodicidade adequada, relatórios que incluam uma avaliação do perfil global de risco da instituição, com detalhe à exposição individual a cada uma das categorias de risco, bem como uma síntese das deficiências detetadas por qualquer unidade de estrutura que sejam classificadas como deficiências de nível F3 "elevada" ou de nível F4 "severa", atendendo à metodologia de classificação constante de anexo à Instrução do Banco de Portugal nº 18/2020[125]. Estes relatórios devem ainda conter uma síntese de todas as deficiências detetadas, bem como as recomendações e medidas propostas a respeito destas. Os devem ser disponibilizados ao responsável da função da gestão de riscos, aos órgãos de administração e de fiscalização e ao Comité de Riscos, quando este tenha sido constituído. Os responsáveis pelas funções de conformidade e auditoria interna também devem ter acesso a estes relatórios. Após parecer do órgão de fiscalização, cabe ao órgão de administração pronunciar-se e expressar-se sobre estes relatórios, assegurando todas as medidas necessárias para corrigir as deficiências detetadas.

[125] A metodologia de classificação das deficiências consta do Anexo II da Instrução do Banco de Portugal nº 18/2020. A presente Instrução regulamenta, atendendo ao princípio da proporcionalidade, os deveres de reporte à autoridade de supervisão competente que impendem sobre as entidades abrangidas pelo Aviso do Banco de Portugal nº 3/2020, respeitante à conduta e cultura organizacional e aos sistemas de governo e controlo interno.

- Elaborar com a periodicidade anual e com referência a 30 de novembro de cada ano, um relatório, a subscrever pelo responsável pela função de gestão de riscos, que inclua uma avaliação da independência da função, com a respetiva indicação da existência de quaisquer situações ou constrangimentos que a comprometam ou possa vir a comprometer a independência das suas funções. Este relatório anual deve conter uma descrição de todas as deficiências identificadas por qualquer entidade, seja ela interna ou externa à instituição. À semelhança do que foi dito no ponto anterior, estes relatórios são disponibilizados ao responsável da função da gestão de riscos, aos órgãos de administração e de fiscalização, ao Comité de Riscos, quando este tenha sido constituído, bem como aos responsáveis pela auditoria interna e pela conformidade. Depois do parecer dado pelo órgão de fiscalização, o órgão de administração tem o dever de se pronunciar sobre estes relatórios e tomar as medidas necessárias para corrigir eventuais deficiências que tenham sido encontradas.

Responsabilidades da Função de Conformidade

O art. 28º do Aviso nº 3/2020 dispõe que o órgão de administração tem de estabelecer e manter uma função de conformidade que seja responsável por:

- Acompanhar e avaliar, de forma regular e adequada, a eficácia das medidas e procedimentos destinados para detetar qualquer risco de incumprimento das obrigações legais, regulamentares ou outros deveres que a instituição esteja sujeita;
- Prestar apoio e aconselhar os órgãos de administração e fiscalização, garantindo que instituição cumpre as suas obrigações legais, regulamentares ou outros deveres que esta se encontre sujeita;
- Ser responsável pela elaboração, aplicação, aprovação e verificação do código de conduta, previsto no art. 4º do Aviso nº 3/2020 do BdP;
- Aconselhar os órgãos de administração e fiscalização em momento anterior à tomada de decisões que envolvam a assunção de riscos de conformidade;
- Analisar as operações com partes relacionadas, devendo analisar e avaliar os inerentes riscos de conformidade, sejam estes reais ou potenciais;

- Caso desempenhe funções em matéria de prevenção de BC/FT, este deve participar nos procedimentos de controlo interno;
- Prestar, no mais curto espaço de tempo possível, informação sobre indícios de violações das obrigações legais ou regulamentares a que a instituição se encontra sujeita, bem como de regras de conduta ou relacionamento com clientes que possam fazer incorrer a instituição em ilícitos de natureza contraordenacional ou possam prejudicar a sua reputação.
- Manter um registo dos incumprimentos e das medidas propostas e adotadas para os suprir, formalizado na base de dados referida no nº 14 do art. 31º do Aviso nº 3/2020 do BdP;
- Garantir que existe um registo permanente, atualizado e completo, das reclamações apresentadas por clientes, devendo para o efeito, elaborar e apresentar aos órgãos de administração e de fiscalização, relatórios quanto ao tipo e ao conteúdo das reclamações apresentadas, bem como as medidas adotadas para as gerir;
- Participar na definição de políticas, procedimentos e de instrumentos normativos internos da instituição em matéria de conflitos de interesses e transações com partes relacionadas;
- Ter uma participação ativa na aprovação de novos produtos ou serviços, quer num momento prévio à sua aprovação, quer posterior à sua introdução;
- Acompanhar e monitorizar a aplicação dos procedimentos de governação sobre a comercialização de produtos, mediante o desenvolvimento de análises periódicas a esses procedimentos, bem como elaborar propostas dirigidas ao órgão de administração e demais membros da direção de topo com vista à alteração de procedimentos instituídos, caso se verifiquem riscos de incumprimentos legais ou regulamentares;
- Efetuar testes de conformidade através de um programa próprio para o efeito, regularmente visto e adaptado;
- Elaborar um relatório anual que inclua uma avaliação ao perfil global de risco de conformidade da instituição, bem como uma síntese das deficiências detetadas, que sejam classificadas como deficiências de nível F3 "elevada" ou de nível F4 "severa", atendendo à classificação do Anexo II da Instrução do Banco de Portugal nº 18/2020. Este relatório anual deve também conter uma síntese de outras

deficiências detetadas, incluindo aquelas que foram consideradas pouco relevantes, mas que possam, no seu conjunto, evidenciar uma deterioração da cultura organizacional da instituição e dos seus sistemas de governo e controlo interno. Deverá existir também uma síntese para os incumprimentos detetados a nível de conformidade. Este relatório anual, deve por fim, permitir a identificação das recomendações emitidas e das medidas propostas para corrigir as deficiências e incumprimentos, com indicação se estes foram ou não adotadas. O relatório deve ser disponibilizado ao órgão de administração, ao órgão de fiscalização e ao Comité de Riscos, caso este tenha sido constituído, bem como aos responsáveis pela auditoria interna e pela conformidade. Depois do parecer dado pelo órgão de fiscalização, o órgão de administração tem o dever de se pronunciar sobre estes relatórios e tomar as medidas necessárias para ultrapassar as dificuldades que tenham sido detetadas.

- Elaborar anualmente, e com referência a 30 de novembro de cada ano, um relatório, a subscrever pelo responsável pela função de conformidade, que inclua uma avaliação da independência da função, com a respetiva indicação de qualquer existência de quaisquer situações ou constrangimentos que a comprometam ou possa vir a comprometer a independência das suas funções. Este relatório anual deve também conter uma descrição de todas as deficiências identificadas por qualquer entidade, seja ela interna ou externa à instituição. À semelhança do que foi dito no ponto anterior, estes relatórios são disponibilizados ao responsável da função da gestão de riscos, aos órgãos de administração e de fiscalização, ao Comité de Riscos, quando este tenha sido constituído, bem como aos responsáveis pela auditoria interna e pela conformidade. Depois do parecer dado pelo órgão de fiscalização, o órgão de administração tem o dever de se pronunciar sobre estes relatórios e tomar as medidas necessárias para corrigir as falhas que tenham sido encontradas.

Deve existir uma clara coordenação entre as pessoas que exercem a função de gestão de riscos e as que exercem a função de conformidade, de forma a assegurar que todos dispõem da informação necessária, completa e atual para o cabal desempenho das suas funções. A função de conformidade dispõe de regulamento próprio.

Responsabilidades da Função de Auditoria Interna

O órgão de administração deve, nos termos do art. 32º do Aviso nº 3/2020 do BdP, estabelecer e manter uma função de auditoria interna que seja responsável por:

- Redigir e manter atualizado um plano plurianual de ações de auditoria para examinar e avaliar a adequação e eficácia da cultura organizacional do sistema de governo e controlo interno da instituição, incluindo os órgãos sociais e respetivos comités de apoio;
- Emitir recomendações tendo por base os resultados das avaliações realizadas, bem como promover um acompanhamento contínuo das deficiências identificadas, com a periodicidade adequada aos riscos;
- Elaborar e apresentar aos órgãos de administração e de fiscalização um relatório anual, com uma avaliação global acerca da adequação e eficácia da cultura organizacional da instituição e dos seus sistemas de governo e de controlo interno. A atuação dos órgãos de administração e de fiscalização também se encontra sujeita a estes relatórios elaborados por auditores internos. Os responsáveis pela auditoria interna, no seu relatório anual, devem pronunciar-se sobre as deficiências detetadas nas ações de controlo, classificadas como deficiências de nível F3 "elevada" ou de nível F4 "severa", atendendo à metodologia de classificação constante do Anexo II da Instrução do Banco de Portugal, nº 18/2020. Este relatório deve ainda conter todas as recomendações e medidas propostas para corrigir as deficiências detetadas, bem como se estas foram ou não adotadas;
- Elaborar um relatório anual, com referência a 30 de novembro, que inclua uma avaliação da independência da função, com referência a situações que comprometeram ou possam vir a comprometer as funções dos auditores internos. Este relatório deve ainda conter uma descrição de todas as deficiências detetadas por qualquer entidade interna ou externa à instituição, relativamente à própria auditoria interna. Caso existam, deve também ser incluído neste relatório os principais resultados de avaliações externas efetuadas à função de auditoria interna

Nos termos do art. 32º, nº 2 do Aviso nº 3/2020 do BdP, o referido plano plurianual deve incluir uma descrição dos meios materiais, técnicos e humanos necessários para garantir um exame abrangente, orientado para o risco, de todas as atividades, sistemas e processos da instituição, tendo como objetivo a avaliação da adequação e eficácia da cultura organizacional, das estruturas de governo interno e dos sistemas de controlo interno da instituição. Os relatórios anuais são disponibilizados de imediato, tanto ao órgão de administração e de fiscalização, como quanto ao Comité de Riscos, quando constituído, e aos responsáveis pela função de auditoria interna. O órgão de administração tem o dever de, após parecer do órgão de fiscalização, se pronunciar sobre cada um dos relatórios anuais.

O órgão de administração assegura ainda a efetiva implementação das medidas destinadas à correção das deficiências detetadas, que visem a introdução de melhorias na cultura organizacional e nos sistemas de governo e controlo interno da instituição, bem como das medidas destinadas a corrigir situações que possam afetar a independência da função de auditoria interna.

Nos termos do nº 7 do art. 32º do Aviso nº 3/2020, os órgãos de administração e de fiscalização devem:

- Garantir que a função de auditoria interna consegue desenvolver a sua atividade em conformidade com as normas e princípios de auditoria interna reconhecidos a nível internacional;
- Aprovar, anualmente, o plano de ações de auditoria interna para o ano seguinte;
- Assegurar que, para cada avaliação realizada pela função de auditoria interna, é elaborado um programa que defina, de forma explicita, os objetivos da auditoria, bem como identifica as atividades e os procedimentos de controlo interno objeto de revisão. Devem ainda ser definidos os critérios para avalia a adequação de políticas, procedimentos e controlos específicos implementados pela instituição. Por fim, deve ser elaborado um relatório que contenham os resultados dessa avaliação;
- Assegurar que as deficiências detetadas pela auditoria interna, bem como as recomendações emitidas para as eliminar ou mitigar, são registadas e reportadas ao órgão de administração quando forem

classificadas de nível F3 "elevada" ou de nível F4 "severa", de acordo com o Anexo II da Instrução do Banco de Portugal nº 18/2020;
- Assegurar que as deficiências identificadas são objeto de acompanhamento contínuo por parte da função de auditoria interna.

Decorre do nº 8 do art. 32º do Aviso nº 3/2020 do BdP que a adequação e a eficácia de auditoria interna são objeto de avaliações independentes, a realizar de forma periódica, no mínimo de cinco em cinco anos, por uma entidade externa à instituição.

Processos de Produção e Tratamento de Informações

É dever do órgão de administração garantir que a instituição dispõe de processos adequados de obtenção, produção e tratamento de informação que possam permitir apoiar as decisões dos órgãos de administração e de fiscalização, bem como de todos os membros da direção de topo. Estes processos de produção e tratamento de informação, devem nos termos do art. 29º, nº 1 do Aviso nº 3/2020 do BdP, assegurar uma visão completa da situação financeira da instituição, bem como do desenvolvimento das suas atividades e a execução das estratégias e dos objetivos definidos.

Deve ser também assegurada uma visão íntegra relativamente ao perfil de risco global da instituição, bem como o comportamento, evolução e perfil de risco do mercado onde a instituição desenvolve a sua atividade.

Os processos de obtenção, produção e tratamento de informação devem ser proporcionais à dimensão, natureza e âmbito das atividades desenvolvidas pela instituição. Estes processos devem incluir, nos termos do art. 29º, nº 3 do referido Aviso do BdP, a produção e tratamento de informação financeira e contabilística, mas também a informação relativa aos riscos, e quando aplicável, informação não financeira.

Este processo de informação deve assentar num sistema adequado que possa registar, classificar, associar e arquivar, de forma completa, tempestiva, sistematizada e consistente, todas as operações realizadas pela instituição. Estes sistemas de informação devem ser suficientemente adequados para permitirem a validação de dados aquando do cruzamento das bases de dados.

Para garantir que toda a informação é fiável, integra, consistente, completa, atual, tempestiva e acessível, o órgão de administração deve implementar mecanismos de controlo, que incluam a intervenção das funções de controlo. Os órgãos de administração e fiscalização são responsáveis por toda a informação produzida pela instituição, tanto pela informação que utilizada por esta, como aquela que será divulgada para o exterior.

A adequação dos processos de obtenção, produção e tratamento de informação na instituição devem ser objeto de avaliações periódicas independentes, realizadas por entidades externas à instituição. Tal como refere o nº 8 do art. 29º, do Aviso nº 3/2020 do BdP, a instituição só deve recolher e manter apenas os dados pessoais necessários à prossecução dos objetivos que se pretende atingir.

O órgão de administração encontra-se ainda adstrito a assegurar que a instituição possui processos formais, transparentes, relevantes e ajustados às suas necessidades, de forma a garantir uma comunicação eficaz.

Deve ainda assegurar a transmissão tempestiva e adequada da informação para os intervenientes e destinatários, incluindo as autoridades de supervisão. Dessa forma, o art. 30º, nº 3 do Aviso nº 3/2020 do BdP, impõe que os fluxos de informação entre as funções de controlo interno e os órgãos de fiscalização e de administração, sejam assegurados por este último. A conformidade de fluxos de informação deve ser objeto de avaliações periódicas.

Comissão Nacional de Proteção de Dados (CNPD)

A CNPD é a autoridade de controlo nacional para efeitos do RGPD e da Lei nº 58/2019. Nos termos do art. 4º da Lei nº 58/2019, a CNPD é uma entidade administrativa independente, com personalidade jurídica de direito público e poderes de autoridade, dotada de autonomia administrativa e financeira, tendo poderes para controlar e fiscalizar o cumprimento do RGPD, bem como das demais disposições legais e regulamentares em matéria de proteção de dados pessoais, a fim de defender os direitos, liberdades e garantias das pessoas singulares no âmbito dos tratamentos de dados pessoais.

Nos termos do art. 6º da Lei nº 58/2019, para além do disposto no artigo 57º do RGPD, a CNPD prossegue as seguintes atribuições:

a) Pronunciar-se a título não vinculativo, sobre as medidas legislativas e regulamentares relativas à proteção de dados pessoais, bem como sobre instrumentos jurídicos em preparação, em instituições europeias ou internacionais, relativos à mesma matéria;

b) Fiscalizar o cumprimento das disposições do RGPD e das demais disposições legais e regulamentares relativas à proteção de dados pessoais e dos direitos, liberdades e garantias dos titulares dos dados, e corrigir e sancionar o seu incumprimento;
c) Disponibilizar uma lista de tratamentos sujeitos à avaliação do impacto sobre a proteção de dados, nos termos do nº 4 do artigo 35º do RGPD, definindo igualmente critérios que permitam densificar a noção de elevado risco prevista nesse artigo;
d) Elaborar e apresentar ao Comité Europeu para a Proteção de Dados, previsto no RGPD, os projetos de critérios para a acreditação dos organismos de monitorização de códigos de conduta e dos organismos de certificação, nos termos dos artigos 41º e 43º do RGPD, e assegurar a posterior publicação dos critérios, caso sejam aprovados;
e) Cooperar com o Instituto Português de Acreditação, I. P. (IPAC, I. P.), relativamente à aplicação do disposto no artigo 14º da presente lei, bem como na definição de requisitos adicionais de acreditação, tendo em vista a salvaguarda da coerência de aplicação do RGPD;

Nos termos do art. 57º do RGPD:

"1. Sem prejuízo de outras atribuições previstas nos termos RGPD, cada autoridade de controlo, no território respetivo:

a) Controla e executa a aplicação do presente regulamento;
b) Promove a sensibilização e a compreensão do público relativamente aos riscos, às regras, às garantias e aos direitos associados ao tratamento. As atividades especificamente dirigidas às crianças devem ser alvo de uma atenção especial;
c) Aconselha, em conformidade com o direito do Estado-Membro, o Parlamento nacional, o Governo e outras instituições e organismos a respeito das medidas legislativas e administrativas relacionadas com a defesa dos direitos e liberdades das pessoas singulares no que diz respeito ao tratamento;
d) Promove a sensibilização dos responsáveis pelo tratamento e dos subcontratantes para as suas obrigações nos termos do presente regulamento;

e) Se lhe for solicitado, presta informações a qualquer titular de dados sobre o exercício dos seus direitos nos termos do presente regulamento e, se necessário, coopera com as autoridades de controlo de outros Estados-Membros para esse efeito;
f) Trata as reclamações apresentadas por qualquer titular de dados, ou organismo, organização ou associação nos termos do artigo 80.o, e investigar, na medida do necessário, o conteúdo da reclamação e informar o autor da reclamação do andamento e do resultado da investigação num prazo razoável, em especial se forem necessárias operações de investigação ou de coordenação complementares com outra autoridade de controlo;
g) Coopera, incluindo partilhando informações e prestando assistência mútua a outras autoridades de controlo, tendo em vista assegurar a coerência da aplicação e da execução do presente regulamento;
h) Conduz investigações sobre a aplicação do presente regulamento, incluindo com base em informações recebidas de outra autoridade de controlo ou outra autoridade pública;
i) Acompanha factos novos relevantes, na medida em que tenham incidência na proteção de dados pessoais, nomeadamente a evolução a nível das tecnologias da informação e das comunicações e das práticas comerciais;
j) Adota as cláusulas contratuais-tipo previstas no artigo 28º, nº 8, e no artigo 46º, nº 2, alínea d);
k) Elabora e conserva uma lista associada à exigência de realizar uma avaliação do impacto sobre a proteção de dados, nos termos do artigo 35º, nº 4;
l) Dá orientações sobre as operações de tratamento previstas no artigo 36º, nº 2;
m) Incentiva a elaboração de códigos de conduta nos termos do artigo 40º, nº 1, dá parecer sobre eles e aprova os que preveem garantias suficientes, nos termos do artigo 40º, nº 5;
n) Incentiva o estabelecimento de procedimentos de certificação de proteção de dados, e de selos e marcas de proteção de dados, nos termos do artigo 42º, nº 1, e aprova os critérios de certificação nos termos do artigo 42º, nº 5;
o) Se necessário, procede a uma revisão periódica das certificações emitidas, nos termos do artigo 42º, nº 7;
p) Redige e publica os critérios de acreditação de um organismo para monitorizar códigos de conduta nos termos do artigo 41º e de um organismo de certificação nos termos do artigo 43º;

q) Conduz o processo de acreditação de um organismo para monitorizar códigos de conduta nos termos do artigo 41º e de um organismo de certificação nos termos do artigo 43º;
r) Autoriza as cláusulas contratuais e disposições previstas no artigo 46º, nº 3;
s) Aprova as regras vinculativas aplicáveis às empresas nos termos do artigo 47º;
t) Contribui para as atividades do Comité;
u) Conserva registos internos de violações do presente regulamento e das medidas tomadas nos termos do artigo 58º, nº 2; e
v) Desempenha quaisquer outras tarefas relacionadas com a proteção de dados pessoais.

2. As autoridades de controlo facilitam a apresentação das reclamações previstas no nº 1, alínea f), tomando medidas como disponibilizar formulários de reclamação que possam também ser preenchidos eletronicamente, sem excluir outros meios de comunicação.

3. A prossecução das atribuições de cada autoridade de controlo é gratuita para o titular dos dados e, sendo caso disso, para o encarregado da proteção de dados.

4. Quando os pedidos forem manifestamente infundados ou excessivos, particularmente devido ao seu caráter recorrente, a autoridade de controlo pode exigir o pagamento de uma taxa razoável tendo em conta os custos administrativos ou pode indeferi-los. Cabe à autoridade de controlo demonstrar o caráter manifestamente infundado ou excessivo dos pedidos".

O art. 58º, nº 1 do RGPD, estatui que cada autoridade de controlo dispõe dos seguintes poderes de investigação:

a) Ordenar que o responsável pelo tratamento e o subcontratante e, se existir, o seu representante, lhe forneçam as informações de que necessite para o desempenho das suas funções;
b) Realizar investigações sob a forma de auditorias sobre a proteção de dados;
c) Rever as certificações emitidas nos termos do artigo 42º, nº 7;

d) Notificar o responsável pelo tratamento ou o subcontratante de alegadas violações do presente regulamento;
e) Obter, da parte do responsável pelo tratamento e do subcontratante, acesso a todos os dados pessoais e a todas as informações necessárias ao exercício das suas funções;
f) Obter acesso a todas as instalações do responsável pelo tratamento e do subcontratante, incluindo os equipamentos e meios de tratamento de dados, em conformidade com o direito processual da União ou dos Estados-Membros.

No âmbito do nº 2 do art. 58º do RGPD, dispõe ainda dos seguintes poderes de correção:

a) Fazer advertências ao responsável pelo tratamento ou ao subcontratante no sentido de que as operações de tratamento previstas são suscetíveis de violar as disposições do presente regulamento;
b) Fazer repreensões ao responsável pelo tratamento ou ao subcontratante sempre que as operações de tratamento tiverem violado as disposições do presente regulamento;
c) Ordenar ao responsável pelo tratamento ou ao subcontratante que satisfaça os pedidos de exercício de direitos apresentados pelo titular dos dados nos termos do presente regulamento;
d) Ordenar ao responsável pelo tratamento ou ao subcontratante que tome medidas para que as operações de tratamento cumpram as disposições do presente regulamento e, se necessário, de uma forma específica e dentro de um prazo determinado;
e) Ordenar ao responsável pelo tratamento que comunique ao titular dos dados uma violação de dados pessoais;
f) Impor uma limitação temporária ou definitiva ao tratamento de dados, ou mesmo a sua proibição;
g) Ordenar a retificação ou o apagamento de dados pessoais ou a limitação do tratamento nos termos dos artigos 16º, 17º e 18º do RGPD, bem como a notificação dessas medidas aos destinatários a quem tenham sido divulgados os dados pessoais nos termos do artigo 17º, nº 2, e do artigo 19º do RGPD;
h) Retirar a certificação ou ordenar ao organismo de certificação que retire uma certificação emitida nos termos dos artigos 42º e 43º

do RGPD, ou ordenar ao organismo de certificação que não emita uma certificação se os requisitos de certificação não estiverem ou deixarem de estar cumpridos;

i) Impor uma coima nos termos do artigo 83º do RGPD, para além ou em vez das medidas referidas no presente número, consoante as circunstâncias de cada caso;
j) Ordenar a suspensão do envio de dados para destinatários em países terceiros ou para organizações internacionais.

As autoridades de controlo têm ainda os seguintes poderes consultivos e de autorização, nos termos do nº 3 do art. 58º do RGPD:

a) Aconselhar o responsável pelo tratamento, pelo procedimento de consulta prévia referido no artigo 36º do RGPD;
b) Emitir, por iniciativa própria ou se lhe for solicitado, pareceres dirigidos ao Parlamento nacional, ao Governo do Estado-Membro ou, nos termos do direito do Estado-Membro, a outras instituições e organismos, bem como ao público, sobre qualquer assunto relacionado com a proteção de dados pessoais;
c) Autorizar o tratamento previsto no artigo 36º, nº 5 do RGPD, se a lei do Estado-Membro exigir tal autorização prévia;
d) Emitir pareceres e aprovar projetos de códigos de conduta nos termos do artigo 40º, nº 5 do RGPD;
e) Acreditar organismos de certificação nos termos do artigo 43º do RGPD;
f) Emitir certificações e aprovar os critérios de certificação nos termos do artigo 42º, nº 5 do RGPD;
g) Adotar as cláusulas-tipo de proteção de dados previstas no artigo 28º, nº 8 do RGPD, e no artigo 46º, nº 2, alínea d) do RGPD;
h) Autorizar as cláusulas contratuais previstas no artigo 46º, nº 3, alínea a) do RGPD;
i) Autorizar os acordos administrativos previstos no artigo 46º, nº 3, alínea b) do RGPD;
j) Aprovar as regras vinculativas aplicáveis às empresas nos termos do artigo 47º do RGPD.

Encarregado de Proteção de Dados

O encarregado de proteção de dados é designado com base nos requisitos previstos no nº 5 do artigo 37º do RGPD, não necessitando de qualquer certificação profissional para o exercício das suas funções. Este exerce a sua função com autonomia técnica perante a entidade responsável pelo tratamento ou subcontratante, nos termos do art. 9º da Lei nº 58/2019.

O encarregado da proteção de dados é designado com base nas suas qualidades profissionais e, em especial, nos seus conhecimentos especializados no domínio do direito e das práticas de proteção de dados, bem como na sua capacidade para desempenhar as funções referidas no artigo 39º da RGPD.

Nos termos do art. 37º, nº 1 do RGPD, só é obrigatória a designação de um encarregado da proteção de dados sempre que:

a) O tratamento for efetuado por uma autoridade ou um organismo público, excetuando os tribunais no exercício da sua função jurisdicional;
b) As atividades principais do responsável pelo tratamento ou do subcontratante consistam em operações de tratamento que, devido à sua natureza, âmbito e/ou finalidade, exijam um controlo regular e sistemático dos titulares dos dados em grande escala; ou
c) As atividades principais do responsável pelo tratamento ou do subcontratante consistam em operações de tratamento em grande escala de categorias especiais de dados nos termos do artigo 9º e de dados pessoais relacionados com condenações penais e infrações a que se refere o artigo 10º.

Importa notar que o encarregado da proteção de dados pode ser um elemento do pessoal da entidade responsável pelo tratamento ou do subcontratante, ou exercer as suas funções com base num contrato de prestação de serviços. Significa isto que um *compliance officer*, por exemplo, pode cumular as suas funções com as de encarregado de proteção de dados. O responsável deve estar envolvido, de forma adequada e em tempo útil, com todas as questões relacionadas com a proteção de dados pessoais.

Nos termos do art. 38º, nº 3 do RGPD, o encarregado não pode ser destituído nem penalizado pelo responsável pelo tratamento ou pelo subcontratante pelo facto de exercer as suas funções. O encarregado da proteção de dados deve informar diretamente a direção ao mais alto nível do responsável pelo tratamento ou do subcontratante.

O encarregado da proteção de dados está vinculado à obrigação de sigilo profissional no exercício das suas funções, em conformidade com o direito da União ou dos Estados-Membros, nos termos do ar. 38º, nº 5 do RGPD e do art. 10º, nº 1 da Lei nº 58/2019, que se mantém após o termo das funções que lhes deram origem. O encarregado, bem como os responsáveis pelo tratamento de dados, incluindo os subcontratantes, e todas as pessoas que intervenham em qualquer operação de tratamento de dados, estão obrigados a um dever de confidencialidade que acresce aos deveres de sigilo profissional previsto na Lei nº 58/2019.

No âmbito das suas funções, o encarregado de proteção de dados deve, nos termos do art. 39º, nº 1 do RGPD:

a) Informar e aconselhar o responsável pelo tratamento ou o subcontratante, bem como os trabalhadores que tratem os dados, a respeito das suas obrigações nos termos do presente regulamento e de outras disposições de proteção de dados da União ou dos Estados-Membros;
b) Controlar a conformidade com o presente regulamento, com outras disposições de proteção de dados da União ou dos Estados-Membros e com as políticas do responsável pelo tratamento ou do subcontratante relativas à proteção de dados pessoais, incluindo a repartição de responsabilidades, a sensibilização e formação do pessoal implicado nas operações de tratamento de dados, e as auditorias correspondentes;
c) Prestar aconselhamento, quando tal lhe for solicitado, no que respeita à avaliação de impacto sobre a proteção de dados e controla a sua realização nos termos do artigo 35º do RGPD;
d) Cooperar com a autoridade de controlo;
e) Contactar a autoridade de controlo sobre questões relacionadas com o tratamento, incluindo a consulta prévia a que se refere o artigo 36º do RGPD, e consulta, sendo caso disso, esta autoridade sobre qualquer outro assunto.

O art. 11º da Lei nº 58/2019, estabelece ainda que para além do disposto nos artigos 37º a 39º do RGPD, são funções do encarregado de proteção de dados:

a) Assegurar a realização de auditorias, quer periódicas, quer não programadas;
b) Sensibilizar os utilizadores para a importância da deteção atempada de incidentes de segurança e para a necessidade de informar imediatamente o responsável pela segurança;
c) Assegurar as relações com os titulares dos dados nas matérias abrangidas pelo RGPD e pela legislação nacional em matéria de proteção de dados.

A Lei nº 58/2019 divide ainda, nos arts. 12º e 13º, os encarregados de proteção de dados em entidades públicas, dos encarregados designados por entidades privadas.

Documentação, Sistematização e Divulgação de Informação ao Público

Nos termos do art. 62º do Aviso nº 3/2020 do BdP, o órgão de administração da instituição é responsável por assegurar que a instituição dá cumprimento a todos os deveres que se prendam com a documentação da informação. Este órgão deve assegurar que a documentação produzida é compreensível, clara e coerente, devendo esta ser regularmente atualizada. A documentação deve estar corretamente identificada, de forma que não exista qualquer confusão para quem a consulte. Isto é especialmente relevante se as autoridades pedirem a consulta da informação.

O órgão de administração deve igualmente assegurar, nos termos do art. 63º do Aviso nº 3/2020 do BdP, que a instituição sistematiza, de forma integrada e atualizada, a informação respeitante às matérias prevista no Anexo ao presente Aviso, em formato acessível a todos os colaboradores.

Qualquer informação que deva ser divulgada ao público, deve ser integralmente publicada no sítio da internet da instituição, no prazo máximo de 30 dias após aprovação pelo órgão social competente. O art. 64º, nº 2 do Aviso nº 3/2020, define que a publicação deve obedecer às seguintes regras cumulativas:

a) Sem prejuízo do prazo de 30 dias referido no nº 1, a informação disponível para consulta é a que se encontra em vigor na instituição;

b) São adotadas as medidas necessárias para que os principais motores de busca disponíveis na internet permitam aceder, de forma fácil e imediata, às páginas do sítio da internet da instituição onde a informação é publicada, com base em pesquisa realizada que inclua apenas o nome dos documentos respetivos e a designação da instituição;
c) A informação disponibilizada no sítio da internet da instituição deve ser de fácil e intuitivo acesso.

Processo de Monitorização Contínua

Cabe à administração aprovar, nos termos do art. 31º, nº 1 do Aviso nº 3/2020 do BdP, um processo de monitorização contínua, que compreenda todas as ações e avaliações de controlo desenvolvidas pela instituição, tendo por objetivo garantir a adequação e eficácia da cultura organizacional estabelecida pela instituição, bem como os sistemas de governo e controlo interno, nomeadamente, através da identificação de deficiências na conceção dos controlos, incluindo as relacionadas com a inexistência de controlos, e na sua implementação.

As ações e avaliações no âmbito do processo de monitorização contínua devem ser executadas numa base contínua e como parte integrante das atividades diárias da instituição, sendo complementadas por avaliações autónomas, específicas, periódicas ou extraordinárias, eficazes e completas a realizar pela função de auditoria interna. A frequência das avaliações depende da natureza e magnitude dos riscos inerentes à atividade desenvolvida e da eficácia dos controlos específicos associados.

Este processo de monitorização contínua é realizado por diversos participantes. Os colaboradores da instituição participam, nos termos do art. 31º, nº 6 do Aviso nº 3/2020 do BdP, através da execução de procedimentos de revisão das tarefas executadas, previamente à sua formalização ou transmissão a terceiros, e da comunicação a nível hierárquico superior de todas as deficiências que sejam do seu conhecimento.

Por sua vez, a gestão intermédia, nestes processos, deve desenvolver ações de controlo sobre as áreas da sua responsabilidade, verificando se os colaboradores desempenham, de forma adequada, as suas funções, analisando eventuais irregularidades, mantendo um ambiente de controlo e canais de comunicação apropriados, assegurando que os riscos se encontram devidamente identificados e geridos.

O órgão de administração e demais membros da direção de topo também realizam ações de controlo, ainda que focalizadas na cultura organizacional, na estrutura de governo interno, nas principais áreas de negócio e de suporte e na evolução dos objetivos globais da instituição. Por fim, o órgão de fiscalização realiza ações de controlo dentro das suas competências legais e regulamentares, mantendo um plano plurianual de atividades (que inclui uma descrição dos meios materiais, técnicos e humanos necessários para coadjuvar os membros do órgão de fiscalização no exercício das suas funções, os quais são disponibilizados pelo órgão de administração) aprovado e atualizado, que é disponibilizado à autoridade de supervisão competente, sempre que solicitado.

As deficiências detetadas através destas ações de controlo, que tenham um eventual impacto nos termos da metodologia estabelecida pela Instrução do Banco de Portugal nº 18/2020, devem ser comunicadas de imediato, à função de gestão de riscos, à função de conformidade e à função de auditoria interna, consoante quem seja o responsável pela monitorização das medidas destinadas a corrigi-las.

Incumbe ao órgão de administração assegurar que as deficiências identificas são registadas aos níveis de gestão apropriados, devendo para o efeito, nos termos do nº 13 do art. 31º do Aviso nº 3/2020, dispor de uma base de dados que englobe as deficiências detetadas, tanto por entidades terceiros, como por autoridades de supervisão que compreenda:

- A descrição da cada deficiência, contendo a identificação da unidade da estrutura a que respeita;
- A classificação de cada deficiência, utilizando como critério, a classificação de deficiências constante do Anexo II da Instrução do Banco de Portugal nº 18/2020;
- A data em que a deficiência foi identificada, bem como a função, órgão ou entidade responsável pela identificação, sendo que, caso tenha sido identificada por ROC ou por SROC, deve ser incluída referência ao relatório/parecer em que essa deficiência foi detetada;
- A descrição das medidas destinadas a corrigir as deficiências, bem como o estado da sua implementação e data prevista para a sua resolução definitiva;
- A identificação do colaborador da unidade que tinha o dever de assegurar a implementação das medidas destinadas a corrigi-la, bem

como a identificação da função de controlo interno responsável pela monitorização da implementação dessas medidas;

- A data de resolução da cada deficiência concretamente identificada.

As autoridades de supervisão devem ter acesso a estas bases de dados, a todo o tempo, não devendo ser condicionado o seu acesso de qualquer forma. Caso as autoridades de supervisão detetem e comuniquem à instituição que existem deficiências na cultura organizacional e nos sistemas de controlo interno, o órgão de administração deve adotar, tempestivamente, as medidas adequadas para as corrigir. Cabe ao responsável pela função de controlo interno monitorizar a implementação das referidas medidas.

Dever de Autoavaliação

O Aviso nº 3/2020 dedica um capítulo próprio à autoavaliação, que se encontra prevista nos arts. 54º e seguintes. Cabe aos órgãos de administração e de fiscalização assegurar que a cultura organizacional da instituição, e os seus sistemas de governo e controlo interno, incluindo as práticas remuneratórias, são adequadas e eficazes, capazes de promoverem uma gestão sã e prudente. Para o efeito, deve ser realizado um relatório anual, com referência a 30 de novembro de cada ano, que preveja a adequação e eficácia da cultura organizacional em vigor na instituição, bem como os seus sistemas de governo e controlo interno.

No caso de estamos perante um grupo financeiro, os órgãos de administração e de fiscalização, asseguram que é elaborado um relatório, com referência a 30 de novembro de cada ano, um relatório anual de autoavaliação relativo ao grupo, e um relatório individual relativo cada uma das entidades sujeitas a supervisão em base consolidada ou subconsolidada.

Os relatórios devem ser reportados à autoridade de supervisão competente, nos termos da Instrução do Banco de Portugal nº 18/2020. Em relação ao relatório sobre a gestão do risco de BC/FT, este é objeto de relatório autónomo, nos termos definido pelo Aviso nº 2/2018 do BdP e pela Instrução do Banco de Portugal nº 5/2019.

O relatório anual de autoavaliação, deve prever no mínimo, nos termos do art. 55º do Aviso nº3/2020 do BdP, os seguintes elementos:

- Avaliação do órgão de fiscalização, nos termos do art. 56º;

- Avaliação do órgão de administração, nos termos do art. 57º;
- Relatórios dos responsáveis pela gestão de riscos, de conformidade e de auditoria interna, referidos na alínea s) do nº 1 do art. 27º, na alínea p) do nº 1 do art. 28º e na alínea d) do nº do art. 32º

Estes relatórios devem ser abrangentes, conclusivos e bem fundamentados, sendo identificadas as fontes de informação internas e externas que devem ser utilizadas para suportar as avaliações efetuadas. Comparando a exigência da avaliação do órgão de fiscalização e do órgão de administração, podemos afirmar que recaem maiores exigências sobre o órgão de fiscalização quanto a esta matéria, passando estas avaliações a abranger a cultura organizacional e os sistemas de governo e de controlo interno, em linha com as suas responsabilidades decorrentes da legislação nacional e europeia.

Salienta-se que deixa de existir um parecer autónomo do ROC ou SROC sobre a parte do sistema de controlo interno referente ao processo de preparação e divulgação de informação financeira.

Cabe no entanto referir que, os trabalhos por estes realizados, devem continuar a servir de base às avaliações dos órgãos de administração e de fiscalização, seja por via dos trabalhos já consagrados em legislação própria sobre auditoria (Relatório adicional dirigido ao comité de auditoria, conforme art. 11º do Regulamento n. 537/2014 do Parlamento Europeu e do Conselho), ou por via dos trabalhos adicionais que sejam contratados especificamente pela instituição para auxiliar na avaliação da cultura organizacional e do sistema de governo e de controlo interno.

O órgão de fiscalização elabora um resumo do relatório de autoavaliação que é divulgado, em anexo, aos documentos anuais de prestação de contas da instituição. No caso de grupos financeiros, aplica-se também ao relatório de autoavaliação do grupo. Cabe, por fim, o órgão de administração aprovar estes relatórios anuais.

Cabe fazer uma referência quanto ao disposto no art. 2º e 3º da Instrução do Banco de Portugal nº 18/2020, que versa sobre a obrigação de reporte dos relatórios anuais de autoavaliação. Nos termos do art. 2º, nº1 da presente Instrução do BdP, que agora reproduzimos, as instituições remetem à autoridade de supervisão competente o relatório anual de autoavaliação da adequação e eficácia da cultura organizacional e dos sistemas de governo e de controlo interno, previsto no artigo 55º do Aviso do Banco de Portugal nº 3/2020, acompanhado dos seguintes elementos:

a) Identificação dos responsáveis pelas funções de controlo interno, com a indicação dos respetivos contactos (telefone e endereço de correio eletrónico);
b) Identificação da unidade de estrutura responsável por coordenar a elaboração do relatório de autoavaliação;
c) Descrição, organizada por categorias de riscos a que a instituição se encontra exposta, tendo em consideração as diferentes categorias de riscos elencadas no Anexo I à presente Instrução e a metodologia para classificação das deficiências constante do Anexo II, das seguintes deficiências identificadas no período a que respeita o relatório e que ainda não se encontrem integralmente corrigidas:
    i) Deficiências detetadas no âmbito das ações e avaliações de controlo realizadas pela instituição e pelo respetivo revisor oficial de contas ou sociedade de revisores oficiais de contas;
    ii) Deficiências detetadas por quaisquer autoridades de supervisão.
d) Descrição das deficiências identificadas em relatórios anteriores e que ainda se mantenham em aberto;
e) Relatório emitido pelo responsável da função de auditoria interna com uma validação da classificação das deficiências atendendo à metodologia constante do Anexo II;
f) Declarações expressas do órgão de administração e do órgão de fiscalização sobre a adequação da classificação atribuída às deficiências classificadas com nível F3 "elevada" ou nível F4 "severa", atendendo à metodologia constante do Anexo II à presente Instrução;
g) Cópia do plano plurianual de ações de auditoria interna previsto na alínea a) do nº 1 do artigo 32º do Aviso do Banco de Portugal nº 3/2020 e indicação da data da última ação de auditoria realizada a cada unidade de estrutura da instituição, com confirmação expressa de que todas as unidades de estrutura e áreas de atividade da instituição estão incluídas no plano;
h) Descrição, quando aplicável, das alterações relevantes à organização interna da instituição que tenham ocorrido no período a que respeita o relatório;

i) Com o primeiro reporte a efetuar ao abrigo do disposto na presente Instrução e sempre que se verifiquem alterações relevantes, descrição dos critérios desenvolvidos pela instituição para classificação das deficiências nos termos previstos no Anexo II;
j) Avaliação sobre o preenchimento das condições previstas na alínea a) do nº 1 do artigo 16º do Aviso do Banco de Portugal nº 3/2020 e, caso estejam preenchidas, e a instituição opte por não dispor de uma função de gestão de riscos independente, descrição dos mecanismos implementados com vista a dar cumprimento ao disposto no nº 1 do mesmo artigo;
k) Avaliação sobre o preenchimento das condições previstas na alínea b) do nº 1 do artigo 16º do Aviso do Banco de Portugal nº 3/2020 e, caso estejam preenchidas, e a instituição opte por não dispor de uma função de conformidade independente, descrição dos mecanismos implementados com vista a dar cumprimento ao disposto no nº 1 do mesmo artigo;
l) Avaliação sobre se se encontram reunidos os requisitos previstos nos nº 3 e 4 do artigo 16º do Aviso do Banco de Portugal nº 3/2020 e, caso estejam preenchidos, e a instituição optar por subcontratar a totalidade da função de auditoria interna, fundamentação dessa opção;
m) Caso a instituição tenha optado por combinar as funções de gestão de riscos e de conformidade numa única unidade de estrutura, fundamentação do órgão de administração para esta opção, nos termos do nº 2 do artigo 16º do Aviso do Banco de Portugal nº 3/ /2020.

Cabe fazer referência ao Regulamento nº 9/2020 da CMVM, que vem estabelecer e regular o dever de envio à CMVM, de um relatório de autoavaliação dos sistemas de governo e de controlo interno por parte de entidades sujeitas à sua supervisão. Com a entrada em vigor deste Regulamento, determina-se que as entidades sujeitas à supervisão da CMVM, e cumulativamente obrigadas à elaboração do relatório de autoavaliação previsto no Aviso do Banco de Portugal nº 3/2020 e na Instrução do Banco de Portugal nº 18/2020, enviem anualmente à CMVM este relatório de autoavaliação, evitando-se que as referidas entidades sejam obrigadas a remeter dois relatórios com conteúdo distinto às autoridades competentes.

Para as entidades sujeitas exclusivamente à supervisão da CMVM (as sociedades gestoras de fundos de capital de risco; as entidades responsáveis pela gestão de organismos de investimento coletivo em valores mobiliários e; as entidades responsáveis pela gestão de organismos de investimento alternativo cujos ativos sob gestão excedam determinado limiar), prevê-se o dever de envio anual à CMVM de um relatório de autoavaliação com o conteúdo previsto no Anexo ao Regulamento.

As entidades obrigadas ao envio ao Banco de Portugal do relatório anual de autoavaliação e sujeitas à supervisão da CMVM, devem remetê-lo a esta autoridade, o referido relatório, até 31 de dezembro de cada ano, com referência a 30 de novembro do mesmo ano. Nos termos do art. 2º do Regulamento nº 9/2020 da CMVM, as entidades que devem elaborar e enviar à CMVM um relatório anual de autoavaliação dos seus sistemas de governo e controlo interno, são:

a) Entidades responsáveis pela gestão de organismos de investimento coletivo em valores mobiliários;
b) Entidades responsáveis pela gestão de organismos de investimento alternativo cujos ativos sob gestão excedam, no total, algum dos seguintes limiares:
   i) € 100 000 000, quando as carteiras incluam ativos adquiridos através do recurso ao efeito de alavancagem; ou
   ii) € 500 000 000, quando as carteiras não incluam ativos adquiridos através do recurso ao efeito de alavancagem e em relação às quais não existam direitos de reembolso que possam ser exercidos durante um período de cinco anos a contar da data do investimento inicial;
c) Sociedades gestoras de fundos de capital de risco.

O relatório de autoavaliação é enviado à CMVM até ao dia 30 de junho de cada ano, com referência ao ano civil anterior e é elaborado e enviado nos termos previstos no Anexo ao presente Regulamento.

Limitações inerentes ao sistema de controlo interno

Apesar do controlo interno ser um poderoso aliado das instituições para o cumprimento dos objetivos definidos pela sociedade, este tem limitações, algo que foi identificado pela *Committee of Sponsoring Organizations of the Treadway Commission's* (COSO), em 2013. Não nos podemos esquecer que os sistemas de controlo interno são implementados e monitorizados por seres humanos, pelo que estão sujeitos a incertezas aquando do momento de decisão.

Desta forma, para garantir o sucesso e uma aplicação adequada dos sistemas de controlo interno, deve reconhecer-se as suas limitações, através da inclusão de formas de minimizar esses riscos. Apesar de poderem ser criados mecanismos que possam mitigar a existência de erros do próprio sistema de controlo interno, em bom rigor, estes não garantem o seu sucesso. Pelo que, devemos ter claramente a ideia de que os sistemas de controlo interno fornecem uma garantia razoável, e não absoluta, de que a entidade irá conseguir alcançar os seus objetivos.

Embora de forma não exaustiva, enunciaremos algumas limitações do sistema de controlo interno:

- O julgamento humano na tomada de decisões, que podem ser erradas e parciais[126];
- A tomada de decisões pode resultar em danos para a instituição, mesmo que tenha sido empregue todas as diligências necessárias para o efeito ou mesmo que tenha um elevado grau de conhecimento sobre o assunto que recai a decisão;
- Pode também suceder que os responsáveis não tenham as melhores capacidades de gestão de forma a mitigar ou eliminar a existência de um risco;
- Pode existir um conluio entre colaboradores ou terceiros que, deliberadamente, fazem a instituição incorrer em riscos desnecessários. Garantir a inexistência de conflitos de interesses é o um dos maiores desafios aquando da implementação de um sistema de controlo interno. Mesmo que não exita uma vontade inequívoca em prejudicar a instituição, poderá haver negligência grosseira ou facilitismo. Em

[126] Muel Kaptein, "Why Do Good People Sometimes Do Bad Things?, 52 Reflections on Ethics at Work", 2012; Donald C. Langevoort, "Behavioral Ethics, Behavioral Compliance", *Research Handbook on Corporate Crime and Financial Misdealing, Jennifer Arlen, ed., Edward Elgar Publishing, Forthcoming,* 2015.

suma, se as pessoas não forem competentes e íntegras, o sistema de controlo interno, por mais sofisticado que seja, será sempre falível;

- Poderá existir um reduzido interesse do órgão de gestão. A administração pode ser a principal responsável pela não existência de um bom sistema de controlo interno. O sucesso do sistema depende da vontade do órgão de administração.
- Outro limite que pode existir num sistema de controlo interno é a própria dimensão da instituição. A implementação de um bom sistema de controlo interno é mais difícil numa empresa com poucos colaboradores. Pode existir sobretudo, problemas relativamente á segregação de funções.
- Outra limitação que pode existir é a relação custo/benefício. O órgão de administração, na avaliação do custo de implementação do sistema de controlo interno, pode decidir, reduzir ao máximo os custos da implementação deste sistema, o que pode comprometer a sua segurança e fiabilidade;
- A complexidade e dinâmica das operações realizadas pela instituição pode ser também um fator de instabilidade para um sistema de controlo mal elaborado;
- A existência de transações pouco usuais, não previstas nestes sistemas, pode também levar a riscos desnecessários;
- A utilização de meios tecnológicos. Estes podem ser uma mais-valia, no entanto, também têm as suas limitações inerentes.

Investigações Internas

Em primeiro lugar cabe fazer um breve enquadramento sobre as investigações internas[127]. Não nos podemos esquecer que os programas de *compliance* têm um caráter preventivo. Isto é, têm o objetivo de prevenir a prática de comportamentos danosos que podem pôr em risco a atividade das organizações e a eficiência do próprio mercado. Estes programas para funcionarem adequadamente, e necessitam de se adaptar às dificuldades geradas pela normal evolução do mercado e das leis que os regulam. Acontece que, nenhum programa é infalível. A "*arte e o engenho*" humano não têm limites. Vão sempre existir prevaricadores que encontram novas e engenhosas maneiras de contornar as regras impostas pela lei e pelos programas de *compliance*. Com isto, quer-se dizer que as organizações estão sempre sujeitas ao risco, tanto aos riscos internos como externos.

As investigações internas ocorrem quando o risco já deixou de ser hipotético e tornou-se efetivo, ou seja, quando o risco já foi materializado. Os crimes relativos à matéria de branqueamento de capitais, de financiamento do terrorismo, de corrupção, de fraude são tipificados como crimes públicos. E não nos podemos esquecer, tal como referimos anteriormente, que o *compliance* é uma forma de autorregulação, o que não deixa de ser uma espécie de privatização da função de prevenção[128]. Ou seja, acabamos por ter uma "*prevenção privada*" de crimes públicos.

[127] Veronica Root Martinez, "Complex Compliance Investigations", *Notre Dame Legal Studies Paper* nº 1927, 2019.

[128] A expressão é utilizada por Axel-Dirk Blumenberg e Beatriz García-Moreno, "Retos prácticos de la implementación de programas de cumplimiento normativo", in Responsabilidad

E nos casos de crimes públicos, como serão os crimes a que aludimos, temos de referenciar o que se encontra previsto no Código de Processo Penal (CPP). Dispõe o CPP que o inquérito é uma fase obrigatória de investigação, que se inicia sempre que há notícia da prática de um crime. O inquérito é realizado pelo Ministério Público (MP). Nos termos do art. 262º, nº2 do CPP, "*ressalvadas as excepções previstas neste Código, a notícia de um crime dá sempre lugar à abertura de inquérito*".

O inquérito compreende o conjunto de diligências que visa investigar a existência de um crime, bem como determinar quais os seus agentes e a responsabilidade destes e descobrir e recolher as provas, em ordem à decisão sobre a acusação. O inquérito inicia-se através de um despacho realizado pelo MP, a determinar a sua abertura. Como refere PAULO DE SOUSA MENDES, "*a direção do inquérito cabe exclusivamente ao MP. O MP é, como se diz, dominus do inquérito (arts. 48º e 263º, nº 1). Por razões de eficácia, o MP tem de contar na sua acção com a colaboração dos OPC (art. 263º, nº 2)*"[129, 130].

Como resulta do art. 4º, nº 1, alínea e) da Lei nº 68/2019 ([131]), compete especialmente ao MP, "*dirigir a investigação e as ações de prevenção criminal que, no âmbito das suas competências, lhe incumba realizar ou promover, assistido, sempre que necessário, pelos órgãos de polícia criminal*". Convém referir que a investigação criminal realizada pelo MP e conduzida por um OPC (PJ, GNR, PSP, SEF) está limitada ao âmbito das suas competências definidas por lei.

O MP pode praticar todos os atos de inquérito, salvo aqueles que são da competência do juiz de instrução criminal ou cabem na cooperação internacional. Os atos nos quais o MP não pode delegar funções nos OPC,

de la empresa y compliance (Coordenação de SANTIAGO MIR PUIG, MIRENTXU CORCOY BIDASOLO y VICTOR GÓMEZ MARTÍN), Edisofer, 2014, p. 273; É também utilizada por PAULO CÉSAR BUSATO, "O que não se diz sobre o criminal compliance", *in Estudos sobre Law Enforcement, Compliance e Direito Penal*, Almedina, 2018, p. 24.

[129] Nos termos do art. 263º do CPP (Direção do Inquérito):
"*1 – A direção do inquérito cabe ao Ministério Público, assistido pelos órgãos de polícia criminal.*
2 – Para efeito do disposto no número anterior, os órgãos de polícia criminal atuam sob a directa orientação do Ministério Público e na sua dependência funcional".

[130] Paulo de Sousa Mendes, *Lições de Direito Processual Penal*, Almedina, 2015, p. 67.

[131] Lei que regula os Estatutos do Ministério Público.

resultam dos artigos 267º[132]. e 270º, nº 2[133] do CPP. Todos os demais atos podem ser, dentro dos limites do art. 270º, nº 1 e nº 3[134], delegados nos OPC.

A revisão de 2007 do CPP trouxe consigo a substituição do princípio do segredo, por um princípio da publicidade do inquérito. Este princípio encontra-se vertido no art. 86º, nº 1 do CPP[135]. O inquérito pode terminar através de diversas formas. Sem nos alongarmos muito, podemos afirmar que o MP pode emitir um despacho de arquivamento do inquérito, nos termos do art. 277º do CPP[136]; pode emitir um despacho de acusação nos termos do art. 283º ou 285º do CPP[137], ou pode decretar a suspensão

[132] Nos termos do art. 267º do CPP (Actos do Ministério Publico): "*O Ministério Público pratica os actos e assegura os meios de prova necessários à realização das finalidades referidas no nº 1 do artigo 262º, nos termos e com as restrições constantes dos artigos seguintes*"

[133] Nos termos do art. 270º, nº 2 do CPP (Actos que podem ser delegados pelo Ministério Público nos órgãos de polícia criminal): "*Excetuam-se do disposto no número anterior, além dos actos que são da competência exclusiva do juiz de instrução, nos termos dos artigos 268º e 269º, os actos seguintes:*
a) Receber depoimentos ajuramentados, nos termos da segunda parte do nº 3 do artigo 138º;
b) Ordenar a efectivação de perícia, nos termos do artigo 154º
c) Assistir a exame suscetível de ofender o pudor da pessoa, nos termos da segunda parte do nº 3 do artigo 172º;
d) Ordenar ou autorizar revistas e buscas, nos termos e limites dos nºs 3 e 5 do artigo 174º;
e) Quaisquer outros actos que a lei expressamente determinar que sejam presididos ou praticados pelo Ministério Público".

[134] Nos termos do art. 270º, nº 1 e nº 3 do CPP (Actos que podem ser delegados pelo Ministério Público nos órgãos de polícia criminal):
"*1 – O Ministério Público pode conferir a órgãos de polícia criminal o encargo de procederem a quaisquer diligências e investigações relativas ao inquérito.*
3 – O Ministério Público pode, porém, delegar em autoridades de polícia criminal a faculdade de ordenar a efectivação da perícia relativamente a determinados tipos de crime, em caso de urgência ou de perigo na demora, nomeadamente quando a perícia deva ser realizada conjuntamente com o exame de vestígios. Excetuam-se a perícia que envolva a realização de autópsia médico-legal, bem como a prestação de esclarecimentos complementares e a realização de nova perícia nos termos do artigo 158º".

[135] Segundo o art. 86º, nº1 do CPP (Publicidade do processo e segredo de justiça): "*O processo penal é, sob pena de nulidade, público, ressalvadas as excepções previstas na lei*".

[136] Nos termos do art. 277º, nº1 do CPP (Arquivamento do Inquérito): "*O Ministério Público procede, por despacho, ao arquivamento do inquérito, logo que tiver recolhido prova bastante de se não ter verificado crime, de o arguido não o ter praticado a qualquer título ou de ser legalmente inadmissível o procedimento*".

[137] Segundo o art. 283º, nº1 do CPP (Acusação pelo Ministério Público): "*Se durante o inquérito tiverem sido recolhidos indícios suficientes de se ter verificado crime e de quem foi o seu agente, o Ministério Público, no prazo de 10 dias, deduz acusação contra aquele*".

provisória do processo nos termos do art. 281º do CPP[138]. Não nos pronunciaremos sobre a figura do Requerimento de Abertura de Instrução (RAI), por estar fora do âmbito da nossa investigação.

Como já tivemos a oportunidade de referir, as pessoas coletivas podem ser responsabilizadas criminalmente nos termos do art. 11º, nº 2 do CP. Existe a responsabilidade penal das pessoas coletivas através da atuação dos dirigentes de topo quando estes atuam no nome da pessoa coletiva. Mas não só. Existe também responsabilidade criminal da pessoa coletiva por quem aja sob a autoridade das pessoas dos dirigentes de topo, em virtude de uma violação dos deveres de vigilância ou controlo que lhes incumbem.

Porém, o nº 6 do art. 11º do CP, dispõe que "*a responsabilidade das pessoas coletivas e entidades equiparadas é excluída quando o agente tiver atuado contra ordens ou instruções expressas de quem de direito*". Sendo assim, podemos entender o porquê da existência de investigações internas. O propósito destas investigações é muito diferente do propósito de uma investigação pública, sendo que neste este último releva a proteção e defesa dos interesses públicos. Uma investigação interna é privada e destina-se a servir interesses privados, em especial os de aqueles que custeiam a investigação.

Defendemos que o órgão de administração tem a responsabilidade de zelar e proteger a organização. Este dever de proteção e defesa da organização, decorre a nosso ver, do art. 64º do Código das Sociedades Comerciais (CSC). E deve este órgão ser capaz de desencadear uma investigação interna, caso exista um fundado receio da ocorrência de riscos. É dever da administração aplicar todos os esforços necessários para proteger a organização e os *stakeholders*.

Vamos imaginar a seguinte hipótese: Um funcionário de uma empresa multinacional de serviços de transporte descobre que um colega seu está a aproveitar-se das demais deslocações que faz na entrega de encomendas

Nos termos do art. 285º, nº1 do CPP (Acusação particular): "*Findo o inquérito, quando o procedimento depender de acusação particular, o Ministério Público notifica o assistente para que este deduza em 10 dias, querendo, acusação particular*".

[138] Segundo o art. 281º, nº1 do CPP (Suspensão provisória do processo): "*Se o crime for punível com pena de prisão não superior a 5 anos ou com sanção diferente da prisão, o Ministério Público, oficiosamente ou a requerimento do arguido ou do assistente, determina, com a concordância do juiz de instrução, a suspensão do processo, mediante a imposição ao arguido de injunções e regras de conduta, sempre que se verificarem os seguintes pressupostos (...)*".

para traficar droga, durante o seu horário de trabalho. E o funcionário em questão, denuncia o comportamento do colega nos canais próprios da empresa e além disso denuncia o comportamento ilícito às autoridades competentes que procedem à investigação criminal. Será que basta a mera denúncia do colaborador às autoridades? Será que é suficiente, para além da denúncia às autoridades competentes, a instauração de um processo disciplinar ao referido trabalhador?

A resposta é não. Cabe ao órgão de administração desencadear uma investigação interna de forma a aferir, não só o comportamento ilícito do seu trabalhador, como também se alguém o auxiliou e quais foram os danos que este possa ter causado à empresa. Para além destas ações, deverá o órgão de administração proceder à revisão dos seus procedimentos internos de forma a garantir que no futuro estes riscos sejam mitigados. A investigação interna visa o apuramento dos factos e serve para os comprovar.

Devemos distinguir as figuras da investigação interna e da auditoria forense. Em primeiro lugar, a auditoria interna examina e afere as contas de uma empresa, fazendo uma análise geral da matéria auditada, sendo realizada anualmente. Cabe afirmar que a auditoria verifica, em geral, a legitimidade e licitude das informações ou processos. A auditoria pode ser definida como um exame ou inspeção aos registos, processos e atividades, de forma a garantir a conformidade e a integridade destes. O seu caráter é mais genérico do que específico. Tem como objetivo criar e manter relações de confiança, bem como serve para a prevenção de eventuais atividades fraudulentas e para garantir a manutenção dos elevados padrões de exigência dos processos. As auditorias são obrigatórias e são realizadas por um auditor, podendo este ser interno ou externo, ou ainda por um contabilista certificado para o efeito[139]. A auditoria forense refere-se a uma auditoria financeira, na qual um conjunto de contas, registos comerciais ou documentos são auditados de forma a verificar a sua adequação, conformidade e legalidade.

A investigação interna serve para esclarecer determinados fatos, indícios ou suspeitas. Estas investigações podem ocorrer várias vezes ao longo de um período de tempo, visto que esta decorre aquando da

[139] Albert D. Spalding, "Auditing Due Diligence in Law and Ethics: The Ponzi 'Feeder Fund' Cases", *Review of Business & Finance Case Studies*, v. 3 (1), 2012.

solicitação do cliente. A investigação interna visa o apuramento de factos e da sua autoria. A investigação, contrariamente ao que sucede com a auditoria, não visa a investigação e análise num âmbito geral. Serve sim para investigar um conjunto de atividades, tendo em vista a prova de um facto específico. A investigação interna deve ser profunda e extensa quanto à matéria em investigação. Estes tipos de investigações só podem ocorrer quando existam informações sobre a ocorrência de factos ilícitos, estejam ou não consumados. Além disso, estas investigações têm uma natureza confidencial na medida em que deve ser reportada a quem desencadeou a investigação. As investigações, como podemos verificar, servem para comprovar os factos ilícitos, ou potencialmente ilícitos, e a participação dos seus autores.

É importante salientar que, a pessoa responsável pela investigação nunca irá conseguir apurar a totalidade dos factos ocorridos, pelo que terá de certa forma, um conhecimento limitado na medida em que só pode apurar na medida da informação que conseguirá recolher. As atividades a desenvolver pelos investigadores variam consoante o objeto de investigação e o sistema legal. O enquadramento jurídico limita o alcance e a extensão da investigação. Desta forma, através da investigação visa-se apurar: *qual o facto ilícito em causa; quem são os seus autores; quem são as testemunhas, vítimas ou outros sujeitos relevantes para a investigação; o momento da prática do facto e a duração deste; quais foram os locais onde os factos foram praticados; quais são os vestígios e os cursos de ventos; e quais foram os motivos para a prática destes factos.*

Em termos procedimentais, a investigação interna inicia-se através da recolha de um conjunto de informações, de forma a conseguir identificar perfeitamente a estrutura, organização e governação de toda a estrutura organizativa. Depois de identificado esta estrutura, é necessário ir mais além e identificar especificamente quais os departamentos visados pela investigação.

Através da informação obtida, deverá o sujeito encarregue pela investigação, proceder à análise da documentação, independentemente de esta ter sido prestada em suporte digital ou papel. A informação deverá ser tanto ou mais completa consoante a necessidade da investigação em causa, o que varia consoante o objeto da investigação. Sendo assim, existe uma necessidade de total cooperação por parte de quem contratou os serviços, com os sujeitos que irão efetuar a investigação. Deverá a primeira prestar toda a informação que este último solicitar.

O investigador pode, desde que lhe seja prestado o devido consentimento, recolher e analisar os dados da empresa. Trata-se da recolha de dados informáticos. Visa-se aferir a identidade de quem praticou os atos materialmente relevantes no âmbito da investigação interna. Neste caso, procura-se por exemplo, saber quem é que foi o responsável, a existir, por colocar dados no sistema da empresa.

Imaginemos uma troca de e-mails entre dois colaboradores de uma empresa que estão sob a alçada da investigação interna. E vamos imaginar que um deles confessa no e-mail que praticou um ato criminoso, por exemplo, que aceitou um suborno em troca de uma vantagem patrimonial. O investigador terá de aceder aos sistemas da empresa de forma a identificar a proveniência, o conteúdo, os destinatários e toda a informação relevante. Não basta a mera entrega por parte da empresa de uma folha em papel com a troca de e-mails.

Em bom rigor, qualquer sujeito pode alterar o seu conteúdo através de, por exemplo, o Microsoft Word. Nestes termos, é necessário ir à "*fonte*", pois um e-mail é um documento digital, sob pena de este ter sido alterado, levando a investigação interna a lograr o seu resultado. Tal é necessário para garantir a autenticidade e a integridade dos documentos. Tudo o que aqui é dito é relativamente a dados da empresa. Não é possível aceder à correspondência, sem o respetivo consentimento dos sujeitos envolvidos.

O investigador após a recolha e análise dos dados em suporte físico e em suporte digital, deverá conduzir um conjunto de entrevistas com testemunhas e eventuais suspeitos, tendo em vista o apuramento dos fatos. Estas entrevistas deverão ser suficientemente esclarecedoras para entender, não só o comportamento dos funcionários, como também servem para, se possível, aferir qual é o tipo de personalidade destes últimos. A análise da personalidade é muito importante para um investigador interno porque pode permitir levantar ou eliminar suspeitas quanto à veracidade das declarações que estão a ser prestadas. A condução de uma entrevista a uma testemunha será diferente daquela que ocorrerá quanto a um suspeito. Quanto a estes últimos, o investigador deverá basear-se mais nos factos que o levaram a considerá-lo como suspeito no âmbito da presente investigação.

Após a recolha e análise da informação obtida, o investigador deverá obter mais evidências antes de tomar as devidas conclusões. Poderá a título de exemplo, realizar uma inspeção às instalações da empresa, bem como poderá requerer um maior número de documentação, ou ainda, poderá solicitar a intervenção de pareceres especializados realizados por peritos sobre questões das quais não tenha o conhecimento ou a experiência necessária.

Por fim, o investigador deverá realizar o devido relatório final, contendo um relato dos fatos e a avaliação jurídica criminalista circunstancial das provas. Este relatório deverá ser o mais completo e fundamentado possível. Não basta a mera descrição fáctica das situações. No âmbito da investigação interna, o investigador pode, na redação do relatório, identificar outros problemas que não aqueles que desencadearam a presente investigação. Se por exemplo, a investigação tiver ocorrido devido a suspeitas da prática de atos de corrupção, e o investigador tiver detetado que os funcionários da empresa desconhecem em absoluto as normas legais ou regras internas relativamente às matérias que versam sobre atos de corrupção, deverá este pronunciar-se sobre esta matéria.

No entanto, as investigações internas podem revelar-se problemáticas no âmbito das regras constantes do Regime Geral de Proteção de Dados (RGPD)[140]. Desta forma, podem gerar-se diversos conflitos de interesses. A investigação interna encontra-se seriamente limitada pelo consentimento que o investigador tenha recebido. Vamos tomar por exemplo o disposto no art. 8º da Convenção Europeia dos Direitos do Homem (CEDH)[141].

[140] Para uma investigação exaustiva sobre o direito da proteção de dados *vide* António Barreto Menezes Cordeiro, *Direito da Proteção de Dados, à Luz do RGPD e da Lei nº 58/2019*, Almedina, 2020.

[141] Art. 8º da Convenção Europeia dos Direitos do Homem (CEDH) (Direito ao respeito pela vida privada e familiar):

"*1. Qualquer pessoa tem direito ao respeito da sua vida privada e familiar, do seu domicílio e da sua correspondência.*

2. Não pode haver ingerência da autoridade pública no exercício deste direito senão quando esta ingerência estiver prevista na lei e constituir uma providência que, numa sociedade democrática, seja necessária para a segurança nacional, para a segurança pública, para o bem – estar económico do país, a defesa da ordem e a prevenção das infracções penais, a protecção da saúde ou da moral, ou a protecção dos direitos e das liberdades de terceiros".

O Tribunal Europeu dos Direitos do Homem (TEDH), através do *Caso Bărbulescu v. Romania*[142, 143] proferiu uma decisão pela qual admite a monitorização das comunicações privadas dos trabalhadores pela sua entidade patronal em determinadas circunstâncias. Em causa estava ao despedimento do trabalhador Bărbulescu pela sua entidade empregadora, com fundamento na utilização da Internet da empresa para finalidades pessoais durante o seu horário de trabalho, violando as regras internas da empresa.

O trabalhador terá utilizado o Yahoo Messenger no computador da empresa durante o seu horário de trabalho para manter-se em contacto com familiares. A empresa procedeu ao despedimento do trabalhador. Inconformado, este último contestou o despedimento junto das instâncias judiciais da Roménia. Para o trabalhador romeno os dados intercetados pela empresa, além de configurarem dados pessoais nos termos da Diretiva 95/46/CE e da lei da proteção de dados pessoais romena, configuram também dados sensíveis que só podem ser recolhidos mediante consentimento prévio.

Num primeiro momento defendeu o TEDH que não é razoável o trabalhador ter expectativas de privacidade em relação a instrumentos que estão fora do uso pessoal, como é o caso de uma conta de e-mail criada para uso profissional. Este salientou que no referido caso, os trabalhadores foram advertidos das regras internas da empresa, que os impediam de utilizar equipamentos e dispositivos por aquela cedidos para fins pessoais.

O TEDH considerou que o acesso às comunicações pela entidade empregadora foi adequado e legítimo no contexto de um procedimento disciplinar, sendo certo que o acesso à conta do Yahoo Messenger foi

[142] Acórdão do Tribunal Europeu dos Direitos do Homem de 5.9.2017, *Bărbulescu contra a Roménia* – queixa nº 61496/08.

[143] Sobre o tema: Francisco José de Carvalho Pires Rodrigues Pereira, *O controlo das comunicações eletrónicas do trabalhador : análise do caso do TEDH – Bărbulescu c. Roménia, de 5 de setembro de 2017*, dissertação de mestrado sob a orientação da Prof. Doutora Sofia Oliveira Pais, Faculdade de Direito da Universidade Católica do Porto, 2018; Leiliane Piovesani Vidaletti, "Caso *Bărbulescu v. Roménia*: Tensão entre o direito do empregador e o direito à privacidade do empregado no contexto da sociedade tecnológica", Revista Jurídica Luso-Brasileira do Centro de Investigação de Direito Privado da Faculdade de Direito da Universidade de Lisboa (CIDP), Ano 6, 2020, nº 4, p. 1695 e ss.

feito no pressuposto de que a informação em questão estava relacionada com a atividade profissional e no qual não foi atribuído especial relevo ao conteúdo efetivo das comunicações do trabalhador.

O tribunal decidiu que a monitorização feita pela empresa foi "*limitada no seu âmbito e proporcionada*". O TEDH entendeu assim, em primeira instância que a conduta do empregador não correspondia a uma violação do art. 8º da CEDH. Esta decisão, porém, foi posteriormente recorrida para a grande camara do TEDH que alterou a decisão[144].

[144] *"Em 06.06.2016 o caso foi devolvido ao tribunal pleno a pedido do requerente.*
2 – Decisão:
a) Admissibilidade – O requerente não tinha sido informado da possibilidade do empregador ter acesso ao conteúdo das suas comunicações. O respeito pela vida privada e pela privacidade da correspondência continua a existir, mesmo quando ocorre uma restrição necessária a essa correspondência ou comunicações. O artigo 8º é aplicável, uma vez que as comunicações do requerente, no seu local de trabalho, enquadram-se nos conceitos de "vida privada" e "correspondência", plasmados naquele normativo.
b) Mérito da causa – O processo deve ser analisado no contexto das obrigações positivas do Estado. Uma vez que o direito dos trabalhadores ao respeito pela sua vida privada e correspondência no local de trabalho não se encontra regulado na grande maioria dos Estados-membros, o Tribunal considera que deve ser conferida aos Estados uma maior margem de apreciação no que respeita à regulação da ingerência do empregador nas comunicações privadas dos seus trabalhadores. Não obstante, o Tribunal elencou os seguintes critérios a ser tomados em consideração pelos tribunais nacionais na apreciação de questões desta natureza:
i) O trabalhador foi informado da possibilidade do empregador controlar a sua correspondência e comunicações? e sobre a implementação de tal controlo?
ii) Qual a extensão da vigilância levada a cabo pelo empregador e qual o grau de intrusão na privacidade do trabalhador?
iii) O empregador forneceu razões válidas para o controlo das comunicações do trabalhador?
iv) Seria possível estabelecer um sistema de vigilância menos intrusivo do que o acesso direto ao conteúdo das comunicações do trabalhador?
v) Quais as consequências, para o trabalhador, da vigilância das suas comunicações?
vi) O trabalhador tem acesso a garantias adequadas, especialmente quando a vigilância efetuada pelo empregador tem uma natureza intrusiva? Por último, o Estado deve garantir que os trabalhadores cujas comunicações foram controladas e monitorizadas têm acesso a um recurso judicial, com vista a determinar se os referidos critérios foram observados e, nessa medida, se a ingerência do empregador é legal.
O Tribunal concluiu que, no caso em apreço, os tribunais nacionais não apreciaram os supra mencionados critérios.
Deste modo, não obstante a ampla margem de apreciação concedida ao Estado demandado, as autoridades nacionais não asseguraram uma proteção adequada do direito do requerente ao respeito pela sua vida privada e correspondência e, consequentemente, não conseguiram alcançar um justo equilíbrio entre os diferentes interesses em causa". – Informação retirada do site do TEDH.

Outro célebre acórdão do TEDH é o caso *Libert v. France*[145]. O Tribunal de Direitos Humanos considerou, por maioria, que não existiu uma violação do art. 8º da Convenção Europeia sobre Direitos Humanos (CEDH). O caso dizia respeito ao despedimento de um funcionário da SNCF (empresa ferroviária nacional francesa), que desempenhava o cargo de vice-chefe da Unidade de Vigilância Regional de Amiens. O despedimento ocorreu depois de, no seu computador de trabalho terem sido encontrados arquivos pornográficos e documentos falsificados de terceiros.

O Sr. Libert argumentou que o seu direito ao respeito pela sua vida privada e familiar ao abrigo do art. 8º do CEDH foi violado com base no facto de a sua entidade empregadora ter aberto ficheiros pessoais armazenados no disco rígido do seu computador durante a sua ausência. O Tribunal considerou que a interferência não tinha um objetivo legítimo.

O Tribunal observou que a lei francesa inclui um mecanismo de proteção da privacidade que permite aos empregadores abrir arquivos profissionais, embora não pudessem abrir sub-repticiamente arquivos identificados como sendo pessoais. A entidade empregadora só podia exigir a abertura dos arquivos na presença do funcionário em questão. Apesar do argumento da necessidade em abrir os ficheiros guardados no computador de forma a prevenir de um crime, este argumento também não foi aceite pelo Tribunal, na medida em que tal não ocorreu no âmbito de uma investigação contra o visado. O Tribunal reconheceu, no entanto, que a interferência foi destinada a salvaguardar a proteção dos "direitos de terceiros", ou seja, os do empregador, que podem legitimamente querer garantir que os funcionários usem os seus recursos colocados à sua disposição para cumprir as suas funções.

Como podemos verificar, os interesses das empresas podem colidir com a privacidade de dados dos trabalhadores. No dia 9 de janeiro de 2018 foi proferido um importante acórdão do Tribunal Europeu dos Direitos Humanos, o caso *López Ribalda e Outros contra Espanha*.

Após suspeitas de furtos num estabelecimento de uma cadeia de supermercados espanhol, a empresa instalou câmaras de circuito fechado de televisão (em inglês, *closed-circuit television* (CCTV)). A empresa instalou as câmaras pois os seus responsáveis julgavam que eram os clientes que

[145] Acórdão do Tribunal Europeu dos Direitos do Homem de 22.02.2018, *Libert v. France* – queixa nº 588/13.

estavam a furtar os produtos. As câmaras destinadas a identificar possíveis furtos por parte dos clientes eram visíveis, no entanto existiam outras câmaras que foram ocultadas. Apesar de existirem avisos a informar que o CCTV estava em uso, o supermercado não notificou especificamente os funcionários sobre as câmaras escondidas. Sucede que as câmaras captaram a Sra. López Ribalda (uma funcionária no supermercado) e outros colaboradores da empresa, a furtarem bens. Além do mais, estas funcionários auxiliavam também clientes a furtarem os bens do supermercado. Foi-lhes interposto um procedimento disciplinar, onde aquando da inquirição, estes funcionários admitiram o envolvimento nos furtos. Os funcionários foram despedidos devido ao sucedido. Posteriormente, estes apresentaram ações judiciais contra a empresa, defendendo que os despedimentos ocorreram sem justa causa, na medida em que a vigilância era ilegal. O Tribunal considerou que a vigilância foi legal e justificada, apesar de não ter sido concedido um aviso prévio aos funcionários.

Apesar desta sentença, as exigências impostas pelo Regulamento Geral sobre a Proteção de Dados têm de ser cumpridas e o facto do TEDH ter tomado esta decisão, não significa que as empresas possam livremente colocar câmaras para monitorizar a atuação dos seus funcionários. Bem pelo contrário, o atual regime de proteção de dados obriga uma maior exigência quanto ao regime da proteção de dados pessoais dos trabalhadores.

Consta expressamente do art. 20º do Código do Trabalho português, que o empregador não pode utilizar meios de vigilância a distância no local de trabalho[146], mediante o emprego de equipamento tecnológico, com a finalidade de controlar o desempenho profissional do trabalhador.

[146] Foi decidido pelo Supremo Tribunal de Justiça, em 13.11.2013, que "O conceito de «meios de vigilância à distância» expresso no nº 1 do art. 20º do Código do Trabalho de 2009 está reportado aos equipamentos que traduzam formas de captação à distância de imagem, som ou som e imagem que permitam identificar pessoas e detetar o que fazem, como é o caso, entre outros, de câmaras de vídeo, equipamento audiovisual, microfones dissimulados ou mecanismos de escuta e registo telefónico.
O dispositivo de GPS instalado, pelo empregador, em veículo automóvel utilizado pelo seu trabalhador no exercício das respetivas funções, não pode ser qualificado como meio de vigilância à distância no local de trabalho, nos termos definidos no referido preceito legal, porquanto apenas permite a localização do veículo em tempo real, referenciando-o em determinado espaço geográfico, não permitindo saber o que faz o respetivo condutor.

A utilização de equipamento de videovigilância é lícita, sempre que tenha por finalidade a proteção e a segurança das pessoas e bens, ou quando determinadas exigências inerentes à natureza da atividade, assim o justifiquem. O empregador deve informar o trabalhador sobre a existência e finalidade dos meios de vigilância utilizados, devendo nomeadamente afixar nos locais sujeitos os seguintes dizeres, consoante os casos: "*Este local encontra-se sob vigilância de um circuito fechado de televisão*" ou "*Este local encontra-se sob vigilância de um circuito fechado de televisão, procedendo-se à gravação de imagem e som*", seguido de símbolo identificativo[147].

O poder de direção do empregador, enquanto realidade naturalmente inerente à prestação de trabalho e à liberdade de empresa, inclui os poderes de vigilância e controle, os quais, têm, no entanto, de se conciliar com os princípios de cariz garantístico que visam salvaguardar a individualidade dos trabalhadores e conformar o sentido da ordenação jurídica das relações de trabalho em função dos valores jurídico-constitucionais. Encontrando-se o GPS instalado numa viatura exclusivamente afeta às necessidades do serviço, não permitindo a captação ou registo de imagem ou som, o seu uso não ofende os direitos de personalidade do trabalhador, nomeadamente a reserva da intimidade da sua vida privada e familiar", Processo nº: 73/12.3TTVNF.P1.S1, Relator: Mário Belo Morgado.

[147] Fora decidido pelo Tribunal da Relação do Porto, em 17.12.2014, que "*em princípio, não é admissível, no processo laboral e como meio de prova, a captação de imagens por sistema de videovigilância, envolvendo o desempenho profissional do trabalhador, incluindo os actos disciplinarmente ilícitos por ele praticados. A consequência legal dessa utilização ilícita dos meios de vigilância à distância é a invalidade da prova obtida para efeitos disciplinares. (...) O depoimento de uma testemunha que tenha por base o visionamento das imagens recolhidas através de um método proibido, não deve ser valorado. Só através da utilização de um meio de prova ilícito, no caso o visionamento de imagens ilicitamente obtidas para os fins disciplinares, é que a aludida testemunha teve acesso ou conhecimento de factos que posteriormente foram imputados à trabalhadora. Não fosse aquele conhecimento ilícito nunca o depoimento da testemunha poderia ter ocorrido. Ora, esta segunda prova – a mediata ou derivada – é aquilo que se chama um "fruto envenenado*", Processo nº: 231/14.6TTVNG.P1, Relator: António José Ramos.

A responsabilidade penal das pessoas coletivas nos crimes de branqueamento de capitais

As instituições de crédito são suscetíveis de responsabilidade contraordenacional no caso de crimes de branqueamento de capitais. Nos termos do nº 1 do art. 162º da Lei nº 83/2017, as pessoas coletivas e as entidades equiparadas a pessoas coletivas, são responsáveis pelas contraordenações cometidas pelas pessoas singulares que sejam titulares de funções de administração, gerência, direção, chefia ou fiscalização, representantes, trabalhadores ou demais colaboradores, permanentes ou ocasionais, quando estas atuem no exercício das suas funções ou em nome e no interesse do ente coletivo.

A responsabilidade da pessoa coletiva somente é excluída quando o agente atue contra as ordens ou instruções expressas dos titulares destas funções. A invalidade e a ineficácia jurídica dos atos em que se funde a relação entre o agente individual e a pessoa coletiva ou entidade equiparada as pessoas coletivas não obstam à responsabilidade de nenhum deles.

Quanto à responsabilidade penal das pessoas coletivas, esta encontra-se balizada por um catálogo taxativo de crimes previstos no art. 11º nº 2 do CP[148]. Um destes crimes é o de branqueamento, previsto no art. 368º-A

[148] Art. 11º, nº2 do CP (Responsabilidade das pessoas singulares e coletivas): "*As pessoas coletivas e entidades equiparadas, com exceção do Estado, de pessoas coletivas no exercício de prerrogativas de poder público e de organizações de direito internacional público, são responsáveis pelos crimes previstos nos artigos 144º-B, 152º-A, 152º-B, 159º e 160º, nos artigos 163º a 166º sendo a vítima menor, e nos*

do CP. Assim, as pessoas coletivas são responsáveis pelos crimes quando cometidos em seu nome e no interesse coletivo por pessoas que nelas ocupem uma posição de liderança, ou por quem aja sob a autoridade destas, em virtude de uma violação dos deveres de vigilância ou controlo que lhes incumbem.

As instituições de crédito para não incorrem em responsabilidade quanto a crimes de branqueamento de capitais e de financiamento do terrorismo, devem cumprir escrupulosamente dois deveres principais, os deveres de diligência e de exame e os deveres de controlo. Destes deveres de diligência e de exame, decorre por exemplo, no caso de estarmos perante um investimento, a obrigação de conhecer o cliente (*know your customer*)[149].

Para determinar de forma eficaz a categoria ou perfil de investidor do cliente, o intermediário financeiro deve entender qual é o conhecimento e a experiência financeira do investidor, devendo conhecer também a capacidade patrimonial que o mesmo dispõe e deve entender quais são os objetivos do investimento, mais concretamente quanto à duração do investimento e o seu grau de disponibilidade ou aversão ao risco. Atendendo a estes fatores, o investidor financeiro consegue apurar qual o melhor investimento a realizar[150].

Outra obrigação que decorre deste dever de diligência e de exame, por exemplo, é a de se proceder à monitorização e apuramento da origem dos

artigos 168º, 169º, 171º a 176º, 217º a 222º, 240º, 256º, 258º, 262º a 283º, 285,º 299º, 335º, 348º, 353º, 363º, 367º, 368º-A e 372º a 376º, quando cometidos:
a) Em seu nome e no interesse coletivo por pessoas que nelas ocupem uma posição de liderança; ou
b) Por quem aja sob a autoridade das pessoas referidas na alínea anterior em virtude de uma violação dos deveres de vigilância ou controlo que lhes incumbem".

[149] Philip J. Ruce, "Anti-Money Laundering: The Challenges of Know Your Customer Legislation for Private Bankers and the Hidden Benefits for Relationship Management ('The Bright Side of Knowing Your Customer')", *The Banking Law Journal*, Vol. 128, No. 6, 2011; Para um estudo interessante sobre o uso de eKYC (através de meios eletrónicos) para identificação e verificação do cliente *vide* Leon Perlman e Nora Gurung, "Focus Note: The Use of eKYC for Customer Identity and Verification and AML", *SSRN Electronic Journal*, 2019; Douglas W. Arner, Dirk A. Zetzsche, Ross P. Buckley e Janos Nathan Barberis, "The Identity Challenge in Finance: From Analogue Identity to Digitized Identification to Digital KYC Utilities", *European Banking Institute Working Paper Series*, nº 28, 2018.

[150] André Alfar Rodrigues, *Deveres e Responsabilidade do Intermediário Financeiro*, Almedina, 2020, p. 54.

montantes em causa, bem como do destino onde estes irão ser creditados. Conhecer a proveniência e o destino da transação serve como uma "*primeira triagem*". Como será de esperar, deve também ser apurado, para além do local onde será creditado estes montantes, para que fins estes irão servir.

Por exemplo, relativamente aos deveres de controlo, damos como exemplo a obrigação vertida nos termos do art. 43º[151] e do art. 44º[152] da Lei nº 83/2017, onde as instituições de crédito têm a obrigação de comunicar ao Departamento Central de Investigação e Acção Penal da Procuradoria-

[151] Art. 43º da Lei nº 83/2017 (*Comunicação de operações suspeitas*): "*1 – As entidades obrigadas, por sua própria iniciativa, informam de imediato o Departamento Central de Investigação e Ação Penal da Procuradoria-Geral da República (DCIAP) e a Unidade de Informação Financeira sempre que saibam, suspeitem ou tenham razões suficientes para suspeitar que certos fundos ou outros bens, independentemente do montante ou valor envolvido, provêm de atividades criminosas ou estão relacionados com o financiamento do terrorismo.*
2 – Para os efeitos do disposto no número anterior, as entidades obrigadas comunicam todas as operações que lhes sejam propostas, bem como quaisquer operações tentadas, que estejam em curso ou que tenham sido executadas.
3 – As entidades obrigadas conservam, nos termos previstos no artigo 51º, cópias das comunicações efetuadas ao abrigo do presente artigo e colocam-nas, em permanência, à disposição das autoridades setoriais".

[152] Art. 44º da Lei nº 83/2017 (Termos da comunicação): "*1 – As comunicações de operações suspeitas previstas no artigo anterior:*
a) São efetuadas através dos canais de comunicação externos definidos pelas autoridades destinatárias da informação e nos termos por elas estabelecidos;
b) São efetuadas logo que a entidade obrigada conclua que a operação é suspeita, preferencialmente logo que tais operações lhes sejam propostas;
c) Incluem, pelo menos:
i) A identificação das pessoas singulares e coletivas direta ou indiretamente envolvidas e que sejam do conhecimento da entidade obrigada, bem como a informação conhecida sobre a atividade das mesmas;
ii) Os procedimentos de averiguação e análise promovidos pela entidade obrigada no caso concreto;
iii) Os elementos caracterizadores e descritivos das operações;
iv) Os fatores de suspeita concretamente identificados pela entidade obrigada;
v) Cópia da documentação de suporte da averiguação e da análise promovida pela entidade obrigada.
2 – Por forma a facilitar a celeridade na análise e comunicação de operações suspeitas, as entidades obrigadas asseguram que a circulação da informação relacionada com operações suspeitas se processe de forma simples e ágil, reduzindo ao mínimo possível o número de intervenientes no circuito de transmissão da mesma.
3 – A promoção pelas entidades obrigadas de procedimentos de exame mais complexo ou aprofundado das operações consideradas suspeitas não deve prejudicar a realização da comunicação das mesmas em tempo útil".

Geral da República (DCIAP) e à Unidade de Informação Financeira (UIF), transações que considerem suspeitas.

Resta saber se, uma instituição de crédito pode ser responsabilizada penalmente nos casos em que não colabore na prevenção de crimes de branqueamento de capitais, isto é, se de alguma uma forma, auxiliar ou facilitar a prática deste tipo de crimes, através da sua omissão em agir.

Como os sucessivos escândalos financeiros já nos demonstraram, a não prevenção e a não ação, por vezes, são tão danosas como a própria prática do crime de branqueamento de capitais. A omissão de acção é neste tipo de crimes um verdadeiro auxílio ao infrator, pois facilita a sua ocorrência.

Como resulta claramente do exposto no art. 368º-A, nº 3 do CP, "*quem* ***converter, transferir, auxiliar ou facilitar alguma operação de conversão ou transferência de vantagens****, obtidas por si ou por terceiro, direta ou indiretamente, com o fim de dissimular a sua origem ilícita,* ***ou de evitar que o autor ou participante dessas infrações seja criminalmente perseguido ou submetido a uma reação criminal****, é punido com pena de prisão até 12 anos*".

Pelo exposto, da nossa interpretação resulta que a previsão da norma engloba os casos de omissão de deveres. Perfilhamos o pensamento de José Neves da Costa que sustenta: "*é nosso entendimento que nos conceitos de "auxiliar" e "facilitar" tipificados no nº2 do artigo 368º-A do CP não podem deixar de caber as omissões que prestem auxílio ou que facilitem a atividade branqueadora de terceiros, particularmente quanto sejam omissões de deveres legais de prevenção do branqueamento de capitais a que o agente esteja vinculado. Destarte, a ser assim – como cremos que é – o branqueamento, nesta parte, engloba em si uma vertente de crime de omissão pura ou própria, justamente porque as condutas em causa correspondem materialmente a situações de cumplicidade no branqueamento praticado por outrem, todavia equiparadas à autoria deste*"[153].

Não podemos também deixar de nos pronunciar, em sequência do que foi dito, quanto à responsabilidade penal das pessoas coletivas, nos termos do art. 11º nº 2, alínea a) do CP, quanto aos sujeitos que ocupam uma posição de liderança. Nos termos do art. 11º, nº 4 do CP, entende-se que ocupam uma posição de liderança os órgãos e representantes da

[153] José Neves da Costa, "Responsabilidade penal das instituições de crédito e do *Chief Compliance Officer* no crime de branqueamento", *in Estudos sobre Law Enforcement, Complaince e Direito Penal*, 2ª Edição, Almedina, 2018, p. 311.

pessoa coletiva e quem nela tiver autoridade para exercer o controlo da sua atividade.

Com isto, quer-se dizer que, para além dos órgãos de administração e representação das sociedades, também as pessoas que ocupam posições de liderança e as que tiverem autoridade para o exercício do controlo da pessoa coletiva são englobados dentro do preceito da alínea a) do nº 2 do art. 11º do CP[154]. Estes têm responsabilidade na medida em que têm o poder de direção da atividade da pessoa coletiva. Mas, no entanto, cabe também afirmar que esta responsabilidade também se encontra delimitada pelos poderes que foram atribuídas a estes pelo órgão de administração[155].

Nesta medida, depreende-se da lei que só os sujeitos com poder de direção da atividade de uma instituição podem vincular penalmente uma pessoa coletiva. Um colaborador que não exerça estas funções não poderá responsabilizar coletivamente a instituição. Desta forma, devido à importância das funções que exerce, defendemos que o *CCO* será uma pessoa de liderança numa entidade financeira, para efeitos do nº 4 do art. 11º do CP, pelo que poderá gerar responsabilidade penal da pessoa coletiva. Esta ideia justifica-se pelo exposto no nº 1 do art. 16º da Lei nº 83/2017.

Além do mais, como referimos anteriormente, este exerce as suas funções de forma independente e permanente, efetiva e com a autonomia decisória necessária a tal exercício, qualquer que seja a natureza do seu vínculo com a entidade obrigada[156].

É ainda importante referir o disposto no nº 6 e nº 7 do art. 11º do CP, na medida em que a responsabilidade das pessoas coletivas e entidades

[154] Sobre o tema: Teresa Quintela de Brito, Domínio da organização para a execução do facto: responsabilidade penal de entes coletivos, dos seus dirigentes e "atuação em lugar de outrem", Dissertação de Doutoramento sob a Orientação da Prof. Doutora Maria Palma Ramalho, Faculdade de Direito da Universidade de Lisboa, 2012, pp. 345-346.

[155] Como refere José Neves da Costa, "*o importante é que se identifique a realidade da atividade da pessoa jurídica que um determinado diretor pode dominar, sendo relevante o poder de decisão e de liderança no setor de atividade no qual se deu a conduta penalmente relevante*", *in* "Responsabilidade penal das instituições de crédito e do *Chief Compliance Office*r no crime de branqueamento", *in Estudos sobre Law Enforcement, Compliance e Direito Penal*, 2ª Edição, Almedina, 2018, p. 317; Também: Frederico Lacerda da Costa Pinto, "O ilícito de mera ordenação social e a erosão do princípio da subsidiariedade da intervenção penal", in AA.VV, *Direito Penal Económico e Europeu: Textos Doutrinários*, Vol. I – Problemas Gerais, Coimbra Editora, 1998, pp. 209-274.

[156] Nos termos da alínea a), do nº3 da Lei nº 83/2017.

equiparadas é excluída quando o agente tiver atuado contra ordens ou instruções expressas de quem de direito. Além disto, a responsabilidade das pessoas coletivas e entidades equiparadas não exclui a responsabilidade individual dos respetivos agentes nem depende da responsabilização destes. Esta norma é de grande importância, na medida em que a pessoa coletiva só é responsabilizada pelos factos que tenham ocorrido no seu interesse.

Significa isto que, se um órgão de administração tiver instruído um determinado membro, com capacidade para vincular a instituição, para agir em conformidade com a lei e este não o fez, tendo ainda agindo de forma ilícita, a pessoa coletiva não é responsabilizada.

Assim, como explica José Neves da Costa, "*a exigência de que a comissão do facto se dê no interesse coletivo, remete diretamente para a autorregulação e auto-organização da pessoa jurídica, havendo responsabilidade penal desta onde haja um cumprimento defeituoso dos deveres de organização em conformidade com a normatividade, deveres estes que colocam a pessoa jurídica numa posição de garante por domínio do facto, legitimando a respetiva responsabilidade por omissão organizativo-preventiva*"[157].

Com isto, pode afirmar-se que a responsabilidade penal das pessoas coletivas pode ser evitada se esta se organizar de forma a evitar a ocorrência de ilícitos na sua esfera jurídica, através de uma autorregulação eficiente conforme o Direito. Como bem refere Adán Nieto Martin, a responsabilidade penal das pessoas coletivas é "*a forma mais importante de coação a uma correta autorregulação*"[158]. Os deveres de gestão, organização, supervisão, direção e controlo funcionam como verdadeiros "*mandamentos*" aquando da implementação de uma estrutura e de procedimentos adequados de uma pessoa coletiva.

Em suma, a pessoa coletiva incorrerá em responsabilidade penal sempre que o crime de branqueamento de capitais for cometido em seu nome e no interesse coletivo da instituição.

[157] José Neves da Costa, "Responsabilidade penal das instituições de crédito e do *Chief Compliance Officer* no crime de branqueamento", *in Estudos sobre Law Enforcement, Compliance e Direito Penal*, 2ª Edição, Almedina, 2018, p. 321.

[158] Adán Nieto Martin, *Manual de Cumplimiento Penal en la Empresa*, Tirant lo Blanch, 2015, pp. 34-35.

Prevenção do Branqueamento de Capitais e do Financiamento do Terrorismo

Introdução

O contexto do branqueamento de capitais surgiu nos EUA, sobretudo quando grupos criminosos e mafiosos eram proprietários de lavandarias automáticas. Estas empresas de fachada permitiam às organizações criminosas efetuar depósitos bancários de notas de baixo valor, que simulavam os lucros resultantes das lavandarias. Na verdade, os montantes que eram depositados eram conseguidos através do comércio de bebidas alcoólicas proibido pela Lei Seca e de outras atividades criminosas que eram praticadas por estas organizações, como o jogo ou a prostituição.

Nos casos de branqueamento de capitais, os agentes criminosos procuram dissimular a origem dos capitais obtidos de forma ilícita, para que pareça que resultam de atividades lícitas. O crime de branqueamento de capitais tem enquadramento no nosso ordenamento jurídico, como referimos anteriormente, no art. 368º-A do CP.

Já o financiamento do terrorismo tornou-se uma preocupação mundial devido aos ataques terroristas do 11 de setembro de 2001, e é a partir desse momento que os governos começaram a procurar prevenir os sistemas de financiamento das organizações terroristas.

Nos termos do nº 1 do art. 2º da Lei nº 52/2003, de 22 de Agosto, considera-se grupo, organização ou associação terrorista todo o agrupamento de duas ou mais pessoas que, actuando concertadamente, visem prejudicar a integridade e a independência nacionais, impedir, alterar ou subverter o funcionamento das instituições do Estado previstas na Constituição, forçar a autoridade pública a praticar um acto, a abster-se de o praticar ou a tolerar que se pratique, ou ainda intimidar certas pessoas, grupos de pessoas ou a população em geral, mediante:

a) Crime contra a vida, a integridade física ou a liberdade das pessoas;
b) Crime contra a segurança dos transportes e das comunicações, incluindo as informáticas, telegráficas, telefónicas, de rádio ou de televisão;
c) Crime de produção dolosa de perigo comum, através de incêndio, explosão, libertação de substâncias radioactivas ou de gases tóxicos ou asfixiantes, de inundação ou avalancha, desmoronamento de construção, contaminação de alimentos e águas destinadas a consumo humano ou difusão de doença, praga, planta ou animal nocivos;
d) Actos que destruam ou que impossibilitem o funcionamento ou desviem dos seus fins normais, definitiva ou temporariamente, total ou parcialmente, meios ou vias de comunicação, instalações de serviços públicos ou destinadas ao abastecimento e satisfação de necessidades vitais da população;
e) Investigação e desenvolvimento de armas biológicas ou químicas;
f) Crimes que impliquem o emprego de energia nuclear, armas de fogo, biológicas ou químicas, substâncias ou engenhos explosivos, meios incendiários de qualquer natureza, encomendas ou cartas armadilhadas, sempre que, pela sua natureza ou pelo contexto em que são cometidos, estes crimes sejam susceptíveis de afectar gravemente o Estado ou a população que se visa intimidar.

O financiamento do terrorismo foi criminalizado em Portugal através do artigo 5º-A da Lei nº 52/2003, prevendo-se o congelamento e a perda de bens pertencentes a autores de atos de terrorismo e a quem apoie e financie grupos e organizações terroristas e impondo-se o dever de comunicar transações suspeitas de terem algum tipo de conexão com o terrorismo. Foram também reforçados os deveres de prevenção do branqueamento de capitais, sobretudo o dever de identificação no âmbito das operações de transferência de fundos. O crime de financiamento do terrorismo é punível com pena de prisão de 8 a 15 anos.

Importa agora considerar os aspetos mais relevantes em termos atuais. Em 2018, foram aprovadas a 5ª e a 6ª Diretivas Europeias em matéria de prevenção e de repressão do branqueamento de capitais e financiamento do terrorismo. Estas Diretivas foram transpostas para o ordenamento jurídico português através da Lei nº 58/2020, de 31 de agosto, sendo que esta procedeu a inúmeras alterações legislativas, entre as quais a Lei nº 83/2017, de 18 de agosto que estabelece as medidas de combate ao branqueamento de capitais e ao financiamento do terrorismo. É sobre a perspetiva da lei portuguesa que a nossa investigação irá incidir.

Lei nº 58/2020

A Lei nº 58/2020, de 31 de agosto, transpõe a Diretiva (UE) 2018/843 do Parlamento Europeu e do Conselho, de 30 de maio de 2018, que altera a Diretiva (UE) 2015/849 relativa à prevenção da utilização do sistema financeiro para efeitos de branqueamento de capitais ou de financiamento do terrorismo e a Diretiva (UE) 2018/1673 do Parlamento Europeu e do Conselho, de 23 de outubro de 2018, relativa ao combate ao branqueamento de capitais através do direito penal, alterando diversas leis.

A Lei nº 58/2020, de 31 de agosto vem alterar:

- A Lei nº 15/2001, de 5 de junho, que reforça as garantias do contribuinte e a simplificação processual, reformula a organização judiciária tributária e estabelece um novo regime geral para as infrações tributárias;
- A Lei nº 20/2008, de 21 de abril, que cria o novo regime penal de corrupção no comércio internacional e no sector privado, dando cumprimento à Decisão Quadro nº 2003/568/JAI, do Conselho, de 22 de Julho;
- O Regime Jurídico de Acesso e Exercício da Atividade Seguradora e Resseguradora, aprovado no anexo I à Lei nº 147/2015, de 9 de setembro;
- A Lei nº 83/2017, de 18 de agosto, que estabelece medidas de combate ao branqueamento de capitais e ao financiamento do terrorismo, transpõe parcialmente as Diretivas 2015/849/UE, do

Parlamento Europeu e do Conselho, de 20 de maio de 2015, e 2016/2258/UE, do Conselho, de 6 de dezembro de 2016, altera o Código Penal e o Código da Propriedade Industrial e revoga a Lei nº 25/2008, de 5 de junho, e o Decreto-Lei nº 125/2008, de 21 de julho;

- A Lei nº 89/2017, de 21 de agosto, que aprova o Regime Jurídico do Registo Central do Beneficiário Efetivo, transpõe o capítulo III da Diretiva (UE) 2015/849, do Parlamento Europeu e do Conselho, de 20 de maio de 2015, e procede à alteração de Códigos e outros diplomas legais);
- A Lei nº 97/2017, de 23 de agosto, que regula a aplicação e a execução de medidas restritivas aprovadas pela Organização das Nações Unidas ou pela União Europeia e estabelece o regime sancionatório aplicável à violação destas medidas;
- O Código Penal, aprovado pelo Decreto-Lei nº 400/82, de 23 de setembro;
- O Código do Registo Comercial, aprovado pelo Decreto-Lei nº 403/86, de 3 de dezembro;
- O Decreto-Lei nº 298/92, de 31 de dezembro, que aprova o Regime Geral das Instituições de Crédito e Sociedades Financeiras;
- O Decreto-Lei nº 15/93, de 22 de janeiro, o qual revê a legislação de combate à droga;
- O Código do Notariado, aprovado em anexo ao Decreto-Lei nº 207/95, de 14 de agosto;
- O Regulamento Emolumentar dos Registos e Notariado, aprovado pelo Decreto-Lei nº 322-A/2001, de 14 de dezembro; e
- O Decreto-Lei nº 14/2013, de 28 de janeiro, que procede à sistematização e harmonização da legislação referente ao Número de Identificação Fiscal.

Destacam-se como principais alterações:

- O alargamento dos sectores e empresas que se encontram sujeitas às obrigações de prevenção;
- O controlo mais rigoroso das transações com clientes localizados em países terceiros de risco elevado. Desta forma aumenta-se o grau de exigência na realização de *due diligence*;

- O alargamento do quadro de condutas típicas e dos ilícitos subjacentes ao crime de branqueamento de capitais;
- O aumento da transparência no que respeita à identificação do beneficiário efetivo;
- A implementação de restrições na utilização anónima de moedas virtuais;
- A melhor identificação das pessoas politicamente expostas (PEP);
- O Regime Jurídico do Registo Central do Beneficiário Efetivo passa a prever que a entidade sujeita ao RCBE só pode ser voluntariamente extinta ou dissolvida após a atualização da informação, constante do RCBE ou a confirmação da sua atualidade;
- Entre as várias alterações que sofreu o art. 368º-A do Código Penal, cabe destacar a reorganização que o mesmo sofreu, passando agora a conter um elenco de ilícitos típicos precedentes ao crime de branqueamento. Cabe referir que foi revisto o limite mínimo da moldura penal aplicável ao crime de branqueamento, permitindo evitar que este crime seja mais gravemente punido do que muitos dos ilícitos típicos que lhe precedem. O limite anterior previsto de 2 anos foi agora reduzido para o mínimo legal (um mês), correspondendo o limite máximo da moldura penal a 12 anos de prisão.
- Ainda nos termos do nº 8 do art. 368º-A do CP, foi agravado em um terço a moldura penal nos casos em que o infrator é uma entidade obrigada à luz da Lei de Combate ao Branqueamento de Capitais e ao Financiamento do Terrorismo e nos casos em que a infração seja cometida no exercício da atividade profissional destas entidades.

Medidas Restritivas

Importa notar que as Nações Unidas, através das Resoluções do seu Conselho de Segurança, de acordo com o estabelecido na carta das Nações Unidas, podem adotar medidas restritivas[159], com caráter sancionatório, que podem ter como destinatários, países, organizações e pessoas individualmente consideradas. Por sua vez, a União Europeia, no âmbito da sua Política Externa e de Segurança Comum, pode também determinar

[159] As medidas restritivas devem, contudo, respeitar os princípios relativos à dignidade da pessoa humana, da proporcionalidade e da igualdade.

medidas restritivas, por sua própria iniciativa, ou através da aplicação de resoluções do Conselho de Segurança da ONU.

De entre as medidas restritivas que podem ser determinadas, destaca-se o congelamento de fundos e recursos e outras sanções financeiras. Para o efeito, as Nações Unidas e a UE aprovam periodicamente listas de pessoas e entidades ligadas a grupos, associações ou organizações terroristas, relativamente às quais devem ser congelados os fundos, outros ativos financeiros ou recursos económicos, incluindo os fundos derivados de bens que, direta ou indiretamente, lhes pertençam ou que estejam sob o seu controlo.

Em Portugal, a Lei nº 97/2017, de 23 de agosto, estabelece o regime sancionatório aplicável a situações de incumprimento das sanções impostas por Resolução do Conselho de Segurança das Nações Unidas ou por Regulamento da União Europeia, determinando um regime criminal que prevê pena de prisão de três a cinco anos para quem, designadamente, estabeleça ou mantenha relações jurídicas, objeto das sanções, com qualquer dos sujeitos identificados nas Resoluções do Conselho de Segurança das Nações Unidas ou nos Regulamentos da União Europeia.

Nos termos do art. 2º da Lei nº 97/2017, é possível definir as medidas restritivas como como restrições temporárias do exercício de um determinado direito, através da imposição de uma proibição ou de uma obrigação, aprovada pela Organização das Nações Unidas ou pela União Europeia e que visa a prossecução de pelo menos um dos seguintes objetivos:

a) A manutenção ou restabelecimento da paz e da segurança internacionais;
b) A proteção dos direitos humanos;
c) A democracia e o Estado de direito;
d) A preservação da soberania e da independência nacionais e de outros interesses fundamentais do Estado;
e) A prevenção e repressão do terrorismo e da proliferação de armas de destruição em massa.

As medidas restritivas previstas na Lei nº 97/2013 são, nos termos do art. 3º, aplicáveis:

a) A pessoas de nacionalidade portuguesa ou com residência em Portugal e a pessoas que se encontrem, ou pretendam ser admitidas, em território nacional, ainda que em trânsito ou escala;

b) A qualquer pessoa coletiva, pública ou privada, registada ou constituída nos termos da legislação portuguesa, com sede, direção efetiva ou com estabelecimento estável em Portugal, incluindo sucursais situadas em território português de pessoas coletivas com sede no estrangeiro, bem como sucursais situadas no estrangeiro de pessoas coletivas com sede em Portugal;
c) A bens, fundos e recursos económicos que se encontrem em território nacional, independentemente da nacionalidade, residência ou sede dos seus proprietários, beneficiários ou intervenientes.

2 – As normas que impõem os deveres de cooperação estabelecidos no capítulo V são aplicáveis às pessoas e entidades referidas nas alíneas a) e b) do número anterior.

O crime de branqueamento de capitais na aceção do art. 368º-A do Código Penal

De forma sucinta podemos afirmar que o crime de branqueamento consiste na conversão, transferência, auxílio ou facilitação de alguma operação de conversão ou transferência de vantagens, obtidas por si ou por terceiro, directa ou indiretamente, provenientes da prática de um determinado conjunto de ilícitos criminais (também designados por *crimes precedentes*), com o objetivo de dissimular a proveniência ilícita dessas vantagens, ou de evitar que o autor ou participante dessas infrações seja criminalmente perseguido ou submetido a uma reação criminal. Também é considerado como crime de branqueamento, a ocultação ou dissimulação da verdadeira natureza, origem, localização, movimentação ou titularidade das vantagens provenientes da prática de crimes precedentes, ou dos correspondentes direitos.

Como já foi referido pelo Tribunal de Relação de Lisboa, o crime de branqueamento previsto nos nºs 2 e 3 do art. 368º-A do Código Penal, supõe o desenvolvimento de atividades que, podendo integrar várias fases, visam dar uma aparência de origem legal a bens com uma origem ilícita, encobrindo assim a sua verdadeira origem, o que conduzirá, na maior parte das situações, a um aumento de valores, que não é comunicado às autoridades legítimas.

Foi ainda referido pelo presente Tribunal da Relação que *"sem um crime precedente como tal previsto à data da transferência do capital, não há crime de branqueamento. A punição do branqueamento visa tutelar a "pretensão estadual ao confisco das vantagens do crime", ou mais especificamente, o interesse do aparelho judiciário na deteção e perda das vantagens de certos crimes". Quanto mais eficiente e sofisticada for a conduta de branqueamento mais grave e perigoso é o atentado ao bem jurídico protegido com esta incriminação. Porém, mesmo a simples conduta do agente de apenas depositar na sua conta bancária quantias monetárias provenientes do crime precedente por si cometido, pode integrar a prática do crime de branqueamento*"[160].

Numa sentença posterior, o Tribunal da Relação de Lisboa entendeu que o branqueamento de capitais é um crime de mera atividade e de perigo, cujo cometimento se verifica com a simples execução de um dos comportamentos típicos, independentemente do seu resultado. Trata-se precisamente de um crime de perigo, na medida em que pode não haver uma lesão efetiva do bem jurídico protegido, bastando para tal existência do perigo dessa lesão. Trata-se também de um crime de perigo abstrato, uma vez que se não exige, caso a caso, a verificação de perigo real para o bem jurídico protegido. Por fim, também cabe referir que é um crime de mera atividade, apenas passível de comissão pela via da ação. Tal como consta do art. 368º-A do CP, a tentativa de branqueamento é punível.

No entender do presente Tribunal, "*o objecto da acção típica são as vantagens patrimoniais resultantes de crime anteriormente cometido pelo próprio branqueador ou por outrém, desde que integrado no «catálogo». Quanto às modalidades de acção, os verbos insertos no texto dos nºs 2 e 3 do art. 368º-A do CP incluem no seu âmbito de aplicação uma grande variedade de condutas, com diferentes graus de intensidade, espelhados, de resto, na moldura penal abstracta de dois a doze anos de prisão. Face à amplitude da configuração do crime de branqueamento de capitais no art. 368º A do Código Penal, deve entender-se que o processo trifásico – conversão; dissimulação e integração – de reciclagem dos bens ou vantagens patrimoniais resultantes de factos típicos e ilícitos das espécies previstas no seu nº 1 pode ser mais ou menos elaborado, consoante a economia de esforço necessária à produção do resultado antijurídico, pelo que a mera introdução de dinheiro proveniente da prática de crimes base, ou da venda de bens obtidos através do cometimento desses tipos de ilícito, por exemplo, através de um mero depósito bancário, ainda que menos grave e perigosa do que outras mais sofisticadas e engenhosas, é já branqueamento de capitais, sob pena de restrição ilegal do âmbito objectivo do tipo e de desarticulação funcional com o bem jurídico tutelado*

[160] Acórdão do Tribunal da Relação de Lisboa, de 18.07.2013, Processo nº: 1/05.2JFLSB.L1-3, Relator: Rui Gonçalves.

com a incriminação. O crime de branqueamento de capitais, tanto na modalidade tipificada no nº 2, como na modalidade prevista no nº 3 do art. 368º A do CP, é um crime de intenção que exige o dolo específico, traduzido no propósito, ou melhor, dois propósitos (os quais podem ser cumulativos ou alternativos), que acrescem à consciência e vontade relativa aos elementos objectivos do crime – o agente tem de actuar com o fim de dissimular a origem ilícita das vantagens em causa, ou com o fim de evitar que o autor ou participante das infracções subjacentes seja criminalmente perseguido ou submetido a uma reacção criminal"[161].

Na aceção do art. 2º, nº1, alínea j) da LBCFT, entende-se por branqueamento de capitais: "*(i) as condutas previstas e punidas pelo artigo 368º-A do Código Penal e; (iii) A participação num dos atos a que se refere a subalínea i), a associação para praticar o referido ato, a tentativa e a cumplicidade na sua prática, bem como o facto de facilitar a sua execução ou de aconselhar alguém a praticá-lo*".

Beneficiários Efetivos

Conceito

Considera-se como beneficiário efetivo, segundo a alínea h) do art. 2º da LBCFT, a pessoa ou pessoas singulares que, em última instância, detêm a propriedade ou o controlo do cliente e/ou a pessoa ou pessoas singulares por conta de quem é realizada uma operação ou atividade, de acordo com os critérios estabelecidos no artigo 30º da LBCFT.

Nos termos do art. 30º da LBCFT, que enuncia os ***critérios***, consideram-se beneficiários efetivos de organismo de investimento coletivo e de entidades societárias (*quando não sejam sociedades com ações admitidas à negociação em mercado regulamentado sujeitas a requisitos de divulgação de informações consentâneos com o direito da União Europeia ou sujeitas a normas internacionais equivalentes que garantam suficiente transparência das informações relativas à propriedade*), as seguintes pessoas:

a) A pessoa ou pessoas singulares que, em última instância:

   i) Detêm a titularidade ou o controlo, direto ou indireto, de uma percentagem suficiente de unidades de participação ou de

[161] Acórdão do Tribunal da Relação de Lisboa, de 30.10.2019, Processo nº: 405/14.0TELSB. L1-3, Relator: Cristina Almeida e Sousa.

titularização em circulação nesse organismo de investimento coletivo;

ii) Detêm a propriedade ou o controlo, direto ou indireto, de uma percentagem suficiente de ações ou dos direitos de voto ou de participação no capital dessa entidade;

b) A pessoa ou pessoas singulares que exercem controlo por outros meios sobre esse organismo de investimento coletivo ou sobre essa entidade;

c) A pessoa ou pessoas singulares que detêm a direção de topo, se, depois de esgotados todos os meios possíveis e na condição de não haver motivos de suspeita:

i) Não tiver sido identificada nenhuma pessoa nos termos das alíneas anteriores; ou

ii) Subsistirem dúvidas de que a pessoa ou pessoas identificadas sejam os beneficiários efetivos.

Para os efeitos de aferição da qualidade de beneficiário efetivo, quando o cliente for uma entidade societária ou um organismo de investimento coletivo referido no nº1 do artº 30º da LBCFT, as entidades obrigadas:

a) Consideram como indício de propriedade direta a detenção, por uma pessoa singular, de participações representativas de mais de 25% do capital social ou de unidades de participação ou de titularização em circulação do cliente;

b) Consideram como indício de propriedade indireta a detenção de participações representativas de mais de 25% do capital social ou de unidades de participação ou de titularização em circulação do cliente por:

i) Entidade societária que esteja sob o controlo de uma ou várias pessoas singulares; ou

ii) Várias entidades societárias que estejam sob o controlo da mesma pessoa ou das mesmas pessoas singulares;

c) Verificam a existência de quaisquer outros indicadores de controlo e das demais circunstâncias que possam indicar um controlo por outros meios.

Nos termos do art. 30º, nº 3 da LBCFT, consideram-se beneficiários efetivos dos fundos fiduciários (*trusts*):

a) O fundador (*settlor*) ou os fundadores (*settlors*);
b) O administrador ou administradores fiduciários (*trustees*) de fundos fiduciários;
c) O curador ou os curadores, se aplicável;
d) Os beneficiários ou, se os mesmos não tiverem ainda sido determinados, a categoria de pessoas em cujo interesse principal o fundo fiduciário (*trust*) foi constituído ou exerce a sua atividade;
e) Qualquer outra pessoa singular que detenha o controlo final do fundo fiduciário (*trust*) através de participação direta ou indireta ou através de outros meios.

Em relação às pessoas coletivas de natureza não societárias, como é o caso das fundações, ou de centros de interesses coletivos sem personalidade jurídica de natureza análoga a fundos fiduciários (*trusts*), a LBCFT dispõe que considerase como beneficiário efetivo, a pessoa ou as pessoas singulares que detém posições equivalentes ou similares em relação aos fundos fiduciários (*trusts*).

Nos termos do nº 5 do art. 30º da LBCFT, sem prejuízo do previsto na alínea k) do nº 1 do artigo 2º[162], os fundos de pensões também se encontram sujeitos às regras sobre beneficiários efetivos na eventualidade de financiarem, exclusivamente ou não, planos de pensõesm cujos participantes ou beneficiários sejam membros dos órgãos de administração dos respetivos associados, considerando-se, nesses casos, que os seus beneficiários efetivos

[162] Alínea k) do art. 2º da LBCFT: "Centros de interesses coletivos sem personalidade jurídica", os patrimónios autónomos, tais como condomínios de imóveis em propriedade horizontal, fundos fiduciários (trusts) de direito estrangeiro e entes coletivos análogos a estes, quando e nos termos em que lhes for conferida relevância pelo direito interno, considerando-se serem análogos a fundos fiduciários (trusts) os entes coletivos que apresentem, pelo menos, as seguintes características:
i) Os bens constituem um património separado e não integram o património do seu administrador;
ii) O administrador, ou quem represente o ente coletivo, figura como titular dos bens; e
iii) O administrador está sujeito à obrigação de administrar, gerir ou dispor dos bens e, sendo o caso, prestar contas, nos termos das regras que regulam o ente coletivo.

são aqueles participantes e os beneficiários. Isto aplica-se apenas quando, pelo menos, 2% do valor do fundo de pensões esteja afeto ao financiamento das responsabilidades passadas dos participantes e beneficiários ali referidos ou ao valor das suas contas individuais.

Nos termos do nº 7 do referido artigo, o disposto no nº 5 do art. 30º da LBCFT, aplica-se igualmente aos contratos de adesão coletiva a fundos de pensões abertos, nos casos em que o valor da adesão afeto ao financiamento das respetivas responsabilidades passadas, ou ao valor das suas contas individuais, represente pelo menos 5% do valor das unidades de participação do fundo.

Também são considerados como beneficiários efetivos, quaisquer participantes e beneficiário de adesões individuais a um fundo de pensões aberto que individualmente detenham, pelo menos, 5% do valor das unidades de participação desse fundo.

Face ao que foi dito, cabe à entidade gestora do fundo de pensões garantir o cumprimento dos deveres de prestação de informação perante as entidades obrigadas a respeito do beneficiário efetivo, cabendo ao associado, nos casos previstos no nº 5 a 7 do art. 30º da LBCFT, disponibilizar à entidade gestora do fundo, os elementos necessários para o efeito, tendo como referência os elementos do último exercício aprovado.

Conhecimento, aferição da qualidade e identificação dos beneficiários efetivos

Quando o cliente for uma pessoa coletiva ou um centro de interesses coletivos sem personalidade jurídica, as entidades obrigadas devem obter um conhecimento satisfatório sobre os beneficiários efetivos do cliente, em função do risco de branqueamento de capitais e de financiamento do terrorismo[163]. As entidades devem, antes de estabelecerem uma relação de negócio, proceder à adoção de todas as medidas suficientes que permitam aferir a qualidade de beneficiário efetivo, bem como devem obter informação sobre a identidade dos beneficiários efetivos do cliente. Devem ser empregues todas as medidas razoáveis de forma a verificar a identidade dos beneficiários efetivos.

[163] Nos termos do art. 29º, nº3 da LBCFT, "as entidades obrigadas dão ainda cumprimento, com as necessárias adaptações, ao disposto na presente divisão, *sempre que o cliente seja uma pessoa singular que possa não estar a atuar por conta própria*".

As entidades obrigadas mantêm um registo escrito de todas as ações destinadas a dar cumprimento às exigências legais decorrentes da identificação dos beneficiários efetivos, incluindo os meios utilizados para aferir a qualidade de beneficiário efetivo, de acordo com os critérios de aferição constantes do artº 30º da LBCFT. Este registo deve ainda ser feito quanto a eventuais dificuldades que possam surgir no âmbito do processo de verificação da identidade dos beneficiários efetivos.

Este registo deve ser conservado nos termos previstos no artigo 51º da LBCFT e tem obrigatoriamente de ser colocado, com caráter de permanência, à disposição das autoridades setoriais, de forma que estas possam verificar o cumprimento da legalidade. Estes registos devem ser atualizados enquanto se mantiver a relação de negócio. Nesse aspeto, devem ser cumpridas as exigências previstas no art. 40º da LBCFT. As entidades obrigadas devem rever e atualizar periodicamente a informação, tendo como objetivo, assegurar a atualidade, a exatidão e a completude da informação de que já disponham, sempre que suspeitem de qualquer alteração relevante quanto aos beneficiários efetivos do cliente ou à estrutura de propriedade e controlo do mesmo.

Quanto à identificação dos beneficiários efetivos, as entidades obrigadas recolhem, pelo menos, os elementos identificativos previstos no nº 1 do artigo 24º da LBCFT, relativamente aos beneficiários efetivos do cliente. A identificação dos clientes e dos respetivos representantes é efetuada, no caso de pessoas singulares, mediante recolha e registo dos seguintes elementos identificativos: "*i) Fotografia; ii) Nome completo; iii) Assinatura; iv) Data de nascimento; v) Nacionalidade constante do documento de identificação; vi) Tipo, número, data de validade e entidade emitente do documento de identificação; vii) Número de identificação fiscal ou, quando não disponha de número de identificação fiscal, o número equivalente emitido por autoridade estrangeira competente; viii) Profissão e entidade patronal, quando existam; ix) Endereço completo da residência permanente e, quando diverso, do domicílio fiscal; x) Naturalidade; xi) Outras nacionalidades não constantes do documento de identificação*".

No caso das pessoas coletivas ou de centros de interesses coletivos sem personalidade jurídica, mediante recolha e registo dos seguintes elementos identificativos: "*i) Denominação; ii) Objeto; iii) Morada completa da sede social e, quando aplicável, da sucursal ou do estabelecimento estável, bem como, quando diversa, qualquer outra morada dos principais locais de exercício da atividade;*

iv) Número de identificação de pessoa coletiva ou, quando não exista, número equivalente emitido por autoridade estrangeira competente; v) Identidade dos titulares de participações no capital e nos direitos de voto de valor igual ou superior a 5%; vi) Identidade dos titulares do órgão de administração ou órgão equivalente, bem como de outros quadros superiores relevantes com poderes de gestão; vii) País de constituição; viii) Código CAE (Classificação das Atividades Económicas), código do setor institucional ou outro código de natureza semelhante, quando exista".

A comprovação dos elementos identificativos dos beneficiários efetivos efetua-se através de documentos, dados ou informações de fonte independente e credível. Nos termos do nº 3 do art. 32º da LBCFT, nos casos em que comprovadamente se verifique a existência de um **risco baixo** de branqueamento de capitais e de financiamento do terrorismo, as autoridades setoriais podem permitir, nos termos a definir em regulamentação, a comprovação dos elementos identificativos dos beneficiários efetivos com base em declaração emitida pelo cliente ou por quem legalmente o represente.

Cabe efetuarmos um reparo. Essa regulamentação deve ser claramente definida e deve ser adequada o suficiente de forma a ser possível compreender quais são os casos que apresentem a existência de um risco baixo o suficiente, para que as autoridades setoriais possam permitir a comprovação de elementos identificativos dos beneficiários efetivos, tendo por base uma declaração emitida pelo próprio cliente ou por quem legalmente o represente. Uma remissão para uma regulamentação a definir, parece ser uma medida claramente insuficiente, na medida em que pode criar disparidades quanto à interpretação de "*risco baixo*", para efeitos deste artigo.

A comprovação dos elementos identificativos dos beneficiários efetivos do cliente, nos termos do nº 4 do art. 32º, efetua-se de acordo com o previsto no artigo 25º, sempre que: o cliente, os seus beneficiários efetivos, a relação de negócio ou operação representem um risco acrescido de branqueamento de capitais ou de financiamento do terrorismo; a qualidade de beneficiário ou beneficiários efetivos resulte do disposto na alínea c) do nº 1 do artigo 30º; se verifiquem as situações descritas no nº 2 do artigo seguinte; ou tal seja determinado por regulamentação setorial ou por decisão das autoridades setoriais competentes.

Nos termos do art. 31º, nº 1 e nº 4, as entidades obrigadas têm a obrigação de aferir a qualidade de beneficiário efetivo através de qualquer documento, medida ou diligência considerados idóneos e suficientes, em função do risco concreto identificado. Para estas aferições, devem ser adotadas todas as medidas suficientes, baseadas no risco, de forma a compreender a estrutura de propriedade e controlo do cliente, incluindo a recolha de documentos, dados ou informações fiáveis sobre a cadeia de participações ou de controlo.

Consulta ao Registo Central do Beneficiário Efetivo

As informações sobre os beneficiários efetivos são registadas no registo central do beneficiário efetivo, o qual é regulado pela Lei nº 89/2017, de 21 de Agosto (Regime Jurídico do Registo Central do Beneficiários Efetivo). O Registo Central de Beneficiário Efetivo (RCBE) é constituído por uma base de dados, com a informação suficiente, exata e atual sobre a pessoa ou as pessoas singulares que, ainda que de forma indireta ou através de terceiro, detêm a propriedade ou o controlo efetivo das entidades a ele sujeitas. É esta a definição que consta do art. 1º da Lei nº 89/2017. A entidade gestora do RCBE é o Instituto dos Registos e do Notariado.

As entidades obrigadas devem, nos termos do art. 34º, nº 2 da LBCFT, consultar as informações constantes do RCBE, bem como realizar essas consultas com periodicidade adequada aos riscos concretos identificados e, pelo menos, sempre que efetuem, atualizem ou repitam os procedimentos de identificação e diligência previstos na LBCFT. Estas entidades devem recolher prova das informações constantes do registo central do beneficiário efetivo ou um excerto do registo. As entidades devem fazer depender o estabelecimento/prosseguimento da relação de negócio, ou a realização da transação ocasional, da verificação do cumprimento da obrigação de registo no RCBE.

Neste âmbito cabe fazer uma distinção entre o conceito de relação de negócios e o conceito de transação ocasional. O art. 2º, nº 1, alínea ff), da Lei nº 83/2017, define como relação de negócios (como serão, por exemplo, a abertura de uma conta ou a realização de um contrato duradouro), qualquer relação de natureza empresarial, profissional ou comercial entre as entidades obrigadas e os seus clientes, que, no momento em que se estabelece, seja ou se preveja vir a ser duradoura, tendencialmente estável e continuada no tempo, independentemente do número de operações individuais que integrem ou venham a integrar o quadro relacional estabelecido.

Por sua vez, entende-se por transação ocasional, nos termos do art. 2º, nº 1, alínea hh), qualquer transação efetuada pelas entidades obrigadas fora do âmbito de uma relação de negócio já estabelecida, caracterizando-se, designadamente, pelo seu caráter expectável de pontualidade.

Por fim, as entidades obrigadas devem comunicar imediatamente ao Instituto de Registos e do Notariado, nos termos a estabelecer por este Instituto quaisquer desconformidades entre a informação constante do RCBE e a informação obtida no âmbito do cumprimento dos deveres previstos na LBCFT, bem como quaisquer outras omissões, inexatidões ou desatualizações que detetem no RCBE.

Por fim cabe referir que o art. 34º, nº 3 da LBFCT, refere expressamente que no caso de clientes, que sejam centros de interesses coletivos sem personalidade jurídica ou entidades cujos beneficiários efetivos, de acordo com a legislação especial a que se refere o nº 1, não sejam objeto de registo em território nacional, as entidades obrigadas obtêm do cliente uma declaração escrita com indicação da justificação legal para a não sujeição a registo ou, sempre que aplicável, as informações constantes de registo central de beneficiários efetivos ou de mecanismo equivalente estabelecido noutras jurisdições, quando o acesso pelas entidades obrigadas a tais mecanismos não seja possível ou não possa ser efetuado em tempo útil.

Nos termos do art. 3º da Lei nº 89/2017, de 21 de Agosto (Regime Jurídico do Registo Central do Beneficiários Efetivo), estão sujeitas ao RCBE as seguintes entidades:

a) As associações, cooperativas, fundações, sociedades civis e comerciais, bem como quaisquer outros entes coletivos personalizados, sujeitos ao direito português ou ao direito estrangeiro, que exerçam atividade ou pratiquem ato ou negócio jurídico em território nacional que determine a obtenção de um número de identificação fiscal (NIF) em Portugal;
b) As representações de pessoas coletivas internacionais ou de direito estrangeiro que exerçam atividade em Portugal;

c) Outras entidades que, prosseguindo objetivos próprios e atividades diferenciadas das dos seus associados, não sejam dotadas de personalidade jurídica;
d) Os instrumentos de gestão fiduciária registados na Zona Franca da Madeira (*trusts*);
e) As sucursais financeiras exteriores registadas na Zona Franca da Madeira.

Estão ainda sujeitos ao RCBE, quando não se enquadrem no número anterior, os fundos fiduciários[164] e os outros centros de interesses coletivos sem personalidade jurídica com uma estrutura ou funções similares, sempre que:

a) O respetivo administrador fiduciário (trustee), o responsável legal pela respetiva gestão ou a pessoa ou entidade que ocupe posição similar seja uma entidade obrigada na aceção da Lei nº 83/2017, de 18 de agosto;
b) Aos mesmos seja atribuído um NIF pela Autoridade Tributária e Aduaneira (AT), nos termos previstos no Decreto-Lei nº 14/2013, de 28 de janeiro;
c) Estabeleçam relações de negócio ou realizem transações ocasionais com entidades obrigadas na aceção da Lei nº 83/2017, de 18 de agosto;
d) O respetivo administrador fiduciário, o responsável legal pela respetiva gestão ou a pessoa ou entidade que ocupe posição similar, atuando em qualquer dessas qualidades, estabeleça relações de negócio ou realize transações ocasionais com entidades obrigadas na aceção da Lei nº 83/2017, de 18 de agosto; ou
e) Independentemente da circunstância da alínea anterior, as pessoas ali referidas estejam estabelecidas ou residam em Portugal.

[164] Nos termos do art. 3º, nº 5 da Lei nº 89/2017, consideram-se análogos a fundos fiduciários (trusts), os entes coletivos que apresentem, pelo menos, as seguintes características: a) Os bens constituem um património separado e não integram o património do seu administrador; b) O administrador ou quem represente o ente coletivo figura como titular dos bens; e c) O administrador está sujeito à obrigação de administrar, gerir ou dispor dos bens e, sendo o caso, prestar contas, nos termos das regras que regulam o ente coletivo.

Nos termos do nº 3 e do nº 4 do art. 3º da Lei nº 89/2017, quando um fundo fiduciário, ou centro de interesses coletivos sem personalidade jurídica similar não residente em Portugal, efetue a declaração de beneficiário efetivo em registo equivalente noutro Estado-Membro, pode invocar esse registo como dispensa de sujeição ao RCBE. A prova faz-se por exibição de certidão de registo, ou, quando as condições técnicas o permitirem, por consulta direta à informação do registo do Estado-Membro detentor da informação.

Avaliação Nacional de Riscos:

Outra matéria relevante no âmbito da LBFCT prende-se com a avaliação nacional de riscos. A condução das avaliações nacionais dos riscos de branqueamento de capitais e de financiamento do terrorismo cabe à Comissão de Coordenação das Políticas de Prevenção e Combate ao Branqueamento de Capitais e ao Financiamento do Terrorismo[165]. A esta cabe acompanhar e coordenar a identificação, avaliação e compreensão dos riscos de branqueamento de capitais e de financiamento do terrorismo a que Portugal se encontra ou se venha a encontrar exposto e coordenar a resposta nacional necessária à mitigação dos referidos riscos.

A análise nacional de riscos consiste na análise periódica dos riscos de branqueamento de capitais e financiamento do terrorismo. Os exercícios de avaliação e atualização visam contribuir para a formulação e para o ajustamento das políticas e dos planos de ação nacionais de prevenção e combate ao branqueamento de capitais e ao financiamento do terrorismo,

[165] Criada pela Resolução do Conselho de Ministros nº 88/2015. Esta Comissão encontra-se sob a dependência do Ministro das Finanças e tem por missão acompanhar e coordenar a identificação, avaliação e resposta aos riscos de branqueamento de capitais e de financiamento do terrorismo a que Portugal está ou venha a estar exposto, contribuindo para a melhoria contínua da conformidade técnica e da eficácia do sistema nacional de prevenção e combate ao branqueamento de capitais e ao financiamento do terrorismo. a referida Comissão avalia e propõe, numa base contínua, a adopção de políticas necessárias ao prosseguimento da estratégia nacional de prevenção e combate ao BC/FT, avalia a conformidade técnica e a eficácia do sistema nacional de prevenção e combate e propõe as medidas legislativas, regulamentares e operacionais necessárias para assegurar a boa execução da estratégia e das políticas nacionais, bem como a conformidade técnica e a eficácia do sistema nacional em face dos riscos identificados na Avaliação Nacional do Risco.

documentando possíveis alterações ou outras melhorias ao respetivo regime nacional e para identificar os setores ou as áreas que apresentem um nível de risco mais baixo ou mais elevado de branqueamento de capitais e ao financiamento do terrorismo, assinalando os concretos fatores de risco que contribuíram para a verificação daqueles níveis de risco.

Estes exercícios de avaliação e atualização visam também propor medidas de resposta proporcionais aos riscos concretos identificados, particularmente regras adequadas a cada setor ou área de atuação das entidades obrigadas e de domínios em que as entidades obrigadas devem adotar medidas simplificadas ou reforçadas, especificando o teor das respetivas propostas de medidas.

Estas normas dirigidas à atuação da Comissão de Coordenação[166], constantes do nº 3 do art. 8º da LBCFT, visam também identificar setores que estejam em risco de utilizações abusivas ao nível do branqueamento de capitais ou do financiamento do terrorismo e que não sejam abrangidos pela definição de entidades obrigadas, bem como auxiliar a distribuição e a atribuição de prioridades na afetação dos recursos próprios das autoridades competentes, contribuindo para melhorar eventuais avaliações de risco que as mesmas tenham efetuado, designadamente a nível setorial.

A existência de uma avaliação nacional de riscos visam também contribuir para melhorar as avaliações dos riscos de branqueamento de capitais e de financiamento do terrorismo realizadas pelas entidades obrigadas,

[166] A Resolução do Conselho de Ministros nº 88/2015 determina ainda que a Comissão é presidida por um secretário de Estado, designado pelo membro do Governo responsável pela área das finanças, e composta por um representante de cada uma das seguintes entidades: a) Ministério das Finanças; b) Ministério dos Negócios Estrangeiros; c) Ministério da Administração Interna; d) Ministério da Justiça; e) Ministério da Economia; f) Ministério da Solidariedade, Emprego e Segurança Social; g) Procuradoria-Geral da República; h) Secretário-Geral do Sistema de Segurança Interna; i) Polícia Judiciária; j) Guarda Nacional Republicana; k) Polícia de Segurança Pública; l) Serviço de Informações de Segurança do Sistema de Informações da República Portuguesa; m) Banco de Portugal; n) Comissão do Mercado de Valores Mobiliários; o) Autoridade de Supervisão de Seguros e Fundos de Pensões; p) Autoridade de Segurança Alimentar e Económica; q) Instituto de Registos e Notariado, I. P.; r) Instituto dos Mercados Públicos, do Imobiliário e da Construção, I. P.; s) Serviço de Regulação e Inspeção de Jogos do Turismo de Portugal, I. P.; t) Autoridade Tributária e Aduaneira; u) Ordem dos Advogados; v) Ordem dos Revisores Oficiais de Contas; w) Ordem dos Contabilistas Certificados; x) Ordem dos Solicitadores e dos Agentes de Execução; y) Coordenador da delegação portuguesa ao GAFI.

colocando informação pertinente à disposição destas, bem como avaliar as principais tendências e ameaças de branqueamento de capitais e de financiamento do terrorismo, bem como as vulnerabilidades às referidas ameaças do sistema nacional de prevenção e combate ao branqueamento de capitais e ao financiamento do terrorismo.

A avaliação de risco não invalida a realização de outras avaliações de risco realizadas pelas autoridades setoriais previstas na LBCFT ou por outras entidades com responsabilidades no domínio da prevenção e repressão do branqueamento de capitais e financiamento do terrorismo.

Nos termos do art. 8º, nº 4 da LBCFT, os exercícios de avaliação e atualização nacionais devem ter sempre em consideração os demais relatórios, e respetivas atualizações, que venham a ser disponibilizados pela Comissão Europeia sobre a identificação, análise e avaliação dos riscos relacionados com atividades transfronteiriças a que se encontra exposto o mercado interno da União Europeia. Caso a Comissão de Coordenação para a Prevenção e Combate do Branqueamento de Capitais e Financiamento do Terrorismo defenderem que não podem ou não devem ser adotadas tais recomendações, a mesma dever dar nota do facto e da respetiva justificação ao órgão governamental competente, o qual, por sua vez, transmite essa informação à Comissão Europeia.

Os exercícios de avaliação e atualização devem também relevar os pareceres, e respetivas atualizações, que venham a ser disponibilizados pelo Comité Conjunto das Autoridades Europeias de Supervisão sobre os riscos de branqueamento de capitais e de financiamento do terrorismo a que se encontra exposto o setor financeiro da União Europeia.

As autoridades setoriais têm como obrigação, na medida do possível, prestar à Comissão de Coordenação a colaboração e a informação necessárias à boa e expedita condução desses exercícios de avaliação, bem como ter em consideração toda a informação relevante para as respetivas atividades de supervisão ou fiscalização para efeitos de planificação e execução da respetiva atividade de supervisão ou fiscalização e da condução das avaliações de risco, de natureza setorial ou outra, que decidam promover.

As autoridades setoriais têm ainda o dever de disponibilizar prontamente às entidades obrigadas, de acordo com as respetivas áreas de competência e pelo modo mais expedito e adequado, quaisquer informações que facilitem as avaliações de risco de branqueamento de capitais e financiamento do terrorismo que sejam conduzidas por aquelas entidades.

Nos termos do art. 8º, nº 6 da LBCFT, as entidades devem disponibilizar à Comissão Europeia, às Autoridades Europeias de Supervisão e aos demais Estados-Membros: os resultados de cada exercício de avaliação e atualização; a informação relacionada com a estrutura institucional e procedimentos gerais do regime de prevenção e combate ao branqueamento de capitais e ao financiamento do terrorismo, incluindo a Unidade de Informação Financeira, a Autoridade Tributária e Aduaneira e a Procuradoria-Geral da República; na medida em que a informação esteja disponível, informação sobre recursos humanos e financeiros afetos ao combate ao branqueamento de capitais e ao financiamento do terrorismo.

A Comissão de Coordenação, após o termo de cada exercício de avaliação e atualização, faz publicar, através do portal previsto no artigo 121º da LBCFT ou de outra fonte acessível ao público em geral, um relatório sumário do respetivo exercício, contendo informação de interesse geral.

Cumpre referir que o art. 10º da LBCFT estabelece garantias em matéria de proteção de dados pessoais. Se se suscitarem preocupações em matéria de proteção de dados pessoais, a Comissão de Coordenação dá conhecimento das mesmas à Comissão Nacional de Proteção de Dados (CNPD), a qual se pronuncia sobre elas no prazo de 30 dias a contar da comunicação. Findo este prazo, aquela comissão de coordenação deve prevenir as medidas necessárias à salvaguarda da eficácia do sistema nacional de prevenção e combate ao branqueamento de capitais e financiamento de terrorismo.

É ainda de salientar que o art. 102º, nº 1 da LBCFT estabelece que as autoridades setoriais têm um dever de supervisão e fiscalização de acordo com os riscos de branqueamento de capitais e de financiamento do terrorismo existentes.

A avaliação do risco é ainda essencial aquando da concessão/revogação de autorização de exercício ou outra habilitação de que dependa o exercício de profissão ou atividade abrangida pela LBCFT, nos termos dos seus art. 109º, nº 1 e art. 110º, nº 1. A consideração que é feita na avaliação dos riscos é também relevante para efeitos de avaliação de competência e idoneidade das pessoas que ocupem funções de direção nas entidades obrigadas, nos termos do art. 111º da LBCFT.

Gestão de Riscos

A gestão de riscos está enquadrada num sistema de controlo de uma empresa[167]. No âmbito da gestão de riscos importa considerar o nº 2 do art. 14º da LBCFT, que incumbe à entidade obrigada identificar os riscos de BC/FT associados à sua atividade, tendo em conta a natureza, à dimensão e complexidade da sua atividade, bem como os seus clientes, às de negócio, produtos, serviços e operações disponibilizados.

Para além disso as entidades obrigadas devem considerar os riscos associados aos canais de distribuições dos produtos e serviços em questão. Outro aspeto que é muito importante é o risco associado aos países ou territórios de origem dos clientes da entidade, ou do seu domicílio ou ainda onde estes desenvolvem a sua atividade. Para além do que foi dito, cabe às entidades obrigadas identificar os riscos quanto aos países ou territórios em que a entidade obrigada opera, direta ou indiretamente através de terceiros, pertencentes ao não ao mesmo grupo económico.

As entidades obrigadas, devem no âmbito da sua atividade, determinar o grau de probabilidade e de impacto que cada risco identificado, tendo em atenção o fim da relação negocial, bem como os meios utilizados para efeito. As entidades devem adotar os meios e procedimentos adequados de forma a mitigar os riscos identificados. Estes devem ser revistos com uma periodicidade suficientemente adequada, para garantir o cumprimento cabal das exigências normativas decorrentes das atualizações legislativas.

As entidades obrigadas encontram-se ainda adstritas, a conservar documentos escritos, que comprovem a identificação dos riscos, bem como a forma como estes foram avaliados e geridos. Para o efeito, as entidades devem ter uma política que monitore estes riscos e devem demonstrar como monitorizam a sua adequação e eficácia.

A gestão do risco empresarial é um processo que permite identificar, avaliar, gerir e controlar potenciais eventos ou situações que forneçam uma segurança razoável de que os objetivos da organização sejam alcançados. O objetivo desta gestão é quantificar, na medida do possível, a existência de eventuais riscos que possam ocorrer. Podemos identificar alguns tipos de riscos. O primeiro risco é considerado histórico, na medida em que se trata

[167] Christoph Van der Elst e Marijn van Daelen, "Risk Management in European and American Corporate Law", *ECGI – Law Working Paper* nº 122, 2009.

de acontecimentos cuja probabilidade de ocorrência se podem determinar com base eventos anteriores. Aqui a história de eventos anteriores serve como elemento de aprendizagem para mitigação de eventos futuros.

É possível também calcular um risco quanto à sua incerteza, onde estão em causa fatores externos, alheios à empresa, como é o caso dos riscos políticos, sociais, económicos, do mercado ou da concorrência. A incerteza obriga a que empresa tenha uma especial atenção, devendo ter uma flexibilidade estratégica e organizacional de forma, a mitigar eventuais riscos externos. Não nos podemos esquecer que, porventura, os fatores externos mais relevantes para uma empresa são as alterações legislativas que alteram o normal funcionamento de uma organização.

Desta forma, devem as empresas adaptarem-se à nova realidade, adaptando também os seus sistemas de controlo de procedimentos e a sua gestão de riscos.

Para além dos riscos que podem ser identificados, tendo em conta fatores históricos e incertos, existem também riscos que podem ser calculados com base na aleatoriedade. Neste caso, estamos perante acontecimentos cuja ocorrência é aleatória, não existindo um padrão definido. Pense-se no caso de uma catástrofe natural, de uma pandemia, entre outros. Embora a probabilidade de a ocorrência destes riscos ser muito baixa, o seu impacto pode ser catastrófico, na medida em que pode comprometer a existência de uma empresa. Basta pensar no impacto do Covid-19 para retirarmos as devidas ilações. Embora não se possa eliminar um risco desta natureza, o que devem existir, são planos de contingência de forma a mitigar na medida do possível, o impacto destes eventos na estrutura empresarial.

Por exemplo, existem também os riscos geográficos, na medida em que cada país está associado com uma categoria de risco. Um dos indicadores a utilizar pode ser o Índice de Percepção de Corrupção (IPC)[168]. Outros fatores de risco são mais conhecidos, como é o caso dos riscos associados

[168] Este índice é realizado pela Transparency International, uma ONG alemã fundada em 1993 e abrange 180 países; A Lei nº 83/2017 que estabelece as medidas de combate ao branqueamento de capitais e ao financiamento do terrorismo, tem no seu art. 37º um artigo dedicado aos países terceiros de risco elevado. O Grupo de Acção Financeira Internacional (GAFI) procede, três vezes por ano, à identificação dos países com frágeis medidas de combate ao BC/FT ("jurisdições de elevado risco e não cooperantes"), em dois documentos públicos que divulga na sua página na internet. Atualmente, em Dezembro de 2020, os países de riscos são: Afeganistão, Bósnia e Herzegovina, Etiópia, Guiana, Iémen, Iraque, Irão, Paquistão, República

aos negócios transacionados entre as partes, bem como os próprios sujeitos envolvidos e terceiros. Os fatores que influenciam os negócios e terceiros dependem do modelo de negócio de cada parte, da lei local ou das leis internacionais que possam regular a atividade da organização. Além destas, as funções exercidas por um determinado sujeito são também importantes para identificar os potenciais riscos associados. Os riscos associados à atividade de um líder da empresa (*gatekeeper*) são muito diferentes de outros sujeitos abaixo numa linha de hierarquia[169].

Na prática como é que pode ser feita esta gestão de riscos? Com base na organograma da empresa deve ocorrer a identificação das funções críticas desempenhadas por cada departamento. Depois, dentro desse departamento, o responsável pela gestão de riscos deve conversar com uma parte considerável das pessoas pertencentes àquele departamento de forma a identificar os riscos associados ao exercício das suas funções. Estas conversas/entrevistas são muito importantes, na medida em que permitem ao gestor de riscos identificar, para além daquilo que é o seu normal conhecimento, outras situações que podem representar riscos.

O *insight* dado pelos colaboradores dos demais departamentos específicos é assim crucial para compreender os riscos associados às suas funções. Não nos podemos esquecer que dentro de um determinado risco podem existir outros riscos associados e que estes devem ser ponderados. A gestão de riscos não serve para eliminar os riscos na sua totalidade, servindo sim, para minimizar os seus efeitos. A identificação destes eventos é crucial para o futuro da empresa.

Por exemplo, os riscos associados a uma empresa de aviação são totalmente diferentes de uma instituição financeira. Os riscos de uma empresa variam consoante a sua atividade, a dimensão, a rentabilidade, a produtividade, os valores, entre outros. Todos estes fatores têm de ser ponderados de forma a mitigar, não só a existência de riscos como também os seus efeitos. Depois de identificados os riscos, estes deverão ser atualizados na sua globalidade, pelo menos, uma vez por ano. No entanto, existem riscos que irão necessitar de serem revistos com uma maior periodicidade.

Democrática Popular do Laos, Síria, Sri Lanka, Trindad e Tobago, Tunísia, Vanuatu, Uganda e Coreia do Norte.

169 Michele Beardslee DeStefano, "Creating a Culture of Compliance: Why Departmentalization May Not Be the Answer", *Hastings Business Law Journal*, Vol. 10, p. 71, 2014.

Cabe à administração das empresas a implementação de medidas que possam garantir as gestões de riscos, através de planos de ação dirigidos a um departamento específico. A administração pode assim designar um gestor de riscos para o cumprimento desta função. Caberá a este último a criação de mecanismos que permitam detetar a probabilidade de acontecimentos de riscos. A gestão de riscos torna-se assim um instrumento que auxilia a prossecução dos objetos da organização.

O crescimento de uma empresa não se faz sem riscos associados e por vezes criam-se oportunidades de negócio com a origem de determinados riscos. Nesta medida, uma gestão de riscos sã e prudente é uma mais-valia para qualquer organização. Com isto, pode resumir-se que o responsável pela gestão de riscos deve fazer a sua identificação dos eventos de risco, devendo dar-lhes o tratamento adequado, minimizando os seus efeitos. O risco depois de identificado e avaliado dever ser eliminado ou reduzido, coberto ou partilhado, ser aceite ou ser evitado. O modo concreto de tratamento dos riscos irá assim variar consoante o caso em concreto. A gestão dos riscos pode, e em nossa opinião deve, ser realizada através de uma *due diligence* cujos resultados deverão corresponder ao que aludimos em capítulo anterior dedicado ao tema.

Importa ainda salientar outros riscos que podem desencadear diversos problemas legais. Um dos quais prende-se com os meios de pagamento. Nestes termos, um destes riscos são os pagamentos de facilitação. Estamos perante pequenos subornos com a intenção de assegurar ou acelerar a execução de uma ação rotineira ou necessária, a que a parte que fez o pagamento tem direito. Desde logo, este tipo de pagamentos pode consubstanciar um crime de corrupção, na medida em que são pagamentos de baixo valor, o que geralmente não levanta muitas suspeitas da prática de crime devido ao seu valor residual.

Defendemos que no âmbito de uma relação contratual, podem as empresas incluir nos contratos, cláusulas que estabeleçam quais os meios e as formas de pagamento das transações que possam ocorrer. As empresas podem ainda exigir a identificação dos titulares das contas para quem vão realizar o pagamento e podem também, solicitar a emissão de uma fatura ou recibo relativamente aos valores pagos. As empresas devem também evitar realizar pagamentos em dinheiro.

As entidades obrigadas prestam especial atenção aos riscos de BC/FT que possam derivar da oferta de produtos ou operações suscetíveis de favorecer o anonimato. Outros dos riscos que as empresas podem ter prende-se com as gratificações e com o grau de hospitalidade. Tal como os pagamentos de facilitação, as gratificações e a hospitalidade podem servir para a realização de pequenos subornos.

O ordenamento jurídico português não proíbe as gratificações, admitindo-as nos casos em que estas sejam razoáveis e que não sejam suficientes para violar regras concorrências ou prejudicar terceiros. As empresas podem adotar um regime que limite a extensão da sua hospitalidade e gratificação, impondo, por exemplo, um limite máximo do seu valor.

Sugere-se que as empresas possam dispor de questionários a serem preenchidos por quem efetuar estas gratificações ou quem ofereça hospitalidade. Estes questionários devem servir para aferir a intenção da gratificação ou hospitalidade, e se este é comummente aceite no setor da atividade que a empresa desenvolve. As gratificações e a hospitalidade não podem servir para influenciar o comportamento de quem as recebe.

O que se quer dizer é que as gratificações são permitidas, mas limitadas. Estes meios devem servir para cimentar relações entre as partes e não para garantir negócios ou vantagens patrimoniais. Será por exemplo normal, um administrador oferecer a título de gratificação uma garrafa de vinho a um conjunto de funcionários de forma a premiar o seu trabalho. A título de exemplo, já não será considerada uma gratificação adequada, por parte de um funcionário de uma empresa, a oferta de umas férias num hotel e destino de luxo a alguém que trabalhe nas Finanças. Será recomendável que as empresas conservem as faturas respeitantes aos gastos realizados para efeitos de gratificações ou hospitalidade.

Os patrocínios podem também ser uma forma de corrupção e de lavagem de dinheiro. Por isso, estes devem ser devidamente definidos e acautelados pelas empresas patrocinadoras. Tais contratos não devem servir para exercer pressão ou influência junto dos patrocinados. Não devem estas servir como uma "*forma de associação empresarial camuflada. A atribuição de patrocínios deverá ser sempre transparente, rigorosa, coerente e mantida dentro dos limites razoáveis do comum e socialmente aceite*"[170]. É preciso um especial cuidado no patrocínio de causas políticas.

[170] Filipa Marques Júnior e João Medeiros, "A elaboração de programas de *compliance*", *Estudos sobre Law Enforcement, Compliance e Direito Penal*, 2ª Edição, Almedina, 2018, p. 146.

É ainda importante notar que, dentro das questões relacionadas com a gestão de risco, as entidades obrigadas monitorizam, através de avaliações periódicas e independentes, a qualidade, adequação e eficácia das suas políticas e dos seus procedimentos e controlos em matéria de prevenção do BC/FT. A avaliação de eficácia da gestão do risco deve ser assegurada, como dispõe o art. 17º, nº 2 da LBCFT, de forma independente pela função de auditoria interna, por auditores externos ou por uma entidade terceira devidamente qualificada, tendo em conta a natureza, dimensão e complexidade da atividade prosseguida pelas entidades obrigadas.

Caso sejam encontradas deficiências ou anomalias, as entidades obrigadas têm o dever reforçar as políticas e os procedimentos e controlos, através da adoção das medidas corretivas necessárias à remoção das deficiências. Os resultados das avaliações devem ser reduzidos a escrito, sendo conservados nos termos previstos no artigo 51º e colocados, em permanência, à disposição das autoridades setoriais, conforme dispõe o art. 17º, nº 4 da LBCFT.

As entidades obrigadas aplicam ainda, nos termos do art. 18º da LBCFT, as ferramentas ou os sistemas de informação necessários à gestão eficaz do risco de BC/FT. Estas devem permitir o registo dos dados identificativos e demais dados dos clientes, bem como os seus representantes legais e beneficiários efetivos. A atualização destes dados é ainda obrigatória. Estes sistemas de informação devem permitir a definição e atualização do perfil de risco, não só dos clientes, mas também das relações de negócio.

Deve também ser possível permitir a detenção da qualidade de pessoas politicamente expostas (PEP) ou titulares de outros cargos públicos, bem como de outra qualidade que obrigue a intervenção de superiores hierárquicos. Quando exista um risco acrescido de BC/FT, devem ser implementadas medidas reforçadas nos termos do art. 36º da LBCFT.

Os sistemas de informação necessários à gestão eficaz do risco de branqueamento de capitais e de financiamento do terrorismo devem ainda permitir, nos termos do art. 18º, nº 2, alínea g), a deteção de quaisquer pessoas ou entidades identificadas em medidas restritivas, designadamente as que decorram de resolução do Conselho de Segurança das Nações Unidas ou de regulamento da União Europeia. Veremos ainda adiante, quando retrataremos as medidas reforçadas, que existem situações onde é necessária a intervenção de um superior hierárquico para o desbloqueio do estabelecimento ou prosseguimento de uma relação ou transação negocial.

Ainda no âmbito da gestão de riscos, as entidades obrigadas devem aplicar, nos termos do art. 19º da LBCFT, os procedimentos ou sistemas de informação adequados e baseados no risco que permitam aferir ou detetar as qualidades de "pessoa politicamente exposta", "membro próximo da família" e "pessoa reconhecida como estreitamente associada", antes de estabelecer uma relação negocial, ou se, no decurso da mesma, ocorra uma aquisição superveniente das qualidades acima enunciadas. Nos termos do nº 6 do referido artigo, estes procedimentos são aplicáveis às relações de negócio e às transações ocasionais relativamente a qualquer:

a) Cliente;
b) Representante do cliente;
c) Beneficiário efetivo do cliente;
d) Beneficiário de contrato de seguro do ramo Vida; ou
e) Beneficiário efetivo do beneficiário do contrato referido na alínea anterior, quando aplicável.

Pessoa Política Exposta (PEP)

Para efeitos do art. 2º, nº 1, alínea cc) da LBCFT, entende-se por política politicamente exposta (PEP), as pessoas singulares que desempenham, ou desempenharam nos últimos 12 meses, em qualquer país ou jurisdição, as seguintes funções públicas proeminentes de nível superior:

i) Chefes de Estado, chefes de Governo e membros do Governo, designadamente ministros, secretários e subsecretários de Estado ou equiparados;
ii) Deputados ou outros membros de câmaras parlamentares;
iii) Membros do Tribunal Constitucional, do Supremo Tribunal de Justiça, do Supremo Tribunal Administrativo, do Tribunal de Contas, e membros de supremos tribunais, tribunais constitucionais, de contas e de outros órgãos judiciais de alto nível de outros Estados e de organizações internacionais;
iv) Representantes da República e membros dos órgãos de governo próprio de regiões autónomas;
v) Provedor de Justiça, Conselheiros de Estado, e membros da Comissão Nacional da Proteção de Dados, do Conselho Superior da Magistratura, do Conselho Superior dos Tribunais

Administrativos e Fiscais, da Procuradoria-Geral da República, do Conselho Superior do Ministério Público, do Conselho Superior de Defesa Nacional, do Conselho Económico e Social, e da Entidade Reguladora para a Comunicação Social;

vi) Chefes de missões diplomáticas e de postos consulares;

vii) Oficiais Generais das Forças Armadas e da Guarda Nacional Republicana (GNR) em efetividade de serviço, bem como os Superintendentes-Chefes da Polícia de Segurança Pública (PSP);

viii) Presidentes e vereadores com funções executivas de câmaras municipais;

ix) Membros de órgãos de administração e fiscalização de bancos centrais, incluindo o Banco Central Europeu;

x) Membros de órgãos de administração e de fiscalização de institutos públicos, fundações públicas, estabelecimentos públicos e entidades administrativas independentes, qualquer que seja o modo da sua designação;

xi) Membros de órgãos de administração e de fiscalização de entidades pertencentes ao setor público empresarial, incluindo os setores empresarial, regional e local;

xii) Membros dos órgãos executivos de direção de partidos políticos de âmbito nacional ou regional;

xiii) Diretores, diretores-adjuntos e membros do conselho de administração ou pessoas que exercem funções equivalentes numa organização internacional.

Membro Próximo da Família

Em relação à qualidade de "membro próximo da família", são considerados, nos termos do art. 2º, nº1, alínea w) da LBCFT:

i) O cônjuge ou unido de facto de pessoa politicamente exposta;

ii) Os parentes e afins em 1º grau, na linha reta ou na linha colateral, da pessoa politicamente exposta;

iii) Os unidos de facto dos parentes da pessoa politicamente exposta referidos na subalínea anterior, na medida em que não beneficiam do estatuto de afinidade;

iv) As pessoas que, em outros ordenamentos jurídicos, ocupem posições similares.

Pessoas reconhecidas como estreitamente associadas de PEP

Por fim, as pessoas reconhecidas como estreitamente associadas, são definidas, nos termos do art. 2º, nº 1, alínea dd) da LBCFT:

i) Qualquer pessoa singular, conhecida como comproprietária, com pessoa politicamente exposta, de uma pessoa coletiva ou de um centro de interesses coletivos sem personalidade jurídica;
ii) Qualquer pessoa singular que seja proprietária de capital social ou detentora de direitos de voto de uma pessoa coletiva, ou de património de um centro de interesses coletivos sem personalidade jurídica, conhecidos como tendo por beneficiário efetivo pessoa politicamente exposta;
iii) Qualquer pessoa singular, conhecida como tendo relações societárias, comerciais ou profissionais com pessoa politicamente exposta.

Titulares de Outros Cargos Políticos ou Públicos

São consideradas como "titulares de outros cargos políticos ou públicos", as pessoas singulares que desempenham, ou desempenharam nos últimos 12 meses e em território nacional, algum dos seguintes cargos:

- Os membros de órgão representativo ou executivo de área metropolitana ou de outras formas de associativismo municipal;
- Quando não determinem a qualificação do respetivo titular como pessoa politicamente exposta, os:

  - Gestores públicos e membros de órgão de administração de sociedade anónima de capitais públicos, que exerçam funções executivas;
  - Titulares de órgão de gestão de empresa participada pelo Estado, quando designados por este;
  - Membros de órgãos de gestão das empresas que integram os sectores empresarial regional ou local;
  - Membros de órgãos diretivos dos institutos públicos;
  - Membros do conselho de administração de entidade administrativa independente;

- Titulares de cargos de direção superior do 1º grau e do 2º grau, e equiparados, e dirigentes máximos dos serviços das câmaras municipais e dos serviços municipalizados, quando existam;
- Os chefes de gabinete dos membros dos governos da República e regionais;
- Os representantes ou consultores mandatados pelos governos da República e regionais em processos de concessão ou alienação de ativos públicos.

Nos termos do art. 19º, nº 4 da LBCFT, após a cessação de qualquer uma das qualidades de "pessoa politicamente exposta", "membro próximo da família" e "pessoa reconhecida como estreitamente associada", as entidades obrigadas devem adotar procedimentos que possam aferir se os seus clientes continuam a representar um risco acrescido de BC/FT, em função do respetivo perfil e da natureza das operações desenvolvidas, tanto antes, como após a referida cessação. Tal como decorre do nº 5 do referido artigo, que a periodicidade dos procedimentos não pode ser, caso subsista a relação negocial, ser superior a um ano.

Plataformas de Denúncia

Nos termos do art. 20º da LBCFT, as entidades obrigadas têm o dever de criar canais específicos, independentes e anónimos que internamente assegurem, de forma adequada, a receção, o tratamento e o arquivo das comunicações de irregularidades relacionadas com eventuais violações à presente lei, à regulamentação que a concretiza e às políticas e aos procedimentos e controlos internamente definidos em matéria de prevenção do BC/FT.

Estes canais devem ser proporcionais à natureza e dimensão da entidade obrigada. Os responsáveis pela gestão do risco devem garantir a confidencialidade das comunicações recebidas e a proteção dos dados pessoais do denunciante e do suspeito da prática da infração, nos termos do RGPD, e demais legislação de proteção de dados[171].

[171] W. Gregory Voss, "Internal Compliance Mechanisms for Firms in the EU General Data Protection Regulation", 50 (3) *Revue juridique Thémis de l'Université de Montréal* (RJTUM) 783-820, 2018.

Se o *compliance officer* receber alguma denúncia através destas plataformas, este tem o dever de a comunicar ao órgão de fiscalização. No caso de não ter sido nomeado um órgão de fiscalização, este deve comunicar a denúncia ao órgão de administração, nos termos do art. 20º, nº4 da LBCFT.

Defendemos que o *compliance officer* deve, por razões de transparência, efetuar a comunicação tanto ao órgão de fiscalização (caso este exista) e ao órgão de administração. As comunicações que ocorrerem através das plataformas de denúncia devem ser conservadas nos termos previstos no artigo 51º da LBCFT e devem ser colocadas, em permanência, à disposição das autoridades setoriais.

Nos termos do nº 6 do art. 20º da LBCFT, as entidades obrigadas abstêm-se de quaisquer ameaças ou atos hostis e, em particular, de quaisquer práticas laborais desfavoráveis ou discriminatórias contra quem recorra às plataformas de denúncias, não podendo tais comunicações, por si só, servir de fundamento à promoção pela entidade obrigada de qualquer procedimento disciplinar, civil ou criminal relativamente ao autor da comunicação, exceto se as mesmas forem deliberada e manifestamente infundadas.

Existem diversos tipos de canais de denúncias, como são por exemplo, as cartas, os e-mails, as linhas telefónicas, as plataformas web, e até canais mais recentes como o *whistleblowing*[172]. Segundo NUNO BRANDÃO, "*whistleblowing é o termo, de origem norte-americana, com que, há longo tempo, é cunhada a atividade daquele que sinaliza um comportamento ilegal ou irregular ocorrido no quadro de uma organização, pública ou privada, com a qual tem ou teve algum vínculo*"[173].

O *whistleblowing* é assim uma divulgação interna ou externa, realizada no interesse público, por parte de um funcionário ou de uma pessoa externa (denominado: denunciante ou *whistleblower*), de irregularidades, negligência ou abusos dentro das atividades de uma organização, órgão governamental ou empresa, ou ainda de um dos seus parceiros de negócios,

[172] Sobre a implicação do "Panama Papers", o caso mais célebre de whistleblowing *vide* LAWRENCE J. TRAUTMAN, "Following the Money: Lessons from the Panama Papers, Part 1: Tip of the Iceberg", *121 Penn St. L. Rev. 807*, (2017); ROBERT W. MCGEE, "The Panama Papers: A Discussion of Some Ethical Issues", *Journal of Insurance and Financial Management* 3(3): 1-41 (2017).

[173] NUNO BRANDÃO, "O whistleblowing no ordenamento jurídico português", *Revista do Ministério Público*, nº 161, Janeiro-Março 2020, pp. 99 a 113.

que ameaçam o interesse público ou a integridade e reputação da organização em questão.

Estes canais de denúncias devem, além de servirem o propósito de denunciar comportamentos ilegais ou contrários aos regulamentos das empresas, servir como dissuasores de futuros comportamentos erróneos. Estes canais são assim muito importantes para reduzir os riscos do *compliance*.

Por exemplo, a instituição de um canal de denúncias através de uma plataforma *web* também comporta diversas vantagens. Desde logo, esta plataforma *web* pode ser separada e protegida de forma a não ter qualquer ligação aos sistemas informáticos da organização que recebe a denúncia. É necessário, no entanto, a divulgação de um Regulamento para o canal de denúncias que explique o funcionamento e demonstre o compromisso da garantia de anonimato e de confidencialidade, assim como a proteção de quem efetuou a denúncia. Seja qual for o canal de denúncias aplicável, este deve cumprir as demais exigências constantes do Regime Geral de Proteção de Dados (RGPD).

Quanto à questão de saber em que casos se deve recorrer a uma plataforma de denúncias, podemos identificar todos os casos em que um colaborador, parceiro, prestador de serviços ou fornecedor, identifique no âmbito da sua colaboração, um comportamento que lhe pareça não estar em conformidade com a lei ou com os princípios éticos, especialmente, nos casos de corrupção, fraude, conflitos de interesses e com os princípios de responsabilidade social.

Estas plataformas podem ser acedidas de formas diferentes, dependendo da forma como foram concebidas. Na prática, todas as organizações parceiras, prestadoras, fornecedoras, devem poder conectar-se à plataforma, através da internet, em qualquer momento ou local, a partir de qualquer dispositivo, seja ele profissional ou pessoal, através de um link ou de um *QR-Code* definidos e comunicados para o efeito.

Em termos do funcionamento da plataforma de denúncias, o regulamento da empresa deve prever a figura do anonimato e deve ser assegurada a confidencialidade e a segurança das comunicações. O denunciante deverá ter a oportunidade de poder fornecer todas as informações necessárias quanto à denúncia que quer relatar, bem como a data e o local onde os factos ocorreram ou continuam a ocorrer, bem como deverá ter a possibilidade de anexar documentos ou ficheiros de áudio e vídeo que possam servir de fundamento para a sua denúncia.

A informação prestada pelo denunciante deverá ser a mais minuciosa possível, devendo este abster-se de prestar conteúdos vagos e abstratos, tendo em conta que a denúncia cria uma suspeição perante um sujeito ou uma situação. O denunciante deverá sempre que possível, identificar o: onde; quando; quem; como; quantas vezes; etc. O denunciante deverá ser sempre protegido contra eventuais tentativas de retaliação caso se venha a apurar a identidade deste. O denunciante deve, sempre que efetua uma denúncia, agir de boa-fé.

De forma que a denúncia seja efetivamente tratada, o denunciante deverá poder acompanhar o tratamento e aceder à sua resposta. O diálogo entre o denunciante e a entidade/sujeito que trata a denúncia deverá manter-se em anonimato até que se consiga apurar os factos que são alvo de denúncia. A pessoa colocada em causa deve ser informada da denúncia de que lhe diz respeito, mas não da identidade de quem a efetuou.

O canal de denúncias não deve servir como um repositório de injúrias ou difamação, devendo ser utilizada para fins de alerta de situações ilegais ou irregulares ocorridas, ou que estão a ocorrer numa determinada organização, seja ela pública ou privada. Defendemos que o *compliance* deverá criar mecanismos de proteção da identidade do denunciante, no entanto, gostaríamos de salientar que, em nossa opinião, este deveria ser responsabilizado sempre que haja de má-fé ou que utilize os canais de denúncia para fins contrários aos que se destinam. O canal de denúncias também não deverá ser utilizado pelo denunciante como uma linha de reclamações.

Deveres Gerais

A LBCFT enuncia diversos deveres gerais, estando estes elencados no seu art. 11º. De acordo com a presente lei, as entidades obrigadas estão sujeitas, na sua atuação, ao cumprimento dos seguintes deveres preventivos: *a) Dever de controlo; b) Dever de identificação e diligência; c) Dever de comunicação; d) Dever de abstenção; e) Dever de recusa; f) Dever de conservação; g) Dever de exame; h) Dever de colaboração; i) Dever de não divulgação; j) Dever de formação.*

O nº 2 do referido artigo estabelece ainda que a extensão dos deveres de controlo (alínea a), de identificação e diligência (alínea b) e de formação (alínea j), devem ser proporcionais à dimensão, complexidade e natureza das entidades obrigadas e das atividades que estas prosseguem, tendo em consideração as características e as necessidades específicas das entidades obrigadas de menor dimensão. Aqui, o legislador socorre-se de um critério de proporcionalidade aquando da exigência e extensão dos deveres.

Dever de Controlo

Os deveres de controlo encontram-se previstos nos arts. 12º e ss. da LBCFT. É dever das entidades obrigadas, definir e assegurar que os seus sistemas de controlo são adequados a uma gestão eficaz dos riscos de branqueamento de capitais e de financiamento do terrorismo, bem como são adequados a garantir o cumprimento cabal das normas legais em vigor. As entidades obrigadas devem também assegurar, tal como dispõe o art. 21º da LBCFT, o cumprimento das medidas restritivas de congelamento de bens e recursos económicos, adotadas pelo Conselho de Segurança das Nações Unidas ou pela União Europeia e relacionadas com o terrorismo, com a proliferação de armas de destruição em massa e com o respetivo financiamento.

As políticas e procedimentos adotados devem ser proporcionais à natureza, dimensão e complexidade da entidade obrigada, o que significa que nem todas as entidades obrigadas devem adotar as mesmas políticas, procedimentos e controlos preventivos do BC/FT. As diversas alíneas do nº 2 do art. 12º, enunciam as exigências mínimas que os sistemas de controlo devem cumprir.

Assim, as políticas e procedimentos destes sistemas devem garantir a existência de um modelo eficaz de gestão de risco, visando a identificação, avaliação e mitigação dos riscos que consubstanciem uma exposição a eventuais questões relacionadas com o branqueamento de capitais e financiamento do terrorismo. As entidades obrigadas devem também cumprir escrupulosamente os demais deveres preventivos em matéria de aceitação de clientes[174]. As entidades obrigadas devem definir programas adequados de formação contínua dos colaboradores. Estas entidades devem ainda proceder à nomeação de um responsável pelo controlo do cumprimento do quadro normativo.

[174] Sobre o dever de conhecimento do cliente no âmbito da intermediação financeira *vide* André Alfar Rodrigues, *Deveres e Responsabilidade do Intermediário Financeiro*, Almedina, 2020, pp. 53 e ss.

Ainda nos termos do nº 2 do art. 12º da LBCFT, as entidades obrigadas devem ainda, pelo menos, garantir a criação de sistemas e processos formais de captação, tratamento e arquivo da informação que suportem, de forma atempada, a análise e a tomada de decisões pelas estruturas internas relevantes, em particular no que se refere à monitorização de clientes e operações e ao exame de potenciais suspeitas; ao exercício dos deveres de comunicação e de colaboração e; à instituição de canais seguros que permitam preservar a total confidencialidade dos pedidos de informação, sempre que aplicável.

Outro requisito que as entidades obrigadas devem preencher é de disponibilizar uma informação atualizada e acessível sobre as respetivas normas internas de execução, aos seus colaboradores. É ainda requisito obrigatório, nos termos da citada norma do LBCFT, que as entidades tenham parâmetros adequados para garantir a aplicação de elevados padrões no processo de contratação de colaboradores que desempenham funções nesta área. As entidades obrigadas estão ainda adstritas a criar mecanismos de controlo da atuação destes colaboradores.

São ainda obrigações destas entidades, a definição de ferramentas ou sistemas de informação adequados, bem como a implementação de medidas que permitam aferir com regularidade a sua qualidade, adequação e eficácia, através do estabelecimento, quando aplicável de auditoria independente.

Ainda são previstas outras duas obrigações aquando dos sistemas de controlo. A primeira é a definição de meios adequados que permitam aos colaboradores, independentemente da natureza do seu vínculo, comunicarem através de um canal específico, e de forma anónima, possíveis violações à lei, regulamentos, políticas, procedimentos ou controlo internamente definidos. A última obrigação prende-se em matéria de tratamento de dados pessoais, dos quais nos debruçaremos num capítulo próprio.

Cabe ao órgão de administração das entidades obrigadas, nos termos do art. 13º da LBCFT, aprovar, aplicar e manter atualizadas, as políticas e os procedimentos e controlos em matéria de BC/FT. É imperativo que os membros que compõem o órgão de administração tenham o conhecimento adequado da existência dos riscos de BC/FT a que a entidade obrigada se encontra exposta.

Para além do que foi dito, devem os seus membros terem conhecimento dos processos utilizados para identificar, avaliar, acompanhar e mitigar esses riscos. Para que tal seja possível, deve ser assegurada a existência de uma estrutura organizacional que promova a separação de funções no seio da organização, evitando, na medida do possível, a ocorrência de conflitos de interesses.

É ainda essencial que o órgão de administração promova a ética corporativa, abrangendo todos os colaboradores afetos a atividades de prevenção do BC/FT que seja sustentada nos mais elevados padrões de ética e de integridade, devendo para o efeito estabelecer códigos de condutas apropriados. É muito importante que as entidades obrigadas tenham um adequado "*tone at the top*".

A LBCFT exige, através do art. 13º, nº 2, alínea e), que seja designado um responsável pelo cumprimento normativo que deve assegurar o cumprimento das políticas de BC/FT. O O responsável pelo cumprimento normativo é tradicionalmente designado de *compliance officer* ou *chief compliance officer* (CCO). É também dever de o órgão de administração acompanhar a atividade dos demais membro da direção de topo bem como deve acompanhar e avaliar periodicamente a eficácia das política e procedimentos dos sistemas de controlo interno.

O órgão de administração deve, nos termos do art. 13º, nº 3 da LBCFT, abster-se de interferir no exercício do dever de comunicação de operações suspeitas, sempre que, no cumprimento do dever de exame que o antecede, se conclua pela existência de potenciais suspeitas.

Assim, podemos verificar que o dever de controlo se encontra associado à gestão de riscos, cujo desenvolvimento já mereceu a nossa melhor atenção em capítulo próprio.

Dever de identificação e diligência

Dever de identificação

O dever de identificação e diligência, tal como definem JORGE BACELAR GOUVEIA e JÚLIO ELVAS PINHEIRO, "*apresenta-se como um dos mais importantes deveres do catálogo definido na Lei nº 83/2017, estruturando decisivamente o modus operandi do combate ao BC/FT*"[175].

[175] JORGE BACELAR GOUVEIA e JÚLIO ELVAS PINHEIRO, *Branqueamento de Capitais e Beneficiário Efetivo – Introdução e Legislação*, Petrony, 2019, p. 30.

O art. 21º, nº 1 da LBCFT estabelece quais são as situações em que as entidades obrigadas estão adstritas a cumprir o dever de identificação e diligência:

a) Estabeleçam relações de negócio;
b) Efetuem transações ocasionais, independentemente de a transação ser realizada através de uma única operação ou de várias operações aparentemente relacionadas entre si:
   i) De montante igual ou superior a 15 000 (euro); ou
   ii) Que constituam uma transferência de fundos ou uma transação executada no âmbito de atividade com ativos virtuais, sempre que o montante das mesmas exceda 1000 (euro);
c) Se suspeite que as operações, independentemente do seu valor e de qualquer exceção ou limiar, possam estar relacionadas com o branqueamento de capitais ou com o financiamento do terrorismo;
d) Existam dúvidas sobre a veracidade ou a adequação dos dados de identificação dos clientes previamente obtidos.

No caso de pessoas singulares, a identificação dos clientes e dos seus representantes deve ocorrer, nos termos do art. 21º da LBCFT, mediante a recolha e registo dos seguintes elementos identificativos:

i) Fotografia
ii) Nome completo;
iii) Assinatura;
iv) Data de nascimento;
v) Nacionalidade constante do documento de identificação;
vi) Tipo, número, data de validade e entidade emitente do documento de identificação;
vii) Número de identificação fiscal ou, quando não disponha de número de identificação fiscal, o número equivalente emitido por autoridade estrangeira competente;
viii) Profissão e entidade patronal, quando existam;
ix) Endereço completo da residência permanente e, quando diverso, do domicílio fiscal;
x) Naturalidade;

xi) Outras nacionalidades não constantes do documento de identificação.

Embora não decorra da LBCFT, defendemos que as entidades obrigadas podem, de forma a minimizar a existência de riscos associados às operações de negócio, solicitar informações como: o volume de rendimentos dos últimos três anos; a forma de proveniência desses montantes; o grau de experiência académica e profissional do cliente; se este já foi ou indiciado pela prática de um crime; e a instituição financeira de onde vai transferir os montantes caso ocorra uma transferência de valores. Estas informações são especialmente relevantes quando estejam em causa investimentos de elevado valor.

Nos termos do art. 21º, nº1, alínea b) da LBCFT, no caso das pessoas coletivas ou de centros de interesses coletivos sem personalidade jurídica, deve existir a recolha e o registo dos seguintes elementos identificativos:

i) Denominação;
ii) Objeto;
iii) Morada completa da sede social e, quando aplicável, da sucursal ou do estabelecimento estável, bem como, quando diversa, qualquer outra morada dos principais locais de exercício da atividade;
iv) Número de identificação de pessoa coletiva ou, quando não exista, número equivalente emitido por autoridade estrangeira competente;
v) Identidade dos titulares de participações no capital e nos direitos de voto de valor igual ou superior a 5%;
vi) Identidade dos titulares do órgão de administração ou órgão equivalente, bem como de outros quadros superiores relevantes com poderes de gestão;
vii) País de constituição;
viii) Código CAE (Classificação das Atividades Económicas), código do setor institucional ou outro código de natureza semelhante, quando exista.

Aconselhamos que, por razões de transparência, as entidades obrigadas possam solicitar também: o registo comercial; licenças; estatutos da sociedade e relatórios de contas. Voltamos a sublinhar que estas informações são especialmente relevantes nos casos onde estejam em causa investimentos de elevado valor.

No caso dos representantes dos clientes, as entidades obrigadas verificam igualmente o documento que habilita tais pessoas a agir em representação dos mesmos, nomeadamente a procuração.

Quanto aos meios de verificação dos elementos identificativos, estes são elencados no art. 25º da LBCFT. Relativamente ao momento da identificação, este deve ocorrer antes do início da relação comercial ou antes de uma transação, no entanto a verificação da identidade pode ser completada após o início da relação de negócio, desde que se verifiquem cumulativamente os seguintes pressupostos, nos termos do art. 26º, nº 3 da LBCFT:

a) Se tal for necessário para não interromper o desenrolar normal do negócio;
b) O contrário não resulte de norma legal ou regulamentar aplicável à atividade da entidade obrigada;
c) A situação em causa apresente um risco reduzido de branqueamento de capitais e de financiamento do terrorismo, expressamente identificado como tal pelas entidades obrigadas;
d) As entidades obrigadas executem as medidas adequadas a gerir o risco associado àquela situação, designadamente através da limitação do número, do tipo ou do montante das operações que podem ser efetuadas.

Em complemento dos procedimentos de identificação previstos nos artigos 24º e 25º da LBCFT, as entidades obrigadas procedem ainda, nos termos do art. 27º da presente Lei, à obtenção da informação sobre a finalidade e os concretos objetivos da relação de negócio, bem como a origem e o destino dos fundos movimentados, quando o risco das operações ou dos sujeitos assim o justifiquem. As entidades obrigadas devem ainda realizar um acompanhamento contínuo do negócio, verificando se não existe alguma alteração destes elementos. O mais importante é garantir uma correta adequação ao risco.

Medidas Simplificadas

Após a identificação de um risco, as entidades obrigadas devem adotar as medidas necessárias para o mitigar. Se existir um risco comprovadamente reduzido de BC/FT nas relações de negócio, nas transações ocasionais ou nas operações que efetuem, as entidades podem adotar medidas simplificas. Estas só são admissíveis, nos termos do art. 35º, nº 2 da LBCFT, na sequência de uma avaliação adequada dos riscos pelas próprias entidades obrigadas ou pelas respetivas autoridades setoriais e nunca pode ter lugar em qualquer das seguintes situações:

a) Quando existam suspeitas de branqueamento de capitais ou de financiamento do terrorismo;
b) Quando devam ser adotadas medidas reforçadas de identificação ou diligência;
c) Sempre que tal seja determinado pelas autoridades setoriais competentes.

Consta do anexo II à LBCFT, algumas situações indicativas de risco potencialmente reduzido:

1 – Fatores de risco inerentes ao cliente:

a) Sociedades com ações admitidas à negociação em mercado regulamentado e sujeitas, em virtude das regras desse mercado, da lei ou de outros instrumentos vinculativos, a deveres de informação que garantam uma transparência adequada quanto aos respetivos beneficiários efetivos;
b) Administrações ou empresas públicas;
c) Clientes que residam em zonas geográficas de risco mais baixo, apuradas de acordo com o nº 3 do presente anexo.

2 – Fatores de risco inerentes ao produto, serviço, operação ou canal de distribuição:

a) Contratos de seguro «Vida» e de fundos de pensões ou produtos de aforro de natureza semelhante cujo prémio ou contribuição anual sejam reduzidos;
b) Contratos de seguro associados a planos de pensão desde que não contenham uma cláusula de resgate nem possam ser utilizados para garantir empréstimos;
c) Regimes de pensão, planos complementares de pensão ou regimes semelhantes de pagamento de prestações de reforma aos

trabalhadores assalariados, com contribuições efetuadas mediante dedução nos salários e cujo regime vede aos beneficiários a possibilidade de transferência de direitos;

d) Produtos ou serviços financeiros limitados e claramente definidos, que tenham em vista aumentar o nível de inclusão financeira de determinados tipos de clientes;
e) Produtos em que os riscos de branqueamento de capitais e de financiamento do terrorismo são controlados por outros fatores, como a imposição de limites de carregamento ou a transparência da respetiva titularidade, podendo incluir certos tipos de moeda eletrónica.

3 – Fatores de risco inerentes à localização geográfica:

a) Estados-Membros da União Europeia;
b) Países terceiros que dispõem de sistemas eficazes em matéria de prevenção e combate ao branqueamento de capitais e ao financiamento do terrorismo;
c) Países ou jurisdições identificadas por fontes credíveis como tendo um nível reduzido de corrupção ou de outras atividades criminosas;
d) Países terceiros que estão sujeitos, com base em fontes idóneas, tais como os relatórios de avaliação mútua, de avaliação pormenorizada ou de acompanhamento publicados, a obrigações de prevenção e combate ao branqueamento de capitais e ao financiamento do terrorismo coerentes com as recomendações revistas do GAFI e que implementam eficazmente essas obrigações.

As medidas simplificadas a adotar, devem ser proporcionais ao risco identificado. As autoridades setoriais têm poderes para identificar em concreto, o conteúdo das medidas simplificadas que se mostrem adequadas a mitigar riscos reduzidos. Nos termos do art. 35º, nº 4 da LBCFT, consideram-se como exemplos de medidas simplificadas, sem prejuízo de outras que se mostrem mais adequadas aos riscos concretos identificados:

a) A verificação da identificação do cliente e do beneficiário efetivo após o estabelecimento da relação de negócio;

b) A redução da frequência das atualizações dos elementos recolhidos no cumprimento do dever de identificação e diligência;
c) A redução da intensidade do acompanhamento contínuo e da profundidade da análise das operações, quando os montantes envolvidos nas mesmas são de valor baixo;
d) A ausência de recolha de informações específicas e a não execução de medidas específicas que permitam compreender o objeto e a natureza da relação de negócio, quando seja razoável inferir o objeto e a natureza do tipo de transação efetuada ou relação de negócio estabelecida.

Medidas Reforçadas

Contrariamente às medidas simplificadas, as medidas reforçadas, previstas no art. 36º da LBCFT, pressupõem a existência de um risco acrescido de branqueamento de capitais ou de financiamento do terrorismo, sobretudo quando estejam em causa operações que envolvem países de risco elevado (art. 37º), contratação à distância (art. 38º) ou pessoas politicamente expostas e titulares de outros cargos políticos ou públicos (art. 39º). Também podem ser necessárias medidas reforças quando estejam em causa situações concretas no âmbito dos contratos de seguros de vida (art. 69º) e nas relações de correspondência (art. 70º).

Á semelhança do que acontece no caso das medidas simplificadas, as autoridades setoriais podem definir em concreto, o conteúdo das medidas reforçadas que se mostrem adequadas a fazer face aos riscos acrescidos de BC/FT. As entidades obrigadas, não só podem, como devem adotar outras medidas específicas para fazer face aos riscos acrescidos. Consta do anexo III, uma lista não exaustiva dos fatores e tipos indicativos de risco potencialmente mais elevado, em acréscimo às situações especificamente previstas na LBCFT

1 – Fatores de risco inerentes ao cliente:

a) Relações de negócio que se desenrolem em circunstâncias invulgares;
b) Clientes residentes ou que desenvolvam atividade em zonas de risco geográfico mais elevado, apuradas de acordo com o nº 3 do presente anexo;

c) Pessoas coletivas ou centros de interesses coletivos sem personalidade jurídica que sejam estruturas de detenção de ativos pessoais;
d) Sociedades com acionistas fiduciários (*nominee shareholders*) ou que tenham o seu capital representado por ações ao portador;
e) Clientes que prossigam atividades que envolvam operações em numerário de forma intensiva;
f) Estruturas de propriedade ou de controlo do cliente que pareçam invulgares ou excessivamente complexas, tendo em conta a natureza da atividade prosseguida pelo cliente.

2 – Fatores de risco inerentes ao produto, serviço, operação ou canal de distribuição:

a) Private banking;
b) Produtos ou operações suscetíveis de favorecer o anonimato;
c) Pagamentos recebidos de terceiros desconhecidos ou não associados com o cliente ou com a atividade por este prosseguida;
d) Novos produtos e novas práticas comerciais, incluindo novos mecanismos de distribuição e métodos de pagamento, bem como a utilização de novas tecnologias ou tecnologias em desenvolvimento, tanto para produtos novos como para produtos já existentes.

3 – Fatores de risco inerentes à localização geográfica:

a) Países identificados por fontes idóneas, tais como os relatórios de avaliação mútua, de avaliação pormenorizada ou de acompanhamento publicados, como não dispondo de sistemas eficazes em matéria de prevenção e combate ao branqueamento de capitais e ao financiamento do terrorismo, sem prejuízo do disposto na presente lei relativamente a países terceiros de risco elevado;
b) Países ou jurisdições identificadas por fontes credíveis como tendo um nível significativo de corrupção ou de outras atividades criminosas;
c) Países ou jurisdições sujeitas a sanções, embargos, outras medidas restritivas ou contramedidas adicionais impostas, designadamente, pelas Nações Unidas e pela União Europeia;
d) Países ou jurisdições que proporcionem financiamento ou apoio a atividades ou atos terroristas, ou em cujo território operem organizações terroristas.

Nos termos do art. 36º, nº da LBCFT, consideram-se exemplos de medidas reforçadas, sem prejuízo de outras que se mostrem mais adequadas aos riscos concretos identificados:

a) A obtenção de informação adicional sobre os clientes, os seus representantes ou os beneficiários efetivos, bem como sobre as operações planeadas ou realizadas;
b) A realização de diligências adicionais para comprovação da informação obtida;
c) A intervenção de níveis hierárquicos mais elevados para autorização do estabelecimento de relações de negócio, da execução de transações ocasionais ou da realização de operações em geral;
d) A intensificação da profundidade ou da frequência dos procedimentos de monitorização da relação de negócio ou de determinadas operações ou conjunto de operações, tendo em vista a deteção de eventuais indicadores de suspeição e o subsequente cumprimento do dever de comunicação previsto no artigo 43º;
e) A redução dos intervalos temporais para atualização da informação e demais elementos colhidos no exercício do dever de identificação e diligência;
f) A monitorização do acompanhamento da relação de negócio pelo responsável pelo cumprimento normativo referido no artigo 16º ou por outro colaborador da entidade obrigada que não esteja diretamente envolvido no relacionamento comercial com o cliente;
g) A exigibilidade da realização do primeiro pagamento relativo a uma dada operação através de meio rastreável com origem em conta de pagamento aberta pelo cliente junto de entidade financeira ou outra legalmente habilitada que, não se situando em país terceiro de risco elevado, comprovadamente aplique medidas de identificação e diligência equivalentes.

Fatores de risco reduzido e elevado de branqueamento de capitais e financiamento do terrorismo e medidas específicas de identificação e diligência, simplificadas ou reforçadas

O Banco de Portugal pode definir concretamente o conteúdo das medidas simplificadas ou reforçadas que se mostrem adequadas a mitigar determinados riscos reduzidos ou acrescidos, respetivamente, de branqueamento de capitais ou de financiamento do terrorismo, bem como outras situações indicativas de risco potencialmente mais reduzido ou mais elevado além das legalmente previstas, ao abrigo da habilitação conferida pela alínea b) do nº 3 e pelo nº 6 do artigo 35º e pelos nºs 1 a 3 e pela alínea b) do nº 5 do artigo 36º, ambos da Lei nº 83/2017.

O Banco de Portugal veio definir, através da Instrução nº 2/2021, outros fatores de risco e medidas específicas, simplificadas e reforçadas, de identificação e diligência, complementares às listas dos fatores e tipos indicativos de risco, para além das que constam dos Anexos II e III à Lei nº 83/2017 e das que resultam da Lei nº 83/2017 e do Aviso nº 2/2018 do BdP. Por outras palavras, a Instrução nº 2/2021 do BdP tem o objetivo de complementar as listas de fatores e tipos indicativos de risco já existentes.

Dever de Comunicação

O dever de comunicação encontra-se previsto nos arts. 43º e seguintes da LBCFT. Este é um dever que impede sobre as entidades obrigadas comunicarem ao Departamento Central de Investigação e Ação Penal da Procuradoria-Geral da República (DCIAP) e a Unidade de Informação Financeira (UIF) sempre que tenham conhecimento ou suspeitem que determinados fundos ou bens, qualquer que seja o seu valor económico, provêm de atividades ilícitas ou estão a ser utilizados para o financiamento do terrorismo.

O nº 2 do art. 43º da LBCFT, impõe que as entidades obrigadas denunciem todas as operações que lhes sejam propostas, bem como quaisquer operações tentadas, que estejam em curso ou que tenham sido executadas. Significa isto que, mal tenham conhecimento que poderão existir indícios de comportamentos criminosos, as entidades obrigadas têm o dever de os comunicar às autoridades. Estas comunicações devem ser conservadas nos termos do art. 51º da LBCFT e devem ser colocadas à disposição das autoridades setoriais a todo o momento.

A comunicação das operações suspeitas são, nos termos do art. 44º, nº1 da LBCFT, efetuadas através de canais de comunicação externos definidos pelas autoridades destinatárias da informação, bem como são efetuadas logo que a entidade obrigada conclua que a operação é suspeita, preferencialmente logo que tais operações lhes sejam propostas. Estes devem incluir:

i) A identificação das pessoas singulares e coletivas direta ou indiretamente envolvidas e que sejam do conhecimento da entidade obrigada, bem como a informação conhecida sobre a atividade das mesmas;
ii) Os procedimentos de averiguação e análise promovidos pela entidade obrigada no caso concreto;
iii) Os elementos caracterizadores e descritivos das operações;
iv) Os fatores de suspeita concretamente identificados pela entidade obrigada;
v) Cópia da documentação de suporte da averiguação e da análise promovida pela entidade obrigada.

As entidades obrigadas têm o dever de facilitar e agir com celeridade a comunicação das operações suspeitas, e devem procurar reduzir ao mínimo, o número de intervenientes no processo de transmissão de informações. Este dever de comunicação é complementado pelo dever de exame.

Nos termos do art. 45º da LBCFT, com exceção de advogados e solicitadores, as entidades obrigadas comunicam ainda, numa base sistemática, ao DCIAP e à Unidade de Informação Financeira quaisquer tipologias de operações que venham a ser definidas através de portaria do membro do Governo responsável pela área da justiça, a qual define igualmente a forma, o prazo, o conteúdo e os demais termos das comunicações. A Portaria nº 310/2018, de 04 de dezembro, regulamenta este artigo.

Dever de Abstenção

O dever de abstenção encontra-se previsto nos art. 47º e seguintes da LBCFT. As entidades devem abster-se de executar qualquer operação ou conjunto de operações, que tenham conhecimento que são, ou que podem vir a estar associadas a fundos, ou outros bens provenientes ou relacionados com a prática de atividades ilícitas ou com o financiamento do terrorismo. Nestes casos, a entidade obrigada deve reportar de imediato ao DCIAP e à UIF que se abstiveram de executar uma operação ou estabelecer qualquer relação negocial que pudesse estar associada a atos criminosos.

No caso de a entidade obrigada considerar que a abstenção referida não é possível, ou que é suscetível de prejudicar a prevenção ou a futura investigação das atividades criminosas de que provenham fundos ou outros bens, as operações podem ser realizadas, desde que o DCIAP e a UIF tenham conhecimento do sucedido, nos termos do art. 47º, nº 3 da LBCFT. A Unidade de Informação Financeira, tem o prazo de três dias úteis a contar do recebimento das comunicações previstas nos nºs 2 e 3 da LBCFT, para se pronunciar sobre estas, devendo remeter a informação para o DCIAP.

Nos termos do art. 47º, nº 6 da LBCFT, a entidade obrigada pode executar as operações relativamente às quais tenha exercido o dever de abstenção, quando não seja notificada, no prazo de sete dias úteis a contar da comunicação, da decisão de suspensão temporária. Outra hipótese para a execução das operações é quando a entidade obrigada é notificada, dentro do prazo de sete dias, da decisão do DCIAP em não determinar a suspensão temporária.

Segundo o art. 48º, nº 1 da LBCFT, nos quatro dias úteis seguintes à comunicação da informação, o DCIAP pode determinar a suspensão temporária da execução das operações relativamente às quais foi ou deva ser exercido o dever de abstenção, devendo para tal notificar a entidade obrigada. A suspensão temporária pode, nos termos do nº 2 do referido artigo, ainda ser decretada:

a) Quando as entidades obrigadas não tenham dado cumprimento ao dever de comunicação de operações suspeitas previsto no artigo 43º ou às obrigações de abstenção ou de informação previstas no artigo anterior, sendo os mesmos devidos;
b) Com base em outras informações que sejam do conhecimento próprio do DCIAP, no âmbito das competências que exerça em matéria de prevenção das atividades criminosas de que provenham fundos ou outros bens, do branqueamento de capitais ou do financiamento do terrorismo;
c) Sob proposta da Unidade de Informação Financeira com base na análise de comunicações de operações suspeitas preexistentes.

A decisão de suspensão temporária, pode abranger tanto operações presentes, como futuras, incluindo outras relativas não só à mesma conta, como a outras contas ou relações de negócios identificadas após a comunicação. Esta decisão deve identificar claramente os objetos da medida, especificando as pessoas envolvidas, bem como o tipo de operações ou transações, outras relações de negócio e os canais de distribuição utilizados.

A decisão de suspensão temporária caduca se não for judicialmente confirmada, em sede de inquérito criminal, no prazo de dois dias úteis após a sua prolação. Compete ao juiz de instrução confirmar a suspensão temporária decretada por período não superior a três meses, nos termos do art. 49º da LBCFT.

Dever de Recusa

Nos termos do art. 50º da LBCFT, as entidades obrigadas devem recusar iniciar relações de negócio, ou abster-se de realizar transações ocasionais ou efetuar outras operações, quando não obtenham, os elementos identificativos, bem como os meios comprovativos previstos para a identificação e verificação da identidade do cliente, do seu representante e do beneficiário efetivo, incluindo a informação para a aferição da qualidade de beneficiário efetivo e da estrutura de propriedade e de controlo do cliente, bem como outras informações complementares ao abrigo do art. 27º da LBCFT.

Quando as entidades obrigadas não possam dar cumprimento aos demais procedimentos de identificação e diligência previstos na presente lei, incluindo os procedimentos de atualização de atualização, as entidades obrigadas, nos termos do art. 50º, nº 3 da LBCFT:

a) Recusam iniciar relações de negócio, realizar transações ocasionais ou efetuar outras operações;
b) Põem termo às relações de negócio já estabelecidas, quando o risco de branqueamento de capitais e de financiamento do terrorismo concretamente identificado não possa ser gerido de outro modo;
c) Analisam as possíveis razões para a impossibilidade do cumprimento de tais procedimentos e, sempre que se verifiquem os respetivos pressupostos, efetuam a comunicação prevista no artigo 43º;
d) Atuam, sempre que possível, em articulação com as autoridades judiciárias ou policiais competentes, consultando-as previamente, sempre que tenham razões para considerar que a cessação da relação de negócio prevista na alínea b) é suscetível de prejudicar uma investigação.

As entidades obrigadas devem redigir um documento escrito sobre todo o processo que motiva a recusa. Este documento deve ser conservado e colocado á disposição das autoridades, de forma permanente e acessível. É importante ressalvar o disposto no nº 7 do art. 50º da LBCFT, que dispõe que o exercício do dever de recusa ou a cessação da relação de negócio ao abrigo não determina qualquer responsabilidade para a entidade obrigada que atue de boa-fé.

Dever de Conservação

O dever de conservação reveste uma elevada importância para efeitos de controlo e de prova sobre a atuação, tanto das entidades obrigadas, como dos procedimentos que esta tomou, de forma a mitigar os riscos em matéria de BC/FT. Nos termos do nº 1 do art. 51º da LBCFT, as entidades obrigadas devem conservar, por um período de sete anos:

a) As cópias, registos ou dados eletrónicos extraídos de todos os documentos que obtenham ou lhes sejam disponibilizados pelos seus clientes ou quaisquer outras pessoas, no âmbito dos procedimentos de identificação e diligência previstos na presente lei;
b) A documentação integrante dos processos ou ficheiros relativos aos clientes e às suas contas, incluindo a correspondência comercial enviada;
c) Quaisquer documentos, registos e análises, de foro interno ou externo, que formalizem o cumprimento do disposto na presente lei.

O nº 2 do presente artigo salienta que os originais, cópias, referências ou quaisquer outros suportes duradouros, com idêntica força probatória, dos documentos comprovativos e dos registos das operações são sempre conservados, de modo a permitir a reconstituição das operações, durante um período de sete anos a contar da sua execução, ainda que, no caso de se inserirem numa relação de negócio, esta última já tenha terminado.

Esta documentação deve ser conservada num suporte duradouro, com preferência pelos meios de suporte eletrónicos e arquivados em condições que permitam a adequada conservação e fácil localização, tantos dos responsáveis pela entidade obrigada, como pelas autoridades.

Dever de Exame

O dever de exame encontra a sua consagração no art. 52º da LBCFT. O nº 1 dispõe que, sempre que se detetem a existência de qualquer conduta, atividade ou operação, cujos elementos caracterizadores a torne suscetível de poder estar relacionada com fundos ou outros bens provenientes de financiamento do terrorismo ou de outras atividades criminosas, as entidades obrigadas examinam-nas com especial cuidado e atenção, intensificando o grau e a natureza do seu acompanhamento. São considerados os seguintes elementos, sem prejuízos de serem identificados outros num caso em concreto:

a) A natureza, a finalidade, a frequência, a complexidade, a invulgaridade e a atipicidade da conduta, da atividade ou das operações;
b) A aparente inexistência de um objetivo económico ou de um fim lícito associado à conduta, à atividade ou às operações;
c) Os montantes, a origem e o destino dos fundos movimentados;
d) O local de origem e de destino das operações;
e) Os meios de pagamento utilizados;
f) A natureza, a atividade, o padrão operativo, a situação económico-financeira e o perfil dos intervenientes;
g) O tipo de transação, produto, estrutura societária ou centro de interesses coletivos sem personalidade jurídica que possa favorecer especialmente o anonimato.

A norma mais importante do art. 52º da LBCFT é porventura o seu o nº 3, que dispõe que, a aferição do grau de suspeição de uma conduta, atividade ou operação não pressupõe a existência de qualquer tipo de documentação confirmativa da suspeita, antes decorrendo da apreciação das circunstâncias concretas, à luz dos critérios de diligência exigíveis a um profissional, na análise da situação. Este critério é especialmente relevante para efeitos de responsabilidade civil e contraordenacional.

O dever de exame encontra-se interligado com o dever de comunicação, na medida em que, nos termos do art. 52º, nº 4 da LBCFT, em resultado do exercício do dever de exame, as entidades obrigadas que decidam não proceder à comunicação prevista no artigo 43º, devem fazer constar de documento ou registo: os fundamentos da decisão de não comunicação, incluindo os motivos que sustentam a inexistência de fatores concretos de suspeição e; a referência a quaisquer eventuais contactos informais que, no decurso daquele exame, tenham sido estabelecidos com a Unidade de Informação Financeira e com as autoridades judiciárias e policiais, com indicação das respetivas datas e dos meios de comunicação utilizados.

Lista exemplificativa de potenciais indicadores de suspeição

Em nota justificativa da consulta pública do Bando de Portugal nº 1/2018, relativa ao projeto de aviso sobre prevenção do branqueamento de capitais e do financiamento do terrorismo, dispõe-se que o Anexo II do Aviso nº 5/2013 continha uma lista exemplificativa de potenciais indicadores de suspeição a serem considerados pelas entidades financeiras no âmbito do cumprimento do dever de exame, previsto na LBCFT. A consideração, porém, de que esta informação não deve ser de domínio público, devendo antes ser reservada ao conhecimento das entidades financeiras e, bem assim, o facto de dever ser periodicamente atualizada, determinou a opção de não se prever no presente Aviso, uma lista exemplificativa de potenciais fatores de suspeição, antes se propondo que a sua divulgação se opere, no mais curto espaço de tempo possível, através de carta-circular do Banco de Portugal, ao abrigo da prerrogativa prevista na alínea d) do nº 1 do artigo 120º da Lei nº 83/2017.

Desta forma, pela importância que tem para as instituições financeiras, enunciaremos aqui a lista meramente exemplificativa de circunstâncias suscetíveis de serem consideradas suspeitas da tentativa ou prática de BC/FT, não constituindo a mesma um elenco exaustivo das hipóteses que podem configurar indicadores de suspeição, tal como era disposto no Anexo II do revogado Aviso nº 5/2013:

A. Indicadores genéricos

1 – Clientes que mantenham relações de negócio, efetuem transações ocasionais ou realizem operações em geral que – pela sua natureza, pela sua frequência, pelos valores envolvidos ou por qualquer outro fator – se mostrem inconsistentes com o perfil daqueles.

2 – Clientes que, sem uma explicação plausível, movimentem numerário:

a) Em montantes pouco usuais;

b) Em montantes não justificados pelo perfil do cliente;
c) Embalado ou empacotado de uma forma pouco habitual;
d) Em mau estado de conservação; ou
e) Representado por notas de pequena denominação, com o objetivo de proceder à sua troca por notas de denominação elevada.

3 - Clientes que, de algum modo, procurem persuadir os colaboradores da instituição financeira a não observar qualquer obrigação legal ou procedimento interno em matéria de prevenção do BC/FT.

4 - Clientes que mostrem relutância ou se recusem a disponibilizar os elementos identificativos/meios comprovativos/outros elementos de informação ou a promover as diligências de comprovação considerados necessárias pela instituição financeira para:

a) A identificação do cliente, do seu representante ou do beneficiário efetivo;
b) A compreensão da estrutura de propriedade e controlo do cliente;
c) O conhecimento da natureza e finalidade da relação de negócio;
d) O conhecimento da origem e destino dos fundos; ou
e) A caracterização da atividade do cliente.

5 - Clientes que mostrem relutância ou se recusem a disponibilizar documentos originais ou de valor equivalente.

6 - Clientes que mostrem relutância ou se recusem a proceder à atualização dos respetivos elementos de informação.

7 - Clientes que mostrem relutância ou se recusem a estabelecer contactos presenciais com a instituição financeira.

8 - Clientes que prestem elementos identificativos, meios comprovativos ou outros elementos de informação:

a) Pouco credíveis quanto à sua autenticidade;
b) Pouco explícitos quanto ao seu teor;
c) De difícil verificação por parte da instituição financeira; ou
d) Com características pouco usuais.

9 - Clientes que apresentem diferentes documentos de identificação de cada vez que os mesmos lhes são solicitados pela instituição financeira.

10 – Clientes que, no exercício da sua atividade, usem pseudónimos, alcunhas ou quaisquer outras expressões alternativas ao seu verdadeiro nome ou denominação.

11 – Clientes que adiem ou não efetuem a entrega de documentação suscetível de apresentação à instituição financeira em momento posterior ao estabelecimento da relação de negócio.

12 – Clientes que procurem suspender ou alterar a relação de negócio ou a transação ocasional depois de lhes serem solicitados os elementos identificativos, os respetivos meios comprovativos ou outros elementos de informação relevantes para o conhecimento do cliente.

13 – Clientes que não pretendam o envio de qualquer correspondência para a morada declarada.

14 – Clientes que, sem aparente relação entre si, apresentem moradas ou dados de contacto (número de telefone, número de fax, endereço de correio eletrónico ou outros) comuns.

15 – Clientes cuja morada ou dados de contacto (número de telefone, número de fax, endereço de correio eletrónico ou outros) se revelem incorretos ou estejam permanentemente inoperacionais, em especial quando a tentativa de contacto da instituição financeira tiver lugar pouco tempo após o estabelecimento de uma relação de negócio.

16 – Clientes cuja morada ou dados de contacto (número de telefone, número de fax, endereço de correio eletrónico ou outros) mudem com frequência.

17 – Clientes que aparentem estar a atuar por conta de um terceiro, sem, contudo, o revelarem à instituição financeira ou, mesmo revelando tal circunstância, se recusem a fornecer os necessários elementos de informação sobre o terceiro por conta do qual atuam.

18 – Clientes que procurem estabelecer estreitas relações de proximidade com colaboradores da instituição financeira.

19 – Clientes que procurem restringir quaisquer contactos que estabeleçam com a instituição financeira a um colaborador ou colaboradores específicos da mesma, em especial quando – face à ausência desse ou desses colaboradores – os clientes decidam não executar ou suspender operações.

20 – Clientes que revelem um conhecimento fora do comum sobre a legislação atinente ao branqueamento de capitais e ao financiamento do terrorismo.

21 - Clientes que evidenciem um interesse e uma curiosidade fora do comum em conhecer as políticas, procedimentos e mecanismos de controlo interno da instituição financeira destinados a prevenir o BC/FT.

22 - Clientes que, num curto período de tempo, tenham iniciado relações de negócio similares com diferentes instituições financeiras.

23 - Clientes que desenvolvam a sua atividade em sucessivos locais diferentes, numa aparente tentativa de evitar a sua deteção por terceiros.

24 - Clientes que, repetidamente, efetuem operações por valor inferior aos limites que obrigariam à adoção de procedimentos de identificação.

25 - Clientes que adquiram ativos de valor significativo e que, num curto prazo e sem razão aparente, procedam à sua venda.

26 - Clientes que, no mesmo dia ou num período temporal reduzido, efetuem operações em diferentes estabelecimentos da instituição.

27 - Clientes que apresentem explicações pouco claras ou inconsistentes acerca das operações ou que tenham pouco conhecimento sobre o seu propósito.

28 - Clientes que apresentem explicações excessivas e não solicitadas sobre as operações.

29 - Clientes que manifestem nervosismo ou uma anormal urgência na execução das operações.

30 - Clientes relacionados com operações suspeitas de BC/FT, comunicadas pela instituição financeira às autoridades competentes.

31 - Clientes relacionados com operações suspeitas de BC/FT, comunicadas pelas autoridades de supervisão ao abrigo do artigo 40º da lei e que sejam do conhecimento da instituição financeira.

32 - Clientes que estejam ou tenham estado sob escrutínio pela prática de atividades criminosas, em especial o BC/FT ou qualquer um dos ilícitos criminais subjacentes a estes dois tipos de crime (sendo essa informação do conhecimento direto da instituição financeira ou adquirida através de uma fonte pública e credível).

33 - Clientes referenciados expressamente pelas autoridades competentes como podendo estar relacionados com operações de BC/FT.

34 - Clientes que exerçam algum tipo de atividade financeira sem para tal estarem devidamente autorizados ou habilitados.

35 - Operações que evidenciem um grau de complexidade aparentemente desnecessário para a concretização do fim a que se destinam, em razão, designadamente, do número de movimentos financeiros, de

instituições financeiras, de contas, de sujeitos intervenientes e ou de países ou jurisdições envolvidas.

36 – Operações cuja finalidade ou racionalidade económica não sejam evidentes.

37 – Operações cuja frequência, atipicidade ou invulgaridade não tenham uma explicação plausível face ao perfil do cliente.

38 – Operações que aparentem ser inconsistentes com a prática corrente do setor de negócio ou de atividade do cliente.

39 – Operações que envolvam "sociedades ecrã".

40 – Operações que não apresentem qualquer conexão com a atividade conhecida do cliente e que envolvam pessoas ou entidades relacionadas com países ou jurisdições publicamente reconhecidos como:

a) Locais de produção/tráfico de estupefacientes;
b) Detentores de elevados índices de corrupção;
c) Plataformas de branqueamento de capitais;
d) Promotores ou apoiantes do terrorismo; ou
e) Promotores ou apoiantes da proliferação de armas de destruição massiva.

41 – Operações que não apresentem qualquer conexão com a atividade conhecida do cliente e que envolvam pessoas ou entidades relacionadas com os países, territórios ou regiões com regimes de tributação privilegiada constantes da lista publicada pela Portaria nº 150/2004, de 13 de fevereiro, ou outros países ou jurisdições com uma legislação fortemente restritiva em matéria de segredo bancário.

42 – Relações de negócio ou transações ocasionais em que se procure camuflar a identidade dos beneficiários efetivos, designadamente através de complexas estruturas societárias.

B. Indicadores relacionados com contas de depósito bancário

43 – Clientes que mantenham um número considerável de contas de depósito bancário abertas, em especial quando algumas delas se mantêm inativas por um longo período de tempo.

44 – Clientes que tenham contas de depósito bancário junto de várias instituições de crédito localizadas no mesmo país/zona geográfica.

45 - Clientes que efetuem depósitos sem conhecerem com exatidão os montantes a depositar.

46 - Clientes que procedam à abertura de contas com elevados montantes em numerário.

47 - Clientes que utilizem frequentemente contas pessoais para a realização de operações que se relacionam com a sua atividade comercial.

48 - Contas onde, com frequência, se registem movimentos para os quais o respetivo titular não apresenta uma justificação credível.

49 - Contas abertas em balcões geograficamente distantes da morada ou do local de trabalho do cliente.

50 - Contas cuja atividade exceda amplamente aquela que seria expectável à data da sua abertura.

51 - Contas co-tituladas ou movimentadas por um elevado número de pessoas que não tenham entre si qualquer relação pessoal ou profissional.

52 - Contas tituladas por pessoas coletivas que prossigam atividades económicas sem qualquer relação entre si, sendo todas elas movimentadas pelas mesmas pessoas singulares.

53 - Contas movimentadas através de um elevado número de créditos de pequeno montante e um pequeno número de débitos de valor avultado.

54 - Contas com frequentes créditos e ou débitos em numerário, não sendo tal movimentação consistente com o perfil do cliente ou com o seu setor de negócio ou de atividade.

55 - Contas nas quais sejam efetuados depósitos frequentes por pessoas sem aparente relação pessoal ou profissional com os titulares daquelas.

56 - Contas que sejam utilizadas para concentrar fundos provenientes de outras contas, posteriormente transferidos em bloco, em especial quando tal transferência ocorre para fora do território nacional.

57 - Contas que, sem razão aparente, evidenciem um aumento súbito da sua movimentação, dos valores movimentados e ou dos respetivos saldos médios.

58 - Contas inativas durante um largo período de tempo nas quais se registe a movimentação súbita de montantes elevados ou a movimentação através de depósitos em numerário.

59 - Contas utilizadas quase exclusivamente para operações de transferências de fundos, de e para o exterior.

60 – Contas tituladas por entidades domiciliadas em centros offshore e que tenham em comum o mesmo beneficiário efetivo, registando-se entre essas contas frequentes e complexos movimentos de fundos.

61 – Contas que sejam objeto de elevados e frequentes depósitos exclusivamente através de caixas automáticos ou caixas para depósitos noturnos, em especial quando os depósitos sejam em numerário.

62 – Contas que sejam objeto de depósitos em numerário imediatamente após os seus titulares acederem a cofre de aluguer de que disponham na instituição financeira.

C. Indicadores relacionados com operações de crédito

63 – Reembolsos antecipados de créditos quando os mesmos sejam efetuados:

a) De forma inesperada e sem motivo lógico aparente;
b) Com prejuízo económico para o mutuário;
c) Com recurso a fundos de terceiros;
d) Com recurso a fundos de origem incerta e inconsistentes com o perfil do cliente;
e) Com recurso a fundos transferidos de contas domiciliadas em várias instituições financeiras; ou
f) Com recurso a numerário (em especial, no contexto de operações de crédito a consumidores).

64 – Solicitação de crédito sem aparente justificação económica para a operação, tendo em consideração, por exemplo, o elevado valor dos ativos detidos pelo cliente.

65 – Solicitação de crédito por parte de clientes que não evidenciem preocupação em discutir os termos da operação, em particular os custos associados à mesma.

66 – Solicitação de crédito com base em garantias ou ativos depositados na instituição financeira, próprios ou de terceiros, cuja origem seja desconhecida e cujo valor não se coadune com a situação financeira do cliente.

67 – Solicitação de crédito por parte de clientes que já sejam mutuários de empréstimos concedidos por instituições domiciliadas em centros offshore e que não apresentem qualquer conexão com a atividade conhecida dos clientes.

68 – Solicitação de crédito por parte de clientes que declarem à instituição financeira rendimentos com origem não totalmente esclarecida pelos seus titulares.

69 – Solicitação de crédito por parte de clientes que proponham, como contrapartida da aprovação do mesmo, a aplicação de somas avultadas na constituição de depósitos ou noutros produtos.

70 – Solicitação de crédito em que a documentação referente ao mutuário destinada a integrar o respetivo processo é disponibilizada à instituição financeira por um terceiro sem qualquer relação aparente com a operação.

71 – Ausência de evidência da utilização das quantias mutuadas, procedendo o cliente ao levantamento em numerário do valor creditado na sua conta de depósito bancário e correspondente ao empréstimo concedido.

72 – Realização de pagamentos relacionados com a utilização de cartões de crédito e efetuados, repetidamente, por pessoas distintas dos titulares dos mesmos.

D. Indicadores relacionados com operações de transferência de fundos

73 – Transferências segmentadas em várias operações, por forma a evitar o cumprimento de obrigações legais e regulamentares previstas para operações que atinjam um determinado montante.

74 – Transferências para o exterior que se mostrem inconsistentes com a atividade conhecida do cliente, em razão, designadamente, do montante, da frequência ou dos beneficiários das mesmas.

75 – Transferências nas quais – em qualquer momento do circuito dos fundos, incluindo no ato de disponibilização dos mesmos aos seus beneficiários finais – intervenham, a qualquer título, formal ou informalmente, pessoas ou entidades que não estejam devidamente autorizadas para o exercício de tal atividade pelas autoridades competentes dos países ou jurisdições envolvidas.

76 – Transferências em que não exista uma conexão aparente entre a atividade conhecida do cliente e os ordenantes/beneficiários das operações ou os países/zonas geográficas de origem/destino das mesmas.

77 – Transferências em que o cliente se recuse ou mostre relutância em dar uma explicação para a realização da operação.

78 – Transferências a favor de um beneficiário ou proveniente de um ordenante acerca do qual o cliente revele dispor de pouca informação ou mostre relutância em fornecê-la.

79 – Transferências por montantes superiores àqueles que eram expectáveis aquando do estabelecimento da relação de negócio com o cliente.

80 – Transferências para o exterior efetuadas a favor de um conjunto alargado de beneficiários que, aparentemente, não tenham laços familiares com o cliente.

81 – Transferências efetuadas a favor de um conjunto alargado de beneficiários, sendo estes nacionais de países ou jurisdições reconhecidamente relacionadas com atividades terroristas.

82 – Transferências ordenadas regularmente pela mesma pessoa ou entidade, sendo diferentes os destinatários e iguais ou aproximados os montantes transferidos.

83 – Transferências ordenadas regularmente pela mesma pessoa ou entidade, sendo comum o destinatário e diferentes os montantes transferidos.

84 – Transferências ordenadas por pessoas ou entidades diferentes e destinadas ao mesmo beneficiário, na mesma data ou em datas muito próximas.

85 – Transferências ordenadas por pessoas ou entidades diferentes que tenham em comum um ou mais elementos de informação pessoais (apelido, morada, entidade patronal, número telefónico, etc.), efetuadas na mesma data ou em datas muito próximas.

86 – Transferências ordenadas por pessoas ou entidades diferentes, sendo os respetivos fundos disponibilizados por apenas um deles.

87 – Transferências efetuadas com recurso a fundos disponibilizados por um terceiro.

88 – Transferências de montantes elevados, com instruções de disponibilização dos fundos ao respetivo destinatário em numerário.

89 – Transferências do exterior em que os valores transferidos tenham saída imediata da conta do cliente ou, não havendo conta, sejam imediatamente transferidos para outros beneficiários.

90 – Transferências acompanhadas de instruções para que os montantes transferidos sejam disponibilizados a terceiros e não aos beneficiários das operações.

91 – Transferências para o exterior efetuadas de forma cruzada com transferências do exterior pelos mesmos valores ou valores aproximados.

92 – Transferências em que os clientes evidenciem um interesse e uma curiosidade fora do comum sobre o sistema de transferência de fundos, designadamente procedimentos operativos, limites, etc.

93 – Transferências para o exterior efetuadas em períodos temporais aparentemente não coincidentes com o pagamento da remuneração salarial, em especial quando ordenadas por cidadãos imigrantes.

E. *Indicadores relacionados com operações de câmbio manual*

94 – Operações segmentadas em várias compras/vendas, por forma a evitar o cumprimento de obrigações legais e regulamentares previstas para operações que atinjam um determinado montante.

95 – Operações que se mostrem inconsistentes com a atividade conhecida do cliente, em razão, designadamente do montante ou da frequência das mesmas.

96 – Operações executadas com base numa taxa de câmbio mais favorável para a instituição financeira do que a taxa publicitada e ou o pagamento de comissões por um valor superior ao devido, por proposta do cliente.

97 – Operações em que os clientes pretendam trocar somas avultadas numa determinada moeda estrangeira por outra moeda estrangeira.

98 – Operações com clientes não residentes que aparentem deslocar-se ao território nacional com o expresso propósito de efetuar compras/vendas de moeda.

99 – Operações frequentes com notas de valor facial reduzido ou com divisas de reduzida circulação internacional.

100 – Operações em que os clientes deem instruções à sociedade financeira no sentido de o contravalor ser posteriormente entregue a um terceiro.

101 – Operações em que os clientes insistam no recebimento do contravalor através de cheque da instituição financeira, não sendo esta prática usualmente adotada pela mesma.

102 – Operações em que os clientes solicitem o recebimento do contravalor, em moeda estrangeira, em notas com o mais elevado valor facial possível.

103 – Operações em que os clientes solicitem o recebimento do contravalor em vários vales postais de montantes reduzidos, à ordem de vários beneficiários.

F. Indicadores relacionados com os colaboradores das instituições financeiras

104 – Colaboradores que, de forma reiterada, deixem de observar obrigações legais ou procedimentos internos em matéria de prevenção do BC/FT.

105 – Colaboradores que estabeleçam com clientes relações de familiaridade e proximidade que ultrapassem o padrão normal no contexto das funções que lhes estão cometidas ou sejam desconformes com as práticas internas da instituição financeira.

106 – Colaboradores que evidenciem um padrão de comportamento social ou outros sinais exteriores não compatíveis com a situação financeira dos mesmos que for conhecida pela instituição financeira.

G. Outros indicadores

107 – Operações relacionadas com a venda de imóveis em que:

a) O valor de venda seja muito superior aos valores de mercado;
b) O pagamento seja efetuado por cheque ao portador ou por cheque endossado a favor de terceiro sem aparente relação com a transação;
c) O pagamento seja efetuado em numerário, em especial quando proveniente de conta de depósito bancário titulada por terceiro sem aparente relação com o comprador; ou
d) O imóvel transacionado tenha sido recentemente adquirido pelo vendedor.

108 – Operações relacionadas com organizações sem fins lucrativos quando:

a) A natureza, a frequência ou o montante das operações não forem consistentes com a dimensão da organização, com os seus objetivos e ou com a sua atividade conhecida;
b) A frequência e o montante das operações aumentem repentinamente;

c) A organização mantenha fundos avultados na sua conta de depósito bancário por longos períodos de tempo;
d) A organização apenas angarie contribuições de pessoas ou entidades não residentes em Portugal;
e) A organização aparente dispor de poucos ou nenhuns meios humanos e logísticos afetos à respetiva atividade;
f) Os representantes da organização não sejam residentes em Portugal, em especial quando se verifique a transferência de elevados montantes destinados ao país de residência daqueles representantes; ou g) A organização tenha algum tipo de conexão com países ou jurisdições publicamente reconhecidos como locais de produção/ /tráfico de estupefacientes, como detentores de elevados índices de corrupção, como plataformas de branqueamento de capitais, como promotores ou apoiantes do terrorismo ou como promotores ou apoiantes da proliferação de armas de destruição massiva.

109 – Clientes que, de forma súbita, aumentem substancialmente o número de visitas aos seus cofres de aluguer.

110 – Clientes que efetuem transações de elevado valor através de cartões pré-pagos ou que adquiram um largo número de cartões pré-pagos à mesma instituição financeira.

Dever de Colaboração

Outro dever que decorre da LBCFT, nomeadamente através do art. 53º, é o dever de colaboração. As entidades obrigadas devem prestar a sua total colaboração, se esta lhes for requerida pelo DCIAP e pela UIF, bem como pelas demais autoridades judiciárias e policiais, pelas autoridades setoriais e pela Autoridade Tributária e Aduaneira (AT). Incumbe, nos termos do nº 2 do presente artigo, à sociedade gestora:

a) Responder, de forma completa, no prazo fixado e através de canal seguro que garanta a integral confidencialidade dos elementos prestados, aos pedidos de informação destinados a determinar se mantêm ou mantiveram, nos últimos sete anos, relações de negócio com uma dada pessoa singular ou coletiva ou centro de interesses coletivos sem personalidade jurídica, e qual a natureza dessas relações;

b) Disponibilizar, de forma completa e no prazo fixado, todas as informações, esclarecimentos, documentos e elementos que lhes sejam requeridos;
c) Conferir, sempre que requerido e no prazo para o efeito fixado, acesso remoto àquelas informações, documentos e elementos;
d) Cumprir, nos termos e prazos fixados, quaisquer deveres de comunicação periódicos estabelecidos em regulamentação setorial;
e) Enviar, de forma completa e nos prazos fixados, quaisquer outras informações requeridas de forma periódica ou sistemática, independentemente da existência de um dever de comunicação;
f) Colaborar plena e prontamente com as autoridades setoriais no exercício da sua atividade inspetiva, designadamente:
    i) Abstendo-se de qualquer recusa ou conduta obstrutiva ilegítimas;
    ii) Facultando a inspeção de quaisquer instalações utilizadas, ainda que por terceiros, para o exercício da sua atividade e serviços conexos;
    iii) Garantindo acesso direto e facultando o exame de elementos de informação no local, independentemente do respetivo suporte;
    iv) Facultando cópias, extratos ou traslados de toda a documentação requerida;
    v) Assegurando a comparência e a plena colaboração de qualquer representante ou colaborador que deva ser ouvido pela autoridade inspetiva, qualquer que seja a natureza do respetivo vínculo;
g) Cumprir integralmente, e no prazo fixado, as determinações, ordens ou instruções que lhes sejam dirigidas ao abrigo do disposto na presente lei;
h) Informar sobre o estado de execução das recomendações que lhes sejam dirigidas ao abrigo do artigo 98º.

Tanto o DCIAP como a UIF podem requerer, a qualquer momento às entidades obrigadas que estas as informem, no imediato ou em outro prazo que para o efeito definirem, das operações propostas, tentadas, iniciadas ou efetuadas no âmbito de contas ou outras relações de negócio previamente identificadas, mesmo que estejam em vigor, medidas de suspensão.

Dever de Não Divulgação

O dever de não divulgação encontra-se regulado no art. 54º da LBCFT. Defendemos que a terminologia utilizada pelo legislador de "dever de não divulgação" é um termo mal cunhado, pois mais do que um dever de não divulgar, existe um verdadeiro dever de segredo.

As entidades obrigadas, representadas através dos membros dos seus órgãos sociais, ou por sujeitos que exerçam funções de direção, gerência ou chefia, colaboradores, mandatários ou outras pessoas que lhes prestem serviço a título permanente, temporário ou ocasional, não podem divulgar um conjunto de informações a clientes ou terceiros, respeitantes a crimes de BC/FT que tenham conhecimento. Nos termos do nº 1 do art. 54º da LBCFT, não podem ser divulgadas as informações:

a) Que foram, estão a ser ou irão ser transmitidas as comunicações legalmente devidas, nos termos do disposto nos artigos 43º, 45º, 47º e 53º;
b) Quaisquer informações relacionadas com aquelas comunicações, independentemente de as mesmas decorrerem de análises internas da entidade obrigada ou de pedidos efetuados pelas autoridades judiciárias, policiais ou setoriais;
c) Que se encontram ou possa vir a encontrar-se em curso uma investigação ou inquérito criminal, bem como quaisquer outras investigações, inquéritos, averiguações, análises ou procedimentos legais a conduzir pelas autoridades referidas na alínea anterior;
d) Quaisquer outras informações ou análises, de foro ou interno ou externo, sempre que disso dependa:
    i) O cabal exercício das funções conferidas pela presente lei às entidades obrigadas e às autoridades judiciárias, policiais e setoriais;
    ii) A preservação de quaisquer investigações, inquéritos, averiguações, análises ou procedimentos legais e, no geral, a prevenção, investigação e deteção do branqueamento de capitais e do financiamento do terrorismo.

É importante notar que não existe a violação do dever de não divulgação (ou dever de segredo), se esta informação for prestada às autoridades setoriais, às autoridades judiciárias e policiais, ou à Autoridade Tributária e Aduaneira. Apesar deste dever, é possível a divulgação de informações, nos termos do nº 3 do art. 54º da LBCFT:

a) Entre entidades financeiras e entre estas e outras entidades de natureza equivalente situadas em Estado-Membro, desde que pertençam ao mesmo grupo;
b) Entre entidades financeiras e as suas sucursais e filiais participadas maioritariamente, situadas em países terceiros, desde que essas sucursais e filiais cumpram integralmente o disposto no nº 4 do artigo 22º;
c) Entre as pessoas referidas nas alíneas e) e f) do nº 1 do artigo 4º, que estejam estabelecidas num Estado-Membro ou em país terceiro que imponha requisitos equivalentes aos estabelecidos na presente lei e na regulamentação que o concretiza, quando exerçam a sua atividade profissional, como trabalhadores assalariados ou não, dentro da mesma pessoa coletiva ou de uma estrutura mais vasta a que pertence a pessoa e que partilha a mesma propriedade, gestão ou controlo da conformidade normativa;
d) Entre entidades financeiras, outras entidades de natureza equivalente e as pessoas referidas nas alíneas e) e f) do nº 1 do artigo 4º, quando troquem entre si informação que respeite a um cliente ou a uma operação comum e desde que as entidades ou pessoas em causa:
    i) Estejam situadas ou estabelecidas num Estado-Membro ou em país terceiro que imponha requisitos equivalentes aos estabelecidos na presente lei e na regulamentação que o concretiza;
    ii) Pertençam à mesma categoria profissional, entendendo-se, para este efeito, que pertencem à mesma categoria profissional as entidades financeiras abrangidas pela presente lei e as entidades de natureza equivalente; e
    iii) Estejam sujeitas a obrigações equivalentes no que se refere ao segredo profissional e à proteção de dados pessoais.

Ainda relativamente ao dever de não divulgação, este conhece algumas especificidades no âmbito do art. 56º da LBCFT. Já tivemos a oportunidade de verificar que impede sobre as entidades obrigadas, o dever de prestar informações e de disponibilizar todos os documentos às autoridades quando tenham conhecimento de atos criminosos em matéria de BC/FT, ou quando solicitados por esta.

Nos termos do nº 2 do presente artigo, a disponibilização das informações, documentos e outros elementos, quando prestadas com boa-fé, não constitui violação de qualquer dever de segredo imposto por via legislativa, regulamentar ou contratual, nem implica a responsabilidade de qualquer tipo, mesmo quando se verifique um desconhecimento da concreta atividade criminosa ou esta não tenha efetivamente ocorrido.

Segundo o nº 3 do art. 56º da LBCFT, as entidades obrigadas devem abster-se de ameaçar, praticar atos hostis ou retaliatórios, sobretudo através de práticas laborais desfavoráveis ou discriminatórias contra quem presta as informações ou forneça a referida documentação, de boa-fé, as autoridades competentes. Um trabalhador não pode ser alvo de um procedimento disciplinar, criminal ou civil quando tenha somente prestado informações e documentos às autoridades. Só o será, caso a disponibilização for deliberada e manifestamente infundada.

De forma a proteger os trabalhadores que prestem as informações e os documentos, a lei dispõe no nº 6 do art. 56º da LBCFT que, as entidades obrigadas têm o dever de garantir a confidencialidade das identidades dos colaboradores, tanto perante colegas, como clientes ou terceiros. Estes elementos podem ser utilizados em processo penal, bem como em quaisquer outros inquéritos. Se os colaboradores forem alvo de atos hostis ou de retaliação por parte da entidade obrigada, estes podem, ao abrigo do nº 8 do art. 56º da LBCFT, apresentar queixa às autoridades competentes e podem intentar ações cíveis, sem prejuízo da confidencialidade da informação recolhida pela UIF.

Dever de Formação

Nos termos do art. 55º da LBCFT, as entidades obrigadas têm o dever de garantir que os seus dirigentes, trabalhadores e colaboradores têm todas as ferramentas necessárias para cumprir cabalmente as suas funções. Para o efeito, é necessário que lhes sejam ministradas, ações específicas e regulares de formação adequadas a cada setor de atividade, que as habilitem a reconhecer operações que possam estar relacionadas com o branqueamento de capitais e o financiamento do terrorismo e a atuar em tais casos, de acordo com as disposições da presente lei e das normas regulamentares que a concretizam. Para além do que foi dito, estes trabalhadores devem ter também formação em matéria de proteção de dados pessoais.

No caso de colaboradores recém-admitidos, as entidades obrigadas, imediatamente após a respetiva admissão, devem proporcionar toda a formação adequada sobre as políticas, procedimentos e controlos internamente definidos em matéria de BC/FT. Estas ações devem ser, nos termos do art. 55º, nº 4 da LBCFT, ministradas por pessoas com reconhecida competência e experiência no domínio da prevenção e combate ao branqueamento de capitais e ao financiamento do terrorismo e precedidas por um parecer favorável do responsável pelo cumprimento normativo, quando este tenha sido nomeado.

Embora não decorra da lei, defendemos que se o recém-contratado for o responsável pelo cumprimento normativo, este parecer deve ser dado pelos membros que compõem o órgão de administração. As entidades obrigadas devem manter os registos atualizados e completos das ações de formação internas ou externas realizadas, respeitando as condições previstas no art. 51º da presente Lei.

Deveres Específicos das Entidades Financeiras

Para além dos deveres gerais previstos no capítulo IV da LBCFT, as entidades financeiras têm deveres específicos, previstos nos arts. 62º a 73º da referida Lei, em matéria de branqueamento de capitais e financiamento do terrorismo.

Em relação às sucursais e filiais em países terceiros, o art. 62º-A, nº1 da LBCFT, regula que, em cumprimento do disposto no nº 4 do artigo 22º LBCFT, as entidades financeiras devem assegurar igualmente a adoção dos procedimentos previstos no artigo 2º do Regulamento Delegado (UE) 2019/758 da Comissão, de 31 de janeiro de 2019, que complementa a Diretiva (UE) 2015/849 do Parlamento Europeu e do Conselho, no que diz respeito às normas técnicas reguladoras das medidas mínimas e do tipo de medidas adicionais que as instituições de crédito e financeiras devem tomar para mitigar o risco de branqueamento de capitais e de financiamento do terrorismo em determinados países terceiros.

As entidades financeiras encontram-se adstritas, nos termos do art. 63º da referida Lei, a dar cumprimento, nos termos e com a extensão a definir por regulamentação setorial, aos deveres preventivos previstos na LBCFT, relativamente às operações, e respetivas contrapartes, que efetuem, tanto por conta própria, como por conta de terceiros que não revistam a qualidade de cliente.

O art. 64º da LBCFT estabelece ainda regras quanto à proibição do anonimato. É proibida a abertura, a manutenção ou a existência de cadernetas, cofres ou contas anónimas, qualquer que seja a sua natureza, assim como a utilização de denominações ou nomes fictícios, sendo também proibida a emissão, a utilização ou a aceitação de pagamentos em moeda eletrónica anónima, incluindo com recurso a instrumentos pré-pagos anónimos, salvo na medida em que o contrário resultar de regulamentação setorial.

As entidades financeiras, não podem também, nos casos de abertura de contas, permitir a realização de operações pelo cliente ou em nome deste. Estas entidades também não podem disponibilizar instrumentos de pagamento sobre a conta, nem efetuar alterações na sua titularidade, enquanto não se mostrar verificada a identidade do cliente e do beneficiário efetivo.

É também vedado às entidades financeiras, nos termos do art. 66º da LBCFT, o estabelecimento ou a manutenção de relações de correspondência com bancos de fachada. Segundo o art. 2º, nº 1, alínea g), uma banco de fachada é qualquer entidade que exerça atividade própria ou equivalente à de uma entidade financeira que: i) Seja constituída em país ou jurisdição em que não disponha de presença física que envolva uma efetiva direção e gestão, não configurando presença física a mera existência de um agente local ou de funcionários subalternos; e ii) Não se integre num grupo financeiro regulado;

As entidades financeiras também não podem manter relações de correspondência com outras entidades que recorram a bancos de fachada. Caso a situação tenha sido só detetada na pendência da relação negocial, as entidades financeiras têm o dever de pôr termo a essa relação, devendo comunicar a situação às autoridades.

Dentro dos deveres das entidades financeiras, está consagrado o dever específico de identificação e diligência, relativamente aos contratos de seguros[176] de vida e às relações de correspondência.

A LBCFT dedica os arts. 68º e 69º aos contratos de seguros de vida, onde em complemento dos demais procedimentos normais de identificação e

[176] Suman Acharya, "Money Laundering (ML) and Terrorism Financing (TF) in the Insurance Market: A Risk and Vulnerability", *SSRN Electronic Journal*, 2015.

diligência previstos na LBCFT, as entidades financeiras, relativamente aos beneficiários de contratos de seguros do ramo vida, logo que sejam identificados ou designados, devem recolher o nome ou a denominação dos beneficiários, quando expressamente identificados como pessoas singulares ou coletivas ou como centros de interesses coletivos sem personalidade jurídica.

Incumbe ainda às entidades financeiras, nos termos do art. 68º, nº 1, alínea b), obter informações suficientes sobre os beneficiários, quando designados por características, categorias ou outros meios, de modo a garantir as condições necessárias ao estabelecimento da sua identidade no momento do pagamento do benefício.

Esta verificação de identidade deve ocorrer até ao momento do pagamento do benefício. Em caso de cessão a terceiros, total ou parcial, de contrato de seguro do ramo vida, dispõe o nº 3 do art. 68º que as entidades obrigadas devem identificar e verificar a identidade, no momento em que ocorra a cessão do contrato para o cessionário que receba, em proveito próprio, o valor do contrato cedido.

No art. 69º da LBCFT, é elencado um conjunto de medidas reforçadas destinadas a complementar as medidas normais para estes contratos de seguro de vida. As entidades financeiras devem:

a) Considerar o beneficiário de tais contratos como um fator de risco a ter conta na análise dos riscos de branqueamento de capitais ou de financiamento do terrorismo que devem motivar a adoção de medidas reforçadas no âmbito do dever de identificação e diligência;
b) Sempre que detetem um risco acrescido de branqueamento de capitais ou de financiamento do terrorismo associado a um beneficiário de tais contratos que seja uma pessoa coletiva ou um centro de interesses coletivos sem personalidade jurídica, aplicam necessariamente essas medidas reforçadas, incluindo a adoção de medidas razoáveis para, até ao momento do pagamento do benefício, conhecer e verificar a identidade do beneficiário efetivo do beneficiário de tais seguros, nos termos constantes dos artigos 29º a 34º, com as necessárias adaptações;
c) Adotar, até ao momento do pagamento do benefício ou da cessão, total ou parcial, dos contratos, medidas razoáveis para determinar se os beneficiários de tais contratos e, quando aplicável, os

beneficiários efetivos daqueles beneficiários têm a qualidade de pessoas politicamente expostas, com base nos procedimentos ou sistemas previstos no artigo 19º;

d) Nos casos em que, verificando-se aquela qualidade, sejam identificados riscos mais elevados:

   i) Informam a direção de topo antes de efetuar o pagamento do capital do contrato;
   ii) Realizam um escrutínio reforçado do conjunto da relação de negócio com o tomador de seguro, tendo particularmente em vista identificar eventuais operações que devam ser objeto de comunicação nos termos previstos no artigo 43º

Quanto às relações de correspondência, o art. 70º estabelece um conjunto de medidas reforçadas a cargo do correspondente, enquanto o art. 71º enuncia medidas reforçadas a cargo do respondente. A expressão "relação de correspondência" designa a prestação de serviços por banco, entidade financeira ou outra entidade prestadora de serviços similares (o correspondente), a banco, entidade financeira ou outra entidade de natureza equivalente que seja sua cliente (o respondente), a qual inclua a disponibilização de uma conta corrente ou outra conta que gere uma obrigação e serviços conexos, tais como gestão de numerário, processamento de transferências de fundos e de outros serviços de pagamento por conta do respondente, compensação de cheques, contas correspondentes de transferência, serviços de câmbio e operações com valores mobiliários[177].

Autoridades Setoriais

Em primeiro lugar, devemos identificar quais são as autoridades setoriais competentes para a verificação do cumprimento dos deveres preventivos no âmbito do branqueamento de capitais e do financiamento do terrorismo.

Nos termos do art. 84º da LBCFT, a verificação do cumprimento, pelas entidades financeiras, dos deveres e obrigações previstos na presente Lei e nos respetivos regulamentos setoriais compete, em todo o território

[177] Nos termos da alínea g), do nº 1 do art. 2º da LBCFT.

nacional: à Autoridade de Supervisão de Seguros e Fundos de Pensões (ASF), nos termos do art. 85º, ao Banco de Portugal (BP) e à CMVM; e nos termos previstos nos arts. 86º a 88º, à Inspeção-Geral de Finanças (IGF), relativamente à Agência de Gestão da Tesouraria e da Dívida Pública – IGCP, E. P. E.

As atribuições do Banco de Portugal em matéria de supervisão preventiva do branqueamento de capitais e do financiamento do terrorismo ao abrigo da presente lei, não são prejudicadas pelo disposto no Regulamento (UE) nº 1024/2013 do Conselho, de 15 de outubro de 2013, que confere ao Banco Central Europeu atribuições específicas no que diz respeito às políticas relativas à supervisão prudencial das instituições de crédito.

A competência para a verificação do cumprimento do disposto no artigo 46º da LBCFT, relativamente à comunicação de atividades imobiliárias e na regulamentação que o concretiza compete, nos termos do art. 91º, ao Instituto dos Mercados Públicos, do Imobiliário e da Construção (IMPIC), mesmo nos casos em que esse dever de comunicação impende sobre uma entidade financeira.

Quanto às competências exclusivas da Autoridade de Supervisão de Seguros e Fundos de Pensões, estabelece o art. 85º da LBCFT que compete à ASF a supervisão das seguintes entidades financeiras: *Sociedades gestoras de fundos de pensões; Empresas de seguros, mediadores de seguros e mediadores de seguros a título acessório, que exerçam atividades no âmbito do ramo Vida; Sucursais situadas em território português das entidades financeiras referidas nas alíneas anteriores, ou de outras entidades de natureza equivalente, que tenham sede no estrangeiro; Entidades referidas nas alíneas a) e b), ou outras entidades de natureza equivalente, que operem em Portugal em regime de livre prestação de serviços, apenas nos termos previstos no artigo 73º da LBFCT.*

Note-se que a supervisão da distribuição de seguros é uma competência exclusiva da Autoridade de Supervisão de Seguros e Fundos de Pensões, ainda que o mediador de seguros ou mediador de seguros a título acessório exerça outras atividades sujeitas à supervisão ou fiscalização de outras autoridades.

É da competência exclusiva do Banco de Portugal, nos termos do art. 86º da LBCFT, a supervisão das seguintes entidades financeiras: *das Instituições de crédito hipotecário; Sociedades financeiras, com exceção das sociedades financeiras de crédito e das sociedades de investimento reguladas pelo Decreto-Lei nº 260/94, de*

22 de outubro, e das sociedades financeiras referidas no artigo seguinte; Instituições de pagamento com sede em Portugal; Instituições de moeda eletrónica com sede em Portugal; Sucursais situadas em território português das entidades financeiras referidas nas alíneas anteriores, ou de outras entidades de natureza equivalente, que tenham sede no estrangeiro; Instituições de pagamento com sede noutro Estado membro da União Europeia, quando operem em território nacional através de agentes; Instituições de moeda eletrónica com sede noutro Estado membro da União Europeia, quando operem em território nacional através de agentes ou distribuidores; Entidades referidas nas alíneas a) a d), ou outras entidades de natureza equivalente, que operem em Portugal em regime de livre prestação de serviços, apenas nos termos previstos no artigo 73º; Entidades que prestem serviços postais, relativamente aos produtos financeiros que disponibilizem por conta própria.

É da competência exclusiva da CMVM, nos termos do art. 87º da LBCFT a supervisão das seguintes entidades financeiras: *Empresas de investimento; Sociedades gestoras de organismos de investimento coletivo e sociedades gestoras de fundos de titularização de créditos; Sociedades de investimento coletivo autogeridas; Sociedades de capital de risco, investidores em capital de risco, sociedades de empreendedorismo social, sociedades gestoras de fundos de capital de risco, sociedades de investimento em capital de risco autogeridas e sociedades de investimento alternativo especializado autogeridas. Sociedades de titularização de créditos; Sociedades que comercializam, junto do público, contratos relativos ao investimento em bens corpóreos; Consultores para investimento em valores mobiliários; Sucursais situadas em território português das entidades financeiras referidas nas alíneas anteriores, ou de outras entidades de natureza equivalente, que tenham sede no estrangeiro; Entidades referidas nas alíneas a) a g), ou outras entidades de natureza equivalente, que operem em Portugal em regime de livre prestação de serviços, apenas nos termos previstos no artigo 73º; Sociedades de investimento mobiliário para fomento da economia; Gestores de fundos de capital de risco qualificados; Gestores de fundos de empreendedorismo social qualificados; Fundos de investimento de longo prazo da União Europeia com a designação «ELTIF» autogeridos; Sociedades de Investimento e Gestão Imobiliária em Portugal.*

Compete ao Banco de Portugal e à CMVM, nos termos do art. 88º da LBCFT, no âmbito das respetivas atribuições, a supervisão das entidades financeiras relativamente às quais não exerçam competências exclusivas ao abrigo do disposto nos artigos anteriores, designadamente das seguintes entidades: *Instituições de crédito que não sejam instituições de crédito hipotecário; Sociedades financeiras de crédito; Sociedades de investimento reguladas pelo Decreto-Lei nº 260/94, de 22 de outubro.*

Deveres das Autoridades Setoriais

1. Dever de Exercício de uma Supervisão ou Fiscalização Baseada no Risco

As autoridades setoriais têm o dever de fiscalizar ou supervisionar o disposto na LBCFT e nos demais diplomas regulamentares de aplicação setorial, de acordo com os riscos de branqueamento de capitais e de financiamento do terrorismo existentes.

As referidas autoridades setoriais devem obter a informação necessária para compreender, de forma clara e em permanência, os riscos de branqueamento de capitais e de financiamento do terrorismo, existentes a nível nacional e supranacional, considerando, pelo menos, as avaliações nacionais previstas no artigo 8º e as fontes referidas no respetivo nº 4 da LBCFT. As autoridades setoriais têm ainda a obrigação de identificar e avaliar, numa base permanente, os riscos de branqueamento de capitais e de financiamento do terrorismo existentes no contexto dos setores que supervisionam ou fiscalizam, devendo proceder a exercícios de avaliação periódicos.

Outra exigência que decorre do art. 102º da LBFCT é a de que as autoridades setoriais devem identificar e avaliar, numa base permanente, os riscos de branqueamento de capitais e de financiamento do terrorismo associados às respetivas entidades obrigadas ou, quando o risco concreto não justifique uma análise individualizada, a um dado conjunto de entidades obrigadas. De forma a cumprirem esta exigência, as autoridades setoriais devem:

- Exercer os poderes de verificação do cumprimento que lhe são conferidos pela presente lei para garantir o acesso a toda a informação relevante sobre os riscos de branqueamento de capitais e de financiamento do terrorismo a que as respetivas entidades obrigadas se encontram expostas;
- Identificar os concretos riscos de branqueamento de capitais e de financiamento do terrorismo inerentes à realidade operativa

específica das entidades obrigadas e, quando aplicável, do grupo em que se inserem, considerando pelo menos os aspetos referidos na alínea a) do nº 2 do artigo 14º;
- Definir e categorizar o perfil de risco de branqueamento de capitais e de financiamento do terrorismo das entidades obrigadas, incluindo os riscos de incumprimento da presente lei e dos respetivos diplomas regulamentares de aplicação setorial;
- Rever os exercícios de identificação e avaliação já efetuados, numa base periódica, de acordo com os riscos anteriormente identificados e sempre que se verifiquem acontecimentos ou desenvolvimentos na gestão ou nas atividades das entidades obrigadas que justifiquem uma revisão extraordinária.

Importa notar que, nos termos do nº 4 do art. 102º da LBCFT, as autoridades setoriais determinam o tipo, a frequência e a intensidade das ações de supervisão ou fiscalização, bem como das correspondentes medidas de verificação do cumprimento, com base no perfil de risco das respetivas entidades obrigadas e nos riscos relevantes de branqueamento de capitais e de financiamento do terrorismo de âmbito setorial, nacional ou supranacional.

No quadro da sua atividade, as autoridades setoriais devem atuar com respeito pelo princípio da proporcionalidade e devem ter em consideração os seguintes aspetos:

- A dimensão, a natureza, o nível e a complexidade das entidades obrigadas e das atividades por estas prosseguidas;
- O grau de discricionariedade atribuído às entidades obrigadas na identificação e avaliação dos riscos de branqueamento de capitais e de financiamento do terrorismo a que se encontram expostas e;
- A adequação dos exercícios de identificação, avaliação e mitigação de risco efetuados pelas entidades obrigadas, incluindo a pertinência e o nível de eficácia das suas políticas, controlos e procedimentos internos em matéria de prevenção do branqueamento de capitais e do financiamento do terrorismo.

As autoridades setoriais aprovam, por regulamentação própria, os procedimentos internos necessários a dar cumprimento ao disposto no artigo 102º da LBCFT, dando conhecimento dos mesmos à Comissão de

Coordenação das Políticas de Prevenção e Combate ao Branqueamento de Capitais e ao Financiamento do Terrorismo.

2. *Dever de Dotação de Recursos Adequados*

As autoridades setoriais devem, nos termos do art. 103º da LBCFT estar dotadas de recursos financeiros, humanos e técnicos adequados ao seu desempenho e independente das suas funções. As autoridades setoriais devem também assegurar que os colaboradores afetos à supervisão ou fiscalização da LBCFT, seguem os mais elevados padrões profissionais, nomeadamente quanto à confidencialidade em matéria de proteção de dados pessoais.

Os colaboradores devem exercer as suas funções com integridade, devendo para tal possuir as competências pessoais e profissionais adequadas ao exercício da função que lhes for atribuída. Estas são exigências que as autoridades setoriais devem cumprir aquando do processo de contratação de novos colaboradores. Ao abrigo do nº 4 do art. 103º da LBCFT, as autoridades setoriais devem ainda assegurar que os colaboradores participam nas demais ações de formação necessárias ao cabal desempenho das funções de supervisão ou fiscalização.

3. *Dever de Comunicação*

As autoridades setoriais têm o dever de comunicar ao Departamento Central de Investigação e Ação Penal (DCIAP) e à Unidade de Informação Financeira (UIF), sempre que, no exercício de quaisquer funções, as autoridades setoriais tenham conhecimento ou suspeitem de factos suscetíveis de estarem relacionados com atividades criminosas de que provenham fundos ou outros bens ou com o financiamento do terrorismo.

Nos termos do art. 104º, nº 2 da LBCFT, este dever de comunicação é igualmente aplicável: às autoridades responsáveis pela supervisão das sociedades gestoras de mercado de valores mobiliários, das sociedades gestoras de câmara de compensação ou que atuem como contraparte central, das sociedades gestoras de sistema de liquidação e das sociedades gestoras de sistema centralizado de valores mobiliários e; à Autoridade Tributária e Aduaneira, no exercício das respetivas funções.

É também aplicável o referido no artigo 56º da LBCFT (*derrogação do dever de segredo e proteção na prestação de informações*) relativamente às informações prestadas pelas autoridades de supervisão ou fiscalização no âmbito das obrigações de comunicação previstas no artigo 104º LBCFT.

Para além dos referidos deveres da comunicação, a Ordem dos Revisores Oficiais de Contas (OROC) deve comunicar à CMVM, quaisquer denúncias ou outros elementos que possam indiciar o incumprimento dos deveres e obrigações previstos na LBCFT e nos respetivos diplomas regulamentares, no prazo de três dias, a contar da receção da denúncia ou daqueles elementos.

4. *Dever de Segredo*

Nos termos do nº 1 do art. 105º da LBCFT, as pessoas que exerçam ou tenham exercido funções nas autoridades setoriais, bem como as que lhe prestem ou tenham prestado serviços a título permanente ou ocasional, encontram-se sujeitas a dever de segredo sobre os factos que adquirem exclusivamente do exercício dessas funções ou da prestação desses serviços, não podendo divulgar, nem utilizar as informações obtidas. É relevante notar que o dever de segredo se mantém, mesmo após a cessação das funções ou da prestação de serviços pelas pessoas a ele sujeitas.

Os factos ou elementos sujeitos a segredo só podem ser revelados: mediante autorização do interessado, transmitida à autoridade setorial; no âmbito do cumprimento das obrigações e do desempenho das funções conferidas pela LBFCT, incluindo para os fins previstos no nº 7 do artigo 56º ou ainda; no quadro do regime de cooperação constante do Capítulo IX da LBCFT, nos específicos termos aí previstos.

Fora destes casos, as autoridades setoriais só podem proceder à troca de informação sujeita a segredo nos termos definidos na respetiva legislação setorial. Estabelece o nº 5 do art. 105º da LBFCT que é, no entanto, lícita a divulgação de informação que não permita a identificação individualizada de pessoas ou instituições, designadamente na forma sumária ou agregada.

Poderes das Autoridades Setoriais

Existem dois tipos de poderes que as autoridades setoriais dispõem, que são os poderes de regulamentação e os poderes de verificação do cumprimento.

Os poderes de regulamentação encontram-se previstos no art. 94º da LBCFT, no qual se prevê que as autoridade setoriais têm o poder de elaborar, aprovar ou fazer aprovar regulamentos, ou outras normas de caráter geral, destinados a assegurar que as obrigações previstas na presente lei são cumpridas com a extensão adequada aos riscos de branqueamento de capitais e de financiamento do terrorismo existentes em cada setor e à dimensão, à natureza e à complexidade das entidades obrigadas e das atividades por estas prosseguidas. Estes regulamentos ou normas podem, em particular:

- Definir situações em que deve ter lugar o reforço ou a simplificação das medidas de identificação e diligência previstas na LBCFT, bem como definir o concreto conteúdo daquelas medidas, sem prejuízo dos poderes conferidos às entidades obrigadas neste âmbito e das decisões individuais adotadas pelas autoridades setoriais competentes;
- Concretizar as demais condições de exercício dos deveres preventivos previstos nos capítulos IV, V e VI da LBCFT;
- Estabelecer os procedimentos, os instrumentos, os mecanismos, as formalidades de aplicação, as obrigações de prestação de informação e os demais aspetos necessários a assegurar o cumprimento daqueles deveres preventivos e uma efetiva gestão dos riscos de branqueamento de capitais e de financiamento do terrorismo, de acordo com a dimensão, a natureza e a complexidade das entidades obrigadas e das atividades por estas prosseguidas;
- Concretizar a amplitude e os termos do cumprimento dos deveres preventivos previstos na presente lei, por parte das entidades que exerçam atividades com ativos virtuais.

É ainda da competência das autoridades setoriais a elaboração, aprovação ou fazer com que sejam aprovados regulamentos, ou outras normas de caráter geral, destinados a regulamentar outras situações especificamente previstas na presente lei. As autoridades setoriais podem ainda emitir, aprovar ou fazer aprovar instruções ou outras normas de caráter particular em matéria de prevenção do branqueamento de capitais e do financiamento do terrorismo, bem como propor e homologar códigos de conduta e manuais de boas práticas relativamente às referidas matérias.

Os poderes de verificação do cumprimento encontram-se previstos no art. 95º da LBCFT. As autoridades setoriais têm o poder de fazer cumprir as normas constantes da presente lei e dos correspondentes diplomas regulamentares de aplicação setorial, adotando as medidas de supervisão ou fiscalização necessárias à verificação do respetivo cumprimento. Dentro dos seus poderes de verificação, as respetivas autoridades podem:

- Efetuar as inspeções periódicas e pontuais necessárias à verificação do quadro normativo aplicável;
- Requerer, de forma espontânea, periódica ou sistemática, a prestação das informações e dos demais elementos necessários à verificação do quadro normativo aplicável;
- Emitir as determinações, as ordens ou as instruções de natureza específica destinadas a fazer cumprir o quadro normativo aplicável ou a prevenir situações de incumprimento;
- Instaurar e instruir os respetivos procedimentos contraordenacionais ou disciplinares e, conforme o caso, aplicam ou propõem a aplicação de sanções;
- Exercer quaisquer outros poderes conferidos pelas respetivas leis orgânicas e pelos diplomas que regulam a respetiva atividade, na medida em que relevem para assegurar o cumprimento do disposto na presente lei e nos correspondentes diplomas regulamentares de aplicação setorial;
- Solicitar a qualquer pessoa as informações e os elementos que considerem relevantes para o exercício das suas funções e, se necessário, convocam e ouvem essa pessoa, ou o respetivo representante, a fim de obter as informações ou os elementos considerados relevantes.

Note-se que o nº 5 do art. 95º da LBCFT, estatui que as entidades que detenham participações qualificadas no capital das entidades obrigadas têm um dever especial de fornecer à autoridade setorial competente, todos os elementos ou informações que esta autoridade considere relevantes para a supervisão ou fiscalização das entidades em que participam.

A LBCFT estabelece no seu art. 96º, um conjunto de medidas de verificação do cumprimento de natureza inspetiva. As autoridades setoriais no âmbito dos seus poderes de exercício podem:

- Ter acesso a quaisquer estabelecimentos ou instalações utilizadas, ainda que por terceiros, para o exercício da respetiva atividade e quaisquer serviços conexos;
- Inspecionar e examinar os elementos de informação no local, independentemente do respetivo suporte;
- Obter cópias, extratos ou traslados dos documentos que considerem relevantes, independentemente do respetivo suporte;
- Solicitar a qualquer representante legal ou colaborador das entidades inspecionadas, ou a quem colabore com aquelas a qualquer título, quaisquer esclarecimentos sobre factos ou documentos relacionados com o objeto e a finalidade da inspeção e registam as respetivas respostas;
- Solicitar o auxílio das forças e dos serviços de segurança, quando o julguem necessário para o cabal desempenho das suas funções.

Além das medidas de natureza sancionatória (instauração de procedimentos contraordenacionais ou disciplinares), as autoridades setoriais podem nos termos do art. 97º da LBCFT, emitir determinações, ordens ou instruções de natureza específica, exigindo às entidades obrigadas que adotem as ações ou procedimentos necessários a sanar ou prevenir tal incumprimento. Desta forma, podem as autoridades setoriais determinar as seguintes medidas:

- Exigir o reforço dos processos e mecanismos criados para gerir os riscos de branqueamento de capitais e de financiamento do terrorismo;
- Proibir, limitar ou suspender atividades ou operações, no todo ou em parte;
- Impor medidas reforçadas relativamente a determinadas operações;
- Impor a comunicação de informação adicional ou intensificar a frequência das comunicações existentes, nomeadamente sobre operações efetuadas.

Dentro dos seus poderes, as autoridades setoriais podem emitir recomendações às entidades obrigadas de forma a favorecerem o cumprimento do quadro normativo aplicável a uma correta e efetiva gestão de riscos de branqueamento de capitais e financiamento do terrorismo, nos termos do art. 98º da LBCFT. As autoridades setoriais podem emitir recomendações e orientações genéricas ou específicas, dirigidas ao universo de entidades obrigadas ou a um tipo concreto de entidades obrigadas sempre que o considerem pertinente. Importa ainda considerar a regra prevista no nº 3 do art. 98º da LBCFT, que dispõe que as entidades obrigadas devem informar a autoridade setorial competente, nos termos a definir por esta, do estado de execução das recomendações que lhe tenham sido dirigidas, justificando fundamentadamente qualquer decisão de não acatar, no todo ou em parte, aquelas recomendações.

Sem prejuízo das medidas reforçadas elencadas na LBCFT, as autoridades setoriais podem adotar, dentro dos limites que a lei estabelece, as contramedidas necessárias a:

- Dar cumprimento a resolução do Conselho de Segurança das Nações Unidas ou a ato jurídico da União Europeia, bem como aos demais atos jurídicos que aprovem medidas restritivas de âmbito nacional ou supranacional;
- Dar cumprimento às declarações públicas e outras solicitações efetuadas pelo GAFI; ou fazer face aos riscos de branqueamento de capitais e de financiamento do terrorismo emergentes de países terceiros de risco elevado e de outras jurisdições de risco.

Estas contramedidas devem ser proporcionais aos riscos que forem identificados e não podem colidir com outras contramedidas presentes em atos jurídicos do Conselho de Segurança das Nações Unidas ou a atos jurídicos da União Europeia[178].

[178] Segundo o nº 3 do art. 99º da LBCFT, são exemplos de contramedidas, sem prejuízo de outras que se mostrem mais adequadas aos riscos concretos identificados:
"*a) Determinar a aplicação, pelas entidades obrigadas, de medidas reforçadas de identificação e diligência de conteúdo acrescido face ao previsto na presente lei;*
b) Determinar o reforço dos mecanismos existentes de comunicação ou de envio de informação pelas entidades obrigadas, designadamente através da solicitação de informação adicional;
c) Determinar, numa base sistemática, a comunicação de operações ou o envio de informação relativamente às mesmas pelas entidades obrigadas, independentemente do disposto nos artigos 45º e 46º;
d) Recusar ou condicionar à observância de requisitos adicionais o estabelecimento de filiais, de sucursais, de escritórios de representação ou de estruturas análogas do país em causa;
e) Proibir ou condicionar à observância de requisitos adicionais o estabelecimento de filiais, de sucursais, de escritórios de representação ou de estruturas análogas no país em causa;
f) Limitar as relações de negócio ou as operações de uma entidade obrigada com um dado território ou com as pessoas ou entidades desse território;

As autoridades setoriais exercem ainda, nos termos do art. 100º da LCBFT, relativamente às entidades a que se refere o artigo 5º da presente Lei e na extensão que for aplicável, poderes idênticos aos de que dispõem face às respetivas entidades obrigadas.

Fiscalização das Entidades Não Financeiras

As autoridades setoriais com competência para verificar se as entidades não financeiras dão cumprimento aos deveres legais e regulamentares são:

- Serviço de Regulação e Inspeção de Jogos do Turismo de Portugal, I. P (relativamente aos concessionários de exploração de jogo em casinos; aos concessionários de exploração de salas de jogo do bingo e; às entidades abrangidas pelo Regime Jurídico dos Jogos e Apostas Online;
- Inspeção-Geral do Ministério do Trabalho, Solidariedade e Segurança Social (relativamente às entidades pagadoras de prémios de apostas e lotarias);
- Instituto dos Mercados Públicos, do Imobiliário e da Construção (IMPIC, I. P) (relativamente às entidades não financeiras que exerçam qualquer atividade imobiliária (bem como relativamente a todas as entidades – qualquer que seja a sua natureza – que não cumpram o dever de comunicação previsto no artigo 46º da LBCFT);
- Comissão do Mercado de Valores Mobiliários (CMVM) (quanto aos auditores sobre os quais a Ordem dos Revisores Oficiais de Contas possua igualmente atribuições e; aos auditores de entidades de interesse público, como tal qualificadas no artigo 3º do Regime Jurídico de Supervisão de Auditoria);

g) Proibir o recurso pela entidade obrigada a terceiros localizados num dado território, mesmo quando esse território não seja qualificado como país terceiro de risco elevado;
h) Obrigar as entidades financeiras a analisar, alterar ou, se necessário, pôr termo às relações de correspondência com entidades de um dado território;
i) Determinar o reforço dos procedimentos de supervisão das sucursais e filiais de entidades com sede num dado território;
j) Determinar o reforço dos procedimentos de supervisão do grupo, relativamente às suas sucursais e filiais localizadas num dado território;
k) Determinar o reforço dos procedimentos de gestão do risco e de auditoria das entidades que operem num dado território".

- Ordem dos Contabilistas Certificados (OCC) (relativamente aos contabilistas certificados));
- Ordem dos Advogados (OA) (quanto aos advogados);
- Ordem dos Solicitadores e dos Agentes de Execução (OSAE) (quanto aos solicitadores);
- Membro do Governo responsável pela área da justiça, coadjuvado pelo Instituto dos Registos e do Notariado, I. P., em articulação com a Ordem dos Notários (quanto aos notários);
- Autoridade de Segurança Alimentar e Económica (ASAE)[179] (relativamente aos prestadores de serviços a sociedades, a outras pessoas coletivas ou a centros de interesses coletivos sem personalidade jurídica; aos profissionais que intervenham em operações de alienação e aquisição de direitos sobre praticantes de atividades desportivas profissionais (quando os mesmos não se enquadrem noutra categoria profissional prevista no nº 1 do artigo 4º da LBCFT); aos operadores económicos que exerçam a atividade leiloeira, incluindo os prestamistas; aos operadores económicos que exerçam as atividades de importação e exportação de diamantes em bruto; às entidades

[179] Nos termos da alínea i) do nº 1 do artigo 89º da Lei nº 83/2017, de 18 de agosto, compete à Autoridade de Segurança Alimentar e Económica (ASAE) a verificação do cumprimento dos deveres e obrigações previstos naquela lei, relativamente às pessoas ou entidades obrigadas, abrangidas pelo artigo 4º, que não se encontrem sujeitas à supervisão ou fiscalização de uma outra autoridade referida naquele artigo.
A ASAE detém, nos termos do nº 1 do artigo 94º, do mesmo diploma, poderes de regulamentação, visando assegurar que as obrigações previstas naquela lei são cumpridas com a extensão adequada aos riscos de branqueamento de capitais e de financiamento do terrorismo existentes em cada setor e à dimensão, à natureza e à complexidade das entidades obrigadas e das atividades por estas prosseguidas.
O Regulamento nº 314/2018 (Regulamento dos deveres gerais e específicos de prevenção e combate ao branqueamento de capitais e ao financiamento do terrorismo), de aplicação complementar à Lei nº 83/2017, de 18 de agosto, fixa as condições e determina o conteúdo do exercício dos deveres, gerais e específicos, que se encontram plasmados naquela, por parte das entidades obrigadas identificadas no artigo seguinte.
As entidades abrangidas pelo presente Regulamento estão sujeitas, na sua atuação, e de acordo com as regras estabelecidas na Lei e no presente regulamento, ao cumprimento dos seguintes deveres preventivos: dever de controlo; dever de identificação e diligência; dever de comunicação; dever de abstenção; dever de recusa; dever de conservação; dever de exame; dever de colaboração; dever de não divulgação e dever de formação. O presente Regulamento dedica artigos próprios para cada dever identificado.

autorizadas a exercer a atividade de transporte, guarda, tratamento e distribuição de fundos e valores, prevista na alínea d) do nº 1 do artigo 3º da Lei nº 34/2013, de 16 de maio; aos comerciantes que transacionem bens ou prestem serviços cujo pagamento seja feito em numerário e; às demais entidades não financeiras previstas no nº 1 do artigo 4º da LBCFT e que não se encontrem sob a supervisão ou fiscalização de uma outra autoridade setorial ou equiparada);

- Banco de Portugal (quanto às entidades que exerçam qualquer atividade com ativos virtuais).

Note-se que, nos termos do nº 2 do art. 89º da LBCFT, a CMVM e a Ordem dos Revisores Oficiais de Contas integram a verificação do cumprimento, pelos auditores, dos deveres e obrigações previstos na LBFCT e nos respetivos diplomas regulamentares, nas atividades de supervisão que exerçam ao abrigo do Regime Jurídico de Supervisão de Auditoria, aprovado pela Lei nº 148/2015, de 9 de setembro, e do Estatuto da Ordem dos Revisores Oficiais de Contas, aprovado pela Lei nº 140/2015, de 7 de setembro.

Nos termos do nº 3 do art. 89º da LBCFT, é da competência exclusiva da CMVM, a supervisão dos auditores de entidades de interesse público, como tal qualificadas no artigo 3º do Regime Jurídico de Supervisão de Auditoria. É ainda da sua competência exclusiva, a instrução e decisão de processos de contraordenação relativamente a quaisquer auditores, incluindo a aplicação de sanções de natureza contraordenacional.

As ordens profissionais têm também, nos termos do art. 90º da LBCFT, deveres de:

- Dotação de recursos financeiros, humanos e técnicos adequados para o desempenho de tais funções;
- Criação, dentro da sua estrutura orgânica, de unidades especificamente dedicadas a assegurar o cumprimento da presente lei e da regulamentação que o concretiza;
- Preparação e atualização de dados estatísticos relativos às profissões que regulam, de modo a permitir identificar, avaliar e mitigar os riscos de branqueamento de capitais e de financiamento do terrorismo existentes no contexto das mesmas;
- Garantir que são ministradas as ações necessárias para garantir o cumprimento, por parte dos respetivos membros, do dever de formação;

- Elaboração de um relatório anual detalhado das atividades levadas a cabo para assegurar o cumprimento das obrigações que lhes cabem ao abrigo da LBCFT, remetendo-o, até ao dia 31 de março do ano seguinte a que respeita, ao membro do Governo que exerce os respetivos poderes de tutela em conformidade com o artigo 45º da Lei nº 2/2013, de 10 de janeiro;
- As ordens profissionais devem ainda dar conhecimento, através da Comissão de Coordenação das Políticas de Prevenção e Combate ao Branqueamento de Capitais e ao Financiamento do Terrorismo, do relatório anual previsto no nº 4 do art. 90º da LBCFT às demais entidades competentes para a verificação do cumprimento da presente lei.

Entidades equiparadas a entidades obrigadas

Nos termos da LBCFT, as autoridades setoriais com competência para verificar se as entidades equiparadas a entidades obrigadas dão cumprimento aos deveres legais e regulamentares são: o Banco de Portugal, relativamente às pessoas singulares e coletivas que atuem em Portugal na qualidade de agentes ou de distribuidores de instituições de pagamento ou de instituições de moeda eletrónica; a CMVM, relativamente às entidades gestoras de plataformas de financiamento colaborativo nas modalidades de capital e por empréstimo e; a ASAE, relativamente às entidades gestoras de plataformas de financiamento colaborativo nas modalidades de donativo e com recompensa.

Avaliação de Competência e Idoneidade

Os sujeitos que exercem funções de direção nas entidades obrigadas, nos termos do artigo 111º da LBCFT, devem ser consideradas competentes e idóneas pelas autoridades com competência para o seu registo, licenciamento ou autorização, com exceção das mencionadas nas alíneas j), m) e n) do nº 1 do artigo 4º.

"j) Outras pessoas que armazenem, negoceiem ou ajam como intermediários no comércio de obras de arte, inclusivamente quando o mesmo ocorra em zonas francas, quando o pagamento dos bens transacionados ou dos serviços prestados,

independentemente de ser realizado através de uma única operação ou de várias operações, seja realizado:

i) Em numerário, se o valor da transação for igual ou superior a 3000 (euro); ou

ii) Através de outro meio de pagamento, se o valor da transação for igual ou superior a 10 000 (euro);

m) Comerciantes que transacionem bens de elevado valor unitário, nomeadamente ouro e outros metais preciosos, pedras preciosas, antiguidades, aeronaves, embarcações e veículos automóveis, quando o pagamento dos bens transacionados, independentemente de ser realizado através de uma única operação ou de várias operações, seja realizado:

i) Em numerário, se o valor da transação for igual ou superior a 3000 (euro);

ii) Através de outro meio de pagamento, se o valor da transação for igual ou superior a 10 000 (euro);

n) Outros comerciantes e prestadores de serviço que transacionem bens ou prestem serviços, quando o pagamento da transação seja realizado em numerário e o valor daquelas seja igual ou superior a 3000 (euro), independentemente de o pagamento ser realizado através de uma única operação ou de várias operações".

Quanto ao procedimento, na avaliação da competência, deve ser solicitado às entidades obrigadas que demonstrem que a pessoa que pretende ocupar a função de direção, possui as competências e qualificações necessárias ao seu exercício, adquiridas através de habilitação académica ou de formação apropriadas ao cargo a exercer e através de experiência profissional, com duração e níveis de responsabilidade que estejam em consonância com as características, complexidade e dimensão da entidade obrigada, bem como com os riscos associados à atividade por esta desenvolvida.

Na avaliação da idoneidade, deve ser tido em consideração, o modo como a pessoa que pretende ocupar a função de direção gere habitualmente os negócios, profissionais ou pessoais, ou exerce a profissão, em especial nos aspetos que revelem a sua capacidade para decidir de forma ponderada e criteriosa, tomando em consideração todas as circunstâncias que relevem para a atividade desenvolvida, em face das características, da complexidade e da dimensão da entidade obrigada.

Nos termos do artº. 111º, nº 5 da LBCFT, a apreciação da idoneidade deve ser efetuada com base em critérios de natureza objetiva, devendo ser tomadas em consideração, consoante a sua gravidade:

a) A condenação, em Portugal ou no estrangeiro, com trânsito em julgado, pela prática de crime punível com pena de prisão superior a seis meses, considerado relevante para o exercício das funções, nomeadamente:

   i) Crime de branqueamento;
   ii) Crime de administração danosa ou corrupção ativa;
   iii) Crimes de falsificação;
   iv) Crime de tráfico de influência;

b) A declaração de insolvência por decisão judicial;
c) A recusa, a revogação, o cancelamento ou a cessação de registo, autorização, admissão ou licença para o exercício de uma atividade comercial, empresarial ou profissional, por autoridade, ordem profissional ou organismo com funções análogas, ou destituição do exercício de um cargo por entidade pública;
d) A proibição, por autoridade judicial, autoridade, ordem profissional ou organismo com funções análogas, de agir na qualidade de administrador ou gerente de uma sociedade civil ou comercial ou de nela desempenhar funções.

No seu juízo valorativo, as entidades competentes são obrigadas a considerar, para além das situações enunciadas no artº. 111º da LBCFT, toda e qualquer circunstância cujo conhecimento lhe seja legalmente acessível e que, pela gravidade, frequência ou quaisquer outras características atendíveis, sejam relevantes para a avaliação da idoneidade da pessoa em causa, de acordo com as características, a complexidade e a dimensão da entidade obrigada.

Importa notar que, caso se verifique alguma das situações elencadas no artº 111º, não significa que ocorra a perda de idoneidade para o exercício de funções na entidade obrigada, devendo a sua relevância ser ponderada pela autoridade competente, entre outros fatores, em função da atividade desempenhada pela pessoa e do risco que esta representa para a entidade e para o setor, sempre de acordo com a complexidade e dimensão da entidade. Não perfilhamos esta solução, tal como o legislador a configurou. A prática destes crimes deveria impedir o acesso a estes cargos, pelo menos, por um período proporcional à gravidade da pena que a pessoa incorreu. Julgamos que seria uma medida adequada de forma a proteger os interesses, não só da própria entidade, como de todos os sujeitos que de alguma forma, mantém um vínculo com esta.

Os procedimentos de avaliação da idoneidade previstos no artigo 111º da LBCFT, são também aplicáveis aos beneficiários efetivos das entidades obrigada. As entidades competentes aplicam o disposto nos números anteriores, com as devidas adaptações, aos beneficiários efetivos das entidades obrigadas que supervisionam ou fiscalizam, podendo determinar a inibição do exercício dos direitos de voto ou de outros direitos disponíveis.

Para o efeito, as autoridades consultam o registo central de beneficiários efetivos previsto no artigo 34º da LBCFT.

Importar ainda sublinhar o disposto no nº 11 do art. 111º, que dispõe que, caso deixem de estar preenchidos os requisitos de competência e idoneidade das pessoas referidas no nº 1 do art. 111º, as entidades competentes podem adotar uma ou mais das seguintes medidas:

a) Fixar um prazo para a adoção das medidas adequadas ao cumprimento do requisito em falta;
b) Suspender a autorização para o exercício das funções em causa, pelo período de tempo necessário à sanação da falta dos requisitos identificados;
c) Quando aplicável, fixar um prazo para alterações na distribuição ou composição do órgão social em causa;
d) Revogar a autorização para o exercício das funções em causa, quando não sejam adotadas, no prazo fixado, as providências necessárias a assegurar o cumprimento do requisito em falta.

Ressalve-se que, o disposto no artigo 111º da LBCFT é também aplicável às ordens profissionais, com as necessárias adaptações.

Proteção e Tratamento de Dados pelas Entidades Obrigadas

Um ponto especialmente importante prende-se com a proteção e o tratamento de dados efetuados pelas entidades obrigadas[180]. Nos termos

[180] W. GREGORY VOSS, "European Union Data Privacy Law Reform: General Data Protection Regulation, Privacy Shield, and the Right to Delisting", *Business Lawyer*, Vol. 72, nº 1, pp. 221-233, Winter 2016/2017.

do art. 57º da LBCFT, as entidades obrigadas só podem realizar os tratamentos de dados pessoais aquando do cumprimento dos seus deveres preventivos, cujo fim só pode ser a de prevenção do branqueamento de capitais e do financiamento do terrorismo, não podendo tais dados ser posteriormente tratados, para outros fins, tais como, fins comerciais. Versa o nº 3 da presente Lei que, a prevenção e o combate ao branqueamento de capitais e ao financiamento do terrorismo, são expressamente reconhecidos como um domínio de proteção de um interesse público importante.

Nos termos do artigo 58º da LBCFT, as entidades obrigadas ficam autorizadas a proceder ao tratamento das seguintes categorias de dados pessoais (bem como dos meios comprovativos necessários à verificação desses dados):

a) Dados identificativos e de contacto, bem como os demais dados fiscais e profissionais, bem como as qualificações do respetivo titular, incluindo os seguintes elementos: i) elementos previstos no artigo 24º da LBCFT; ii) elementos caracterizadores das atividades prosseguidas; iii) elementos relativos aos cargos políticos ou públicos que sejam ou já tenham sido exercidos; iv) elementos relativos a relações de parentesco e de afinidade, bem como a relações societárias, comerciais, profissionais ou sociais relevantes;
b) Dados financeiros e bancários, incluindo: i) ao crédito e à solvabilidade dos respetivos titulares; ii) aos rendimentos ou outros bens relacionados com os titulares dos dados;
c) Informação sobre a finalidade e a natureza da relação de negócio;
d) Informação sobre a origem e o destino dos fundos ou outros bens movimentados no âmbito de uma relação de negócio ou da realização de uma transação ocasional;
e) Informação sobre os demais elementos caracterizadores de todas as operações realizadas no decurso de uma relação de negócio ou no contexto de uma transação ocasional;
f) Informação sobre suspeitas de infrações penais, da prática de contraordenações ou de outras atividades ilícitas, incluindo a seguinte: i) informação sobre comunicações de operações suspeitas efetuadas pela própria entidade obrigada ou por outras entidades comunicantes; ii) informação sobre outras participações efetuadas às autoridades competentes; iii) informação disponibilizada pelas

autoridades competentes; g) informação sobre decisões que apliquem penas, medidas de segurança, coimas, sanções acessórias ou outras sanções pela prática dos atos a que se refere a alínea e).

As entidades obrigadas são responsáveis pelos tratamentos de dados pessoais, devendo estas adotar as medidas de segurança necessárias para assegurar a efetiva proteção da informação e dos dados pessoais tratados, em conformidade com o disposto no Regulamento (UE) 2016/679. Cabe a estas entidades, fornecer aos novos clientes as informações exigidas ao abrigo do Regulamento Europeu, bem como deve ser-lhes prestado o aviso sobre as obrigações legais das entidades obrigadas, em matéria de tratamento de dados pessoais para efeitos da prevenção do branqueamento de capitais e do financiamento do terrorismo. Outra particularidade que decorre do art. 51º da LBCFT é a de que as entidades obrigadas devem assegurar a eliminação dos dados, decorridos os prazos de conservação a que se refere o artigo 51º da LBCFT[181].

Os direitos de acesso e de retificação conferidos pelo Regulamento (UE) 2016/679 do Parlamento Europeu e do Conselho, de 27 de abril de 2016, e respetivas medidas de execução, são exercidos pelo titular dos dados através da Comissão Nacional de Proteção de Dados.

As entidades obrigadas podem, nos termos do art. 62º, nº 2 da LBCFT, comunicar ou transferir os dados pessoais tratados:

a) Para o DCIAP, a Unidade de Informação Financeira, a Autoridade Tributária e Aduaneira e as demais autoridades judiciárias, policiais e setoriais, nos termos previstos na presente lei;
b) Para as pessoas ou entidades que, nos termos do nº 3 do artigo 54º da LBCFT, podem figurar como destinatárias de tais dados, ainda que situadas ou estabelecidas em países terceiros;
c) Para as entidades que integrem o mesmo grupo, para os efeitos previstos no artigo 22º da LBCFT, ainda que situadas ou estabelecidas em países terceiros.

É fundamental que o alinhamento da presente Diretiva com as Recomendações revistas do GAFI, seja feito na plena observância do direito

[181] Eoin O'Dell, "Compensation for Breach of the General Data Protection Regulation", 40(1) *Dublin University Law Journal* (ns) 97-164, 2017.

da União, em especial no que diz respeito ao direito da União em matéria de proteção de dados e à proteção dos direitos fundamentais consagrados na Carta dos Direitos Fundamentais da União Europeia. Perfilhamos a opinião da CNPD que, em relação à disponibilização pública da informação relativa aos beneficiários efetivos, efetuada mediante autenticação do interessado, esta ultrapassa em muito o equilíbrio entre o interesse público de prevenção do branqueamento de capitais e do financiamento do terrorismo e os direitos fundamentais ao respeito peia vida privada e à proteção dos dados pessoais, conforme previsto na Diretiva, violando o art. 18º, nº 2 da CRP e o art. 52º, nº 1 da Carta dos Direitos Fundamentais da União Europeia.

Departamento Central de Investigação e Ação Penal (DCIAP)

O Departamento Central de Investigação e Ação Penal (DCIAP) é o departamento competente da Procuradoria-Geral da República para a prevenção do BC/FT, atuando por competência delegada pelo Procurador-Geral da República.

Incumbe ao DCIAP realizar as ações de prevenção das práticas relacionadas com atividades criminosas, de que provenham fundos ou outros bens, com o BC/FT. Para o efeito, o DCIAP dispõe dos poderes conferidos pelo disposto na LBCFT e, com as necessárias adaptações, no nº 3 do artigo 1º da Lei nº 36/94, de 29 de Setembro (que estabelece medidas de combate à corrupção e criminalidade económica e financeira[182].

Nos termos da LBCFT, o DCIAP é, em conjunto com a UIF, o destinatário das comunicações de operações suspeitas efetuadas ao abrigo do disposto nos artigos 43º e 104º, bem como das comunicações de natureza

[182] Dispõe o nº 3 do artigo 1º da Lei nº 36/94, que as ações de prevenção compreendem, designadamente:

a) A recolha de informação relativamente a notícias de factos suscetíveis de fundamentar suspeitas do perigo da prática de um crime;

b) A solicitação de inquéritos, sindicâncias, inspeções e outras diligências que se revelem necessárias e adequadas à averiguação da conformidade de determinados actos ou procedimentos administrativos, no âmbito das relações entre a Administração Pública e as entidades privadas;

c) A proposta de medidas suscetíveis de conduzirem à diminuição da corrupção e da criminalidade económica e financeira.

sistemática a que se refere o artigo 45º e das informações sobre fundos suspeitos prestadas pelas organizações sem fins lucrativos, nos termos da alínea g) do nº 1 do artigo 146º.

O DCIAP tem poderes para suspender temporariamente a execução de operações, presentes ou futuras, no contexto do dever de abstenção, previsto no artigo 47º da LBCFT, bem como quando as entidades obrigadas não tenham cumprido o dever de comunicação de operações suspeitas previsto no artigo 43º da mesma Lei. Os pedidos da suspensão temporária de execução de operações, podem também ocorrer mediante proposta da UIF, com base na análise de comunicações de operações suspeitas preexistentes.

O DCIAP pode solicitar a qualquer pessoa, quaisquer informações ou elementos que considere relevantes para o exercício das suas funções, tendo acesso a informações ou elementos que se encontrem na posse das entidades obrigadas e que relevem para as respetivas análises, independentemente de ter sido exercido ou não o dever de comunicação previsto nos artigos 43º e 45º da LBCFT. O DCIAP tem ainda acesso a qualquer informação, independentemente da natureza que esta revista.

Nos termos do art. 126º da LBCFT, o DCIAP e a UIF cooperam no sentido de estabelecerem um canal único, seguro e fiável, através do qual as entidades obrigadas possam receber as comunicações.

Unidade de Informação Financeira (UIF)

A Unidade de Informação Financeira tem como competências, a recolha, a centralização, o tratamento e a difusão, no plano nacional, da informação respeitante à prevenção e investigação dos crimes de branqueamento de vantagens de proveniência ilícita, financiamento do terrorismo e dos crimes tributários, assegurando, no plano interno, a cooperação e articulação com a autoridade judiciária, com as autoridades de supervisão e de fiscalização e com as entidades financeiras e não financeiras, previstas na Lei nº 83/2017, de 18 de agosto, e, no plano internacional, a cooperação com as unidades de informação financeira ou estruturas congéneres.

A UIF foca-se em atividades ou operações concretas, em alvos específicos, de acordo com o tipo e o volume dos elementos obtidos e a expectável utilidade das informações após a respetiva difusão. A UIF pode aceder às mesmas informações que o DCIAP, pelo que remetemos para o que dissemos no capítulo anterior.

A UIF promove o retorno de informação às entidades obrigadas e às autoridades setoriais sobre o encaminhamento e o resultado das comunicações de suspeitas efetuadas ao abrigo dos artigos 43º e 104º da LBCFT. Apesar de estar integrada na Polícia Judiciária, a UIF dispõe de independência e autonomia operacionais.

A Unidade de Informação Financeira comunica, nos termos do art. 117º, nº 3 da LBCFT, pelo menos anualmente, os dados estatísticos previstos nos números anteriores à Comissão de Coordenação, para os efeitos previstos no nº 5 do artigo 116º.

A Atuação Profissional dos Advogados em Matéria de Prevenção e Combate ao Branqueamento de Capitais e Financiamento do Terrorismo

A Ordem dos Advogados, tal como já tivemos a oportunidade de referenciar, é uma das entidades setoriais obrigadas a garantir o cumprimento das normas legais em vigor, em matéria de prevenção e combate ao branqueamento de capitais e financiamento do terrorismo. A OA, de forma a conferir certeza e segurança na atuação profissional dos advogados, estabeleceu a Deliberação nº 822/2020[183].

[183] Atendeu-se para o efeito, ao consignado nos considerandos (9) e (39) da Diretiva (UE) nº 2015/849, onde consta: "A consultoria jurídica deverá continuar a estar sujeita à obrigação de segredo profissional, salvo se o membro de profissão jurídica independente participar em atividades de branqueamento de capitais ou de financiamento do terrorismo, se prestar consulta jurídica para efeitos de branqueamento de capitais ou de financiamento do terrorismo ou se o membro de profissão jurídica independente estiver ciente de que o cliente solicita os seus serviços para esses efeitos»; «Em conformidade com a jurisprudência do Tribunal Europeu dos Direitos do Homem, um sistema de notificação em primeira instância a um organismo de autorregulação constitui uma salvaguarda importante de proteção dos direitos fundamentais no que diz respeito às obrigações de comunicação aplicáveis aos Advogados. Os Estados membros deverão providenciar os meios e a forma de garantir a proteção do segredo profissional, da confidencialidade e da privacidade".

Prevenção do branqueamento de capitais e financiamento do terrorismo em relação às entidades obrigadas de natureza financeira sujeitas à supervisão exclusiva da CMVM

O Regulamento nº 2/2020 da CMVM, aplica-se às entidades obrigadas de natureza financeira sujeitas à supervisão exclusiva da CMVM, bem como às entidades de natureza financeira cuja supervisão é partilhada com o Banco de Portugal e aos auditores, constituídos em sociedade ou em prática individual, nos termos dos arts. 87º, 88º e 89ºº da LBCFT.

A CMVM, de forma a simplificar o regime da LBCFT, procurou evitar sobreposições desnecessárias de aspetos do regime que já constam da LBCFT, clarificando desta forma, quais os deveres aplicáveis às entidades obrigadas em matéria de prevenção BC/FT.

Relativamente ao sistema de controlo interno, as entidades obrigadas devem proceder à sua revisão, no prazo de 12 meses entre cada avaliação permitindo-se, contudo, que as entidades definam um intervalo até 24 meses entre cada avaliação, caso considerem que à luz da natureza, dimensão, complexidade das atividades que desenvolvem, dos seus clientes e do tipo de operações realizadas, não se justifica proceder à revisão do sistema de controlo interno a cada 12 meses. A justificação para a realização das avaliações com periodicidade superior 12 meses deve ser reduzida a escrito e conservada, nos termos do art. 3º do presente Regulamento da CMVM.

As entidades deverão igualmente, nomear um responsável pelo cumprimento normativo para exercício das funções previstas na LBCFT, que pode ser cumulada com a função de responsável pelo sistema de controlo interno ou com funções operacionais, nos termos e para o efeito do art. 4º do Regulamento nº 2/2020 da CMVM. As entidades obrigadas podem ainda designar um responsável pelo cumprimento normativo, que não seja um colaborador integrado nos seus quadros, desde que a pessoa designada desempenhe também essa função em entidade financeira do mesmo grupo sujeita a supervisão em Portugal, ou seja um auditor registado na CMVM.

As entidades obrigadas têm o dever de comunicar à CMVM, a identidade do responsável pelo cumprimento normativo, o seu endereço de email e o seu contacto telefónico direto, acompanhada de cópia do respetivo instrumento de designação pelo órgão de administração, no prazo máximo de 5 dias após a sua nomeação.

As entidades obrigadas podem designar um membro do seu órgão de administração, quando existente, para acompanhamento das matérias de prevenção e combate ao branqueamento de capitais e ao financiamento do terrorismo.

O presente Regulamento prevê ainda, critérios orientadores para que as entidades obrigadas possam aferir da eventual relação existente entre operações, bem como se um determinado cliente deva ser alvo de medidas simplificadas ou reforçadas para efeitos do cumprimento dos deveres de identificação e diligência previstos na LBCFT.

Dispõe o art. 11º, nº 3 do Regulamento nº 2/2020 da CMVM que, para efeitos da análise de riscos prevista no nº 3 do artigo 35º da LBCFT (medidas simplificadas), as entidades obrigadas atendem ainda aos seguintes fatores:

a) Natureza do cliente, designadamente se for pessoa singular ou pessoa coletiva com uma estrutura de controlo simples e transparente;
b) Beneficiários efetivos claramente identificados e domiciliados em território nacional ou em localizações geográficas referidas no nº 3 do Anexo II à LBCFT;
c) Atividades profissionais ou atividades económicas desenvolvidas pelo cliente sem complexidade e com volume de negócios baixo, atendendo à finalidade da relação de negócio, transação ocasional ou operação;

d) Regularidade nos montantes e tipo de operações do cliente, atendendo à finalidade da relação de negócio, transação ocasional ou operação;
e) Outros fatores atendíveis que indiciem risco baixo de branqueamento de capitais e de financiamento do terrorismo.

Em relação às medidas reforçadas, dispõe o art. 11º, nº 4 do Regulamento nº 2/2020 da CMVM que, para efeitos da análise de riscos prevista no nº 5 do artigo 36º da LBCFT, as entidades obrigadas atendem ainda aos seguintes fatores:

a) Natureza do cliente, designadamente sociedades ou centros de interesses coletivos sem personalidade jurídica domiciliados em jurisdições offshore ou de risco, sociedades que apresentem características de veículo para fins especiais e clientes cuja estrutura de controlo seja não transparente e complexa;
b) Caraterísticas das atividades profissionais ou atividades económicas desenvolvidas pelo cliente suscetíveis de causar dúvidas quanto à finalidade da relação de negócio, transação ocasional ou operação;
c) Beneficiários efetivos e membros de órgãos sociais domiciliados em jurisdições offshore ou de risco em matéria de prevenção e combate ao branqueamento de capitais e ao financiamento do terrorismo;
d) Concretização de operações financeiras de forma irregular, com grandes variações nos valores envolvidos ou com aparente inexistência de um objetivo económico ou de um fim lícito associado às operações;
e) Outros fatores atendíveis que indiciem risco elevado de branqueamento de capitais e de financiamento do terrorismo.

O Regulamento do CMVM prevê ainda deveres periódicos de reporte, por entidades obrigadas de natureza financeira e pelos auditores, uma vez que os mesmos são essenciais para o exercício da supervisão da CMVM, mas também para que a CMVM possa cumprir com as suas obrigações, perante organizações nacionais e internacionais designadamente o FAFT/GAFI, nos termos do art. 18º e 19º do Regulamento nº 2/2020 da CMVM.

Estratégia Nacional de Combate à Corrupção (2020-2024)

O XXII Governo Constitucional considerou necessário criar, na dependência direta da Ministra da Justiça, Francisca Van Dunem, um grupo de trabalho para a definição de uma estratégia nacional, global e integrada de combate à corrupção, que compreendesse os momentos da prevenção, da deteção e da repressão do fenómeno corruptivo. Neste grupo de trabalho foram incluídos magistrados, investigadores da Polícia Judiciária, representantes do Conselho de Prevenção da Corrupção, o Inspetor-Geral dos Serviços de Justiça, técnicos do Ministério da Justiça (do Gabinete Ministerial e da Direção-Geral de Política de Justiça).

Foi criado por despacho conjunto dos ministros da Justiça e das Finanças, de 21 de fevereiro de 2020, tendo apresentado o resultado da sua atividade em 17 de julho de 2020. No processo de elaboração da estratégia, foram ouvidos representantes da Ordem dos Advogados, da Ordem dos Notários, da Ordem dos Solicitadores e Agentes de Execução, da Associação Transparência e Integridade, do Fórum Penal e do Observatório de Economia e Gestão da Fraude.

A presente Estratégia Nacional de Combate à Corrupção identificou 7 prioridades para reduzir o fenómeno da corrupção em Portugal, que são: *melhorar o conhecimento, a formação e as práticas institucionais em matéria de transparência e integridade; prevenir e detetar os riscos de corrupção no setor público; comprometer o setor privado na prevenção, deteção e repressão da corrupção;*

reforçar a articulação entre instituições públicas e privadas; garantir uma aplicação mais eficaz e uniforme dos mecanismos legais em matéria de repressão da corrupção, melhorar o tempo de resposta do sistema judicial e assegurar a adequação e efetividade da punição; produzir e divulgar periodicamente informação fiável sobre o fenómeno da corrupção; e cooperar no plano internacional no combate à corrupção[184].

Como bem identificou a presente Estratégia Nacional, não existe uma definição de corrupção comum em todos os países. Por sua vez, é consensual que, numa conduta corruptiva *se verifica o abuso de um poder ou função públicos de forma a beneficiar um terceiro, contra o pagamento de uma quantia ou outro tipo de vantagem.*

O Código Penal Português prevê, nos artigos 372º a 374º-B, os crimes de recebimento indevido de vantagem[185] e os crimes de corrupção. Os crimes de corrupção apresentam-se, essencialmente, com duas configurações:

[184] Informações disponíveis no portal de consultas legislativas do XXII Governo Constitucional.

[185] Nos termos do art. 372º do CP (Recebimento Indevido de Vantagem):
"*1 – O funcionário que, no exercício das suas funções ou por causa delas, por si, ou por interposta pessoa, com o seu consentimento ou ratificação, solicitar ou aceitar, para si ou para terceiro, vantagem patrimonial ou não patrimonial, que não lhe seja devida, é punido com pena de prisão até cinco anos ou com pena de multa até 600 dias.*
2 – Quem, por si ou por interposta pessoa, com o seu consentimento ou ratificação, der ou prometer a funcionário, ou a terceiro por indicação ou conhecimento daquele, vantagem patrimonial ou não patrimonial, que não lhe seja devida, no exercício das suas funções ou por causa delas, é punido com pena de prisão até três anos ou com pena de multa até 360 dias.
3 – Excluem-se dos números anteriores as condutas socialmente adequadas e conformes aos usos e costumes".
Sobre o crime de recebimento indevido de vantagem: ANA ISABEL RODRIGUES DA CUNHA, *O Crime de Recebimento Indevido de Vantagem*, Dissertação de Mestrado Forense, sob a orientação do Prof. Doutor GERMANO MARQUES DA SILVA, Faculdade de Direito da Universidade Católica Portuguesa, Escola de Lisboa, 2015; JOSÉ DIOGO MOREIRA GONÇALVES, *Incentivo à Compreensão da Oferta e Recebimento Indevidos de Vantagem, à Luz das Alterações à Lei nº50/2007*, Dissertação de Mestrado em Direito Criminal sob a Orientação do Prof. Doutor JOSÉ DAMIÃO DA CUNHA, Faculdade de Direito da Universidade Católica Portuguesa, Escola do Porto, 2019; INÊS DOMINGUES MINEIRO CORREIA DE ALMEIDA, *A diferença entre o Crime de Corrupção e o Crime de Recebimento Indevido de Vantagem*, Dissertação de Mestrado em Direito sob a Orientação do Prof. Doutor JOSÉ DAMIÃO DA CUNHA, Faculdade de Direito da Universidade Católica Portuguesa, Escola do Porto, 2019.

a corrupção ativa[186] e a corrupção passiva[187], conforme o agente esteja, respetivamente, a oferecer/prometer ou a solicitar/aceitar uma vantagem patrimonial ou não patrimonial indevida, distinguindo-se ainda, cada uma, conforme o ato solicitado ou a praticar seja ou não contrário aos deveres do cargo do funcionário corrompido. Integram também o conceito criminal de corrupção, ainda que inexista abuso de um poder ou função públicas, os crimes de corrupção no comércio internacional e na atividade privada – previstos na Lei nº 20/2008, de 21 de abril[188] – e os previstos no Regime de Responsabilidade Penal por Comportamentos Antidesportivos (Lei nº

[186] Nos termos do art. 374º do CP (Corrupção Ativa):
"1 – Quem, por si ou por interposta pessoa, com o seu consentimento ou ratificação, der ou prometer a funcionário, ou a terceiro por indicação ou com conhecimento daquele, vantagem patrimonial ou não patrimonial com o fim indicado no nº 1 do artigo 373º, é punido com pena de prisão de um a cinco anos.
2 – Se o fim for o indicado no nº 2 do artigo 373º, o agente é punido com pena de prisão até três anos ou com pena de multa até 360 dias.
3 – A tentativa é punível".
Sobre o crime de corrupção: Inês Isabel Lopes Nunes, *O Novo Regime Punitivo da Corrupção*, dissertação de Mestrado Forense, sob a orientação do Prof. Doutor Germano Marques da Silva, Faculdade de Direito da Universidade Católica Portuguesa, 2012; Margarida Barahona, *As Dificuldades de Prova nos Crimes de Corrupção: Em especial, a Corrupção Passiva e Ativa e a Delação Premiada*, dissertação de Mestrado Forense, sob a orientação do Prof. Doutor Pedro Garcia Marques, Faculdade de Direito da Universidade Católica Portuguesa, Escola de Lisboa, 2018.

[187] Nos termos do art. 373º do CP (Corrupção Passiva):
"1 – O funcionário que por si, ou por interposta pessoa, com o seu consentimento ou ratificação, solicitar ou aceitar, para si ou para terceiro, vantagem patrimonial ou não patrimonial, ou a sua promessa, para a prática de um qualquer acto ou omissão contrários aos deveres do cargo, ainda que anteriores àquela solicitação ou aceitação, é punido com pena de prisão de um a oito anos.
2 – Se o acto ou omissão não forem contrários aos deveres do cargo e a vantagem não lhe for devida, o agente é punido com pena de prisão de um a cinco anos".

[188] Nos termos do art. 7º da Lei nº 20/2008, de 21 de Abril (Corrupção activa com prejuízo do comércio internacional):
"Quem por si ou, mediante o seu consentimento ou ratificação, por interposta pessoa der ou prometer a funcionário, nacional, estrangeiro ou de organização internacional, ou a titular de cargo político, nacional ou estrangeiro, ou a terceiro com conhecimento daqueles, vantagem patrimonial ou não patrimonial, que lhe não seja devida, para obter ou conservar um negócio, um contrato ou outra vantagem indevida no comércio internacional, é punido com pena de prisão de um a oito anos".
Nos termos do art. 8º da Lei nº 20/2008, de 21 de Abril (Corrupção passiva no sector privado):
"1 – O trabalhador do sector privado que, por si ou, mediante o seu consentimento ou ratificação, por interposta pessoa, solicitar ou aceitar, para si ou para terceiro, sem que lhe seja devida, vantagem patrimonial

50/2007, de 31 de agosto)[189]. No entanto, o conceito de corrupção alcança na sociedade um sentido mais abrangente, abarcando outras condutas,

ou não patrimonial, ou a sua promessa, para um qualquer ato ou omissão que constitua uma violação dos seus deveres funcionais é punido com pena de prisão até cinco anos ou com pena de multa até 600 dias.
2 – Se o ato ou omissão previsto no número anterior for idóneo a causar uma distorção da concorrência ou um prejuízo patrimonial para terceiros, o agente é punido com pena de prisão de um a oito anos".
Nos termos do art. 9º da Lei nº 20/2008, de 21 de Abril (Corrupção ativa no sector privado):
"*1 – Quem por si ou, mediante o seu consentimento ou ratificação, por interposta pessoa der ou prometer a pessoa prevista no artigo anterior, ou a terceiro com conhecimento daquela, vantagem patrimonial ou não patrimonial, que lhe não seja devida, para prosseguir o fim aí indicado é punido com pena de prisão até três anos ou com pena de multa.*
2 – Se a conduta prevista no número anterior visar obter ou for idónea a causar uma distorção da concorrência ou um prejuízo patrimonial para terceiros, o agente é punido com pena de prisão até cinco anos ou com pena de multa até 600 dias.
3 – A tentativa é punível".
[189] Nos termos do art. 8º da Lei nº 50/2007, de 31 de Agosto (Corrupção passiva):
"*O agente desportivo que, por si, ou por interposta pessoa, com o seu consentimento ou ratificação, solicitar ou aceitar, para si ou para terceiro, sem que lhe seja devida, vantagem patrimonial ou não patrimonial, ou a sua promessa, para um qualquer ato ou omissão destinados a alterar ou falsear o resultado de uma competição desportiva, ainda que anteriores àquela solicitação ou aceitação, é punido com pena de prisão de 1 a 8 anos*".
Nos termos do art. 9º da Lei nº 50/2007, de 31 de Agosto (Corrupção ativa):
"*1 – Quem, por si ou por interposta pessoa, com o seu consentimento ou ratificação, der ou prometer a agente desportivo, ou a terceiro com conhecimento daquele, vantagem patrimonial ou não patrimonial, que lhe não seja devida, com o fim indicado no artigo anterior, é punido com pena de prisão de 1 a 5 anos.*
2 – A tentativa é punível".
Nos termos do art. 10º da Lei nº 50/2007, de 31 de Agosto (Tráfico de influência):
"*1 – Quem, por si ou por interposta pessoa, com o seu consentimento ou ratificação, solicitar ou aceitar, para si ou para terceiro, vantagem patrimonial ou não patrimonial, ou a sua promessa, para abusar da sua influência, real ou suposta, junto de qualquer agente desportivo, com o fim de obter uma qualquer decisão destinada a alterar ou falsear o resultado de uma competição desportiva, é punido com pena de prisão de 1 a 5 anos, se pena mais grave lhe não couber por força de outra disposição legal.*
2 – Quem, por si ou por interposta pessoa, com o seu consentimento ou ratificação, der ou prometer a outra pessoa vantagem patrimonial ou não patrimonial, para o fim referido no número anterior, é punido com pena de prisão até 3 anos ou com pena de multa, se pena mais grave lhe não couber por força de outra disposição legal".
Nos termos do art. 10º-A da Lei nº 50/2007, de 31 de Agosto (Oferta ou recebimento indevido de vantagem):
"*1 – O agente desportivo que, por si ou por interposta pessoa, com o seu consentimento ou ratificação, por interposta pessoa, solicitar ou aceitar, para si ou para terceiro, direta ou indiretamente, no exercício das suas funções ou por causa delas, sem que lhe seja devida, vantagem patrimonial ou não patrimonial, ou a sua*

também criminalizadas, cometidas no exercício de funções públicas, como o peculato, a participação económica em negócio, a concussão, o abuso de poder, a prevaricação, o tráfico de influência ou o branqueamento[190].

A ENCC considera fundamental o reforço do papel das escolas, devendo procurar-se transmitir às crianças e aos jovens, os valores que geram repúdio perante práticas de corrupção. Defende ainda um aumento da formação oferecida a todos os dirigentes e funcionários públicos, de modo que estes dirigentes e funcionários estejam mais conscientes para os perigos e consequências negativas da corrupção. Visa o desenvolvimento de um regime geral de prevenção da corrupção, que preveja a implementação, dentro da administração pública e das médias e grandes empresas, de programas vocacionados para a prevenção e deteção de práticas ilícitas (os chamados programas de *compliance*) e para a proteção de dirigentes ou trabalhadores que denunciem estas práticas (tal como nos é pedido pela União Europeia).

promessa, de agente que perante ele tenha tido, tenha ou possa vir a ter pretensão dependente do exercício dessas suas funções, é punido com pena de prisão até 5 anos ou com pena de multa até 600 dias.
2 – Quem, por si ou por interposta pessoa, com o seu consentimento ou ratificação, der ou prometer a agente desportivo, ou a terceiro por indicação ou conhecimento daquele, vantagem patrimonial ou não patrimonial, que não lhe seja devida, no exercício das suas funções ou por causa delas, é punido com pena de prisão até 3 anos ou com pena de multa até 360 dias.
3 – Excluem-se dos números anteriores as condutas socialmente adequadas e conformes aos usos e costumes".
Nos termos do art. 11º da Lei nº 50/2007, de 31 de Agosto (Associação Criminosa):
"*1 – Quem promover, fundar, participar ou apoiar grupo, organização ou associação cuja finalidade ou atividade seja dirigida à prática de um ou mais crimes previstos na presente lei é punido com pena de prisão de 1 a 5 anos.*
2 – Quem chefiar ou dirigir os grupos, organizações ou associações referidos no número anterior é punido com pena de prisão de 2 a 8 anos.
3 – Para os efeitos do presente artigo, considera-se que existe grupo, organização ou associação quando esteja em causa um conjunto de, pelo menos, três pessoas atuando concertadamente durante um certo período de tempo".
Nos termos do art. 11º da Lei nº 50/2007, de 31 de Agosto (Aposta Antidesportiva):
"*O agente desportivo que fizer, ou em seu benefício mandar fazer, aposta desportiva à cota, online ou de base territorial, relativamente a incidências ou a resultado de quaisquer eventos, provas ou competições desportivas nos quais participe ou esteja envolvido, é punido com pena de prisão até 3 anos ou com pena de multa até 600 dias*".

[190] Informações retiradas do documento final redigido pela Estratégia Nacional de Combate à Corrupção (2020-2024)

No entender da ENCC, defende-se a criação de um Mecanismo de Anticorrupção, com poderes de iniciativa, controlo e sancionamento no âmbito do regime geral de prevenção da corrupção e com atribuições ao nível da recolha e tratamento de informação e da organização de programas de atividades entre entidades públicas e entidades privadas relacionados com a corrupção.

A ENCC procura ainda reforçar disponibilização de mais informação aos cidadãos e digitalizar mais procedimentos, para que as interações com os serviços públicos sejam mais transparentes, compreensíveis e previsíveis, bem como melhorar o conhecimento do crime de corrupção e dos crimes relacionados, afinando a produção de informação, sobretudo com base nos casos já julgados pela justiça nacional.

Ao nível da repressão, na ENCC são propostos alguns ajustes nos mecanismos que já existem em Portugal, como a dispensa de pena, a atenuação da pena ou a suspensão provisória do processo. O objetivo é que estas soluções sejam aplicadas na prática e auxiliem à investigação sem, contudo, pôr em causa os direitos de defesa e a dimensão humanista do processo penal português. Considerando que a morosidade dos processos relativos a crimes de corrupção ou crimes semelhantes gera desconfiança nos cidadãos, sugerem-se igualmente alguns ajustamentos à lei de processo penal, com o objetivo de facilitar a separação de processos durante a fase de investigação e de admitir a celebração de acordos sobre a pena aplicável, durante o julgamento, com base na confissão livre e sem reservas dos factos imputados ao arguido, independentemente da natureza ou da gravidade do crime.

Ainda na área da repressão, destaca-se a proposta de reforçar a pena acessória de proibição do exercício de funções públicas, aplicada a titulares de cargos públicos que cometem crimes de média ou alta gravidade, prevendo-se prazos mais longos de proibição do exercício de funções e tornando-a também aplicável a titulares de cargos políticos. Sugere-se que os gerentes e administradores de empresas possam ficar, do mesmo modo, proibidos de exercer, por certo período, funções de gerência ou administração caso cometam crimes de corrupção[191].

[191] Informação disponível no Portal da Justiça: https://justica.gov.pt/Estrategia-Nacional-de-Combate-a-Corrupcao-ENCC

Apesar de aplaudir o facto de ser implementada uma Estratégia Nacional de Combate à Corrupção, tal não deixa de ser insuficiente para resolver as questões que ainda se levantam. Saudamos o facto de esta estratégia prever a adopção de, por exemplo, programas de *compliance* em entidades públicas e o facto de planear um alargamento obrigatório dos programas de *compliance* às grandes e medias empresas. Cabe ressalvar, no entanto, que esta estratégia parece ser "*demasiado teórica*" não garantindo nenhuma eficácia das medidas que propõe. Falta a implementação de medidas concretas. que possam verdadeiramente combater a corrupção e a criminalidade conexa[192].

[192] Entendimento semelhante foi a da Ordem dos Advogados relativamente à Estratégia Nacional de Combate à Corrupção, em 16 de outubro de 2020, disponível para consulta no site da O.A, p. 2.

BIBLIOGRAFIA

ACHARYA, Suman, "Money Laundering (ML) and Terrorism Financing (TF) in the Insurance Market: A Risk and Vulnerability", *SSRN Electronic Journal*, 2015.

AGUADO, Julen Carreño, El tratamiento jurídico-penal de la inveracidad en la información social. Una propuesta de revisión del artículo 290 del Código Penal, Madrid: La Ley, 2013.

ALBERGARIA, Pedro Soares, "A posição de garante dos dirigentes no âmbito da criminalidade da empresa", *Revista Portuguesa de Ciência Criminal*, nº 9, 1999.

ALMEIDA, Inês Domingues Mineiro Correia de, *A diferença entre o Crime de Corrupção e o Crime de Recebimento Indevido de Vantagem*, Dissertação de Mestrado em Direito sob a Orientação do Prof. Doutor José Damião da Cunha, Faculdade de Direito da Universidade Católica Portuguesa, Escola do Porto, 2019.

ALVEA, Cristina Jesus da Rocha, "A pertinência da due diligence – questões subjacentes no processo negocial", dissertação de mestrado em Direito e Gestão, Faculdade de Direito da UCP Porto, 2019.

ANTUNES, José Engrácia, "Banco Espírito Santo – The Anatomy of a Banking Scandal in Portugal", Forthcoming in: Ferrarini, Guido/ Busch, Danny/ Van Solingue, Gerard (dir.), "Corporate Governance of Financial Institutions", *Oxford University Press*, Oxford, 2018.

ARCHIBALD, Todd/JULL, Ken/ROACH, Kent, "Corporate Criminal Liability: Myriad Complexity in the Scope of Senior Officer", *Criminal Law Quarterly* 50(3), 2013.

ARNER, Douglas W./ZETZSCHE, Dirk A./BUCKLEY, Ross P./BARBERIS, Janos Nathan, "The Identity Challenge in Finance: From Analogue Identity to Digitized Identification to Digital KYC Utilities", *European Banking Institute Working Paper Series*, nº 28, 2018.

ASHCRAFT, Adam B/SCHUERMANN, Til, "Understanding the Securitization of Subprime Mortgage Credit", *Wharton Financial Institutions Center Working Paper* No. 07-43, FRB of New York Staff Report, No. 318, 2007.

BAGLEY, Constance E./ROELLIG, Mark/MASSAMENO, Gianmarco, "Who Let the Lawyers Out?: Reconstructing the Role of the Chief Legal Officer and the Corporate Client in a Globalizing World", University of Pennsylvania Journal of Business Law (Forthcoming), 2016.

BENEDEK, Petra, "Compliance Management – a New Response to Legal and Business Challenges", *Acta Polytechnica Hungarica*, 2012.

BLUMENBERG, Axel-Dirk/GARCÍA-MORENO, Beatriz, "Retos prácticos de la implementación de programas de cumplimiento normativo", in Responsabilidad de la empresa y compliance (Coordenação de Santiago Mir Puig, Mirentxu Corcoy Bidasolo y Victor Gómez Martín), Edisofer, 2014.

BOM, Marisa Sofia Marra Todo, "Crimes de Omissão: A sua admissibilidade na instigação", Dissertação apresentada à Faculdade de Direito da Universidade de Coimbra no âmbito do 2ºCiclo de estudos em Direito (conducente ao grau de Mestre), na Área de Especialização em Ciências Jurídico-Forenses, sob a Orientação do Dr. Nuno Brandão, 2015.

BRANDÃO, Nuno, "O whistleblowing no ordenamento jurídico português", *Revista do Ministério Público*, nº 161, Janeiro-Março 2020.

BRATTON, William W., "Enron and the Dark Side of Shareholder Value", *Public Law and Legal Theory Working Paper* nº 035, The George Washington University Law School, 2002.

BRITO, Teresa Quintela, "*Compliance*, Cultura Corporativa e Culpa Penal da Pessoa Jurídica", *in* AAVV, *Estudos sobre Law Enforcement, Compliance e Direito Penal*, Almedina, 2018.

BRITO, Teresa Quintela de "Domínio da organização para a execução do facto: responsabilidade penal de entes coletivos, dos seus dirigentes e atuação em lugar de outrem", Dissertação de Doutoramento sob a Orientação da Prof. Doutora Maria Palma Ramalho, Faculdade de Direito da Universidade de Lisboa, 2012.

BROOKS, Leonard J./DUNN, Paul, *Business & professional ethics for directors, executives, & accountants* (5th ed.). Mason, OH: South Western Cengage Learning, 2010.

BUSATO, Paulo César, "O que não se diz sobre o criminal compliance", *in* AAVV, *Estudos sobre Law Enforcement, Compliance e Direito Penal*, Almedina, 2018.

BUSCAGLIA, Edgardo, "Controlling Organized Crime and Corruption in the Public Sector", *Forum on Crime and Society*, Vol. 3, Nos. 1/2, December 2003.

CAPRIGLIONE, Francesco/CASALINO, Nunzio, "Improving corporate governance and managerial skills in banking organizations", International Journal of Advanced Corporate Learning, vol. 7, issue 3, 2014.

CATTRYSSE, Jan, "Reflections on Corporate Governance and the role of the internal auditor", SSRN Electronic Journal, 2005.

CHAIKIN, David A., "Risk-Based Approaches to Combating Financial Crime", *Journal of Law and Financial Management*, Vol. 8, No. 2, pp. 20-27, 2009.

Cordeiro, António Barreto Menezes, *Direito da Proteção de Dados, à Luz do RGPD e da Lei nº 58/2019*, Almedina, 2020.

Costa, José Neves da "Responsabilidade penal das instituições de crédito e do *Chief Compliance Officer* no crime de branqueamento", *in* AAVV, *Estudos sobre Law Enforcement, Compliance e Direito Penal*, 2ª Edição, Almedina, 2018.

Crespo, Eduardo Demetrio, *Responsabilidad penal por omisión del empresário*, Iustel, 2009.

Cuéllar, Mariano-Florentino, "The Tenuous Relationship Between the Fight Against Money Laundering and the Disruption of Criminal Finance", *Stanford Public Law Working Paper*, nº 64, 2017.

Cunha, Ana Isabel Rodrigues da, *O Crime de Recebimento Indevido de Vantagem*, Dissertação de Mestrado Forense, sob a orientação do Prof. Doutor Germano Marques da Silva, Faculdade de Direito da Universidade Católica Portuguesa, Escola de Lisboa, 2015.

Cunningham, Lawrence A., "The Appeal and Limits of Internal Controls to Fight Fraud, Terrorism, Other Ills", *SSRN Electronic Journal*, 2003.

Demyanyk, Yuliya/Hemert, Otto Van, "Understanding the Subprime Mortgage Crisis", *The Review of Financial Studies* Vol. 24, nº 6, The Academic Analysis of the 2008 Financial Crisis (June 2011).

Desai, Renu/McGee, Robert W., "The Sarbanes-Oxley Act: Deterrent or Aid to Finance and Accounting Outsourcing?", *SSRN Electronic Journal*, 2009.

Destefano, Michele Beardslee, "Creating a Culture of Compliance: Why Departmentalization May Not Be the Answer", *Hastings Business Law Journal*, Vol. 10, p. 71, 2014.

Dias, Augusto Silva, *Proteção Jurídico-Penal dos Interesses dos Consumidores* (policopiado), 2001.

Dias, Figueiredo, *Direito Penal, Parte Geral*, Tomo I (Questões Fundamentais. A Doutrina Geral do Crime), 2ª Edição, Coimbra Editora, 2007.

Elst, Christoph Van der/Daelen, Marijn van, "Risk Management in European and American Corporate Law", *ECGI – Law Working Paper* nº 122, 2009.

Elst, Christoph Van der, "The Risks of Corporate Legal Principles of Risk Management", *ECGI – Law Working Paper* nº 160, 2010.

Elst, Christoph Van der, "The Risk Management Duties of the Board of Directors", Hanne Birkmose, Mette Neville & Karsten Engsig Sørensen (eds.), Boards of Directors in European Companies – Reshaping and Harmonising Their Organisation and Duties, Forthcoming, *Financial Law Institute Working Paper* Series 2013-02.

Engle, Eric, "I Get by with a Little Help from My Friends? Understanding the UK Anti-Bribery Statute, by Reference to the OECD Convention, and the Foreign Corrupt Practices Act", *The International Lawyer (American Bar Association)*, Vol. 44, pp. 1173-1188, 2011.

FELDMAN, Yuval/KAPLAN, Yotam, "Behavioral Ethics as Compliance", *Cambridge Handbook of Compliance* (Van Rooij & Sokol Eds.) Publisher: Cambridge U Press, 2019.

FERRARINI, Guido/GIUDICI, Paolo, "Financial Scandals and the Role of Private Enforcement: The Parmalat Case", *ECGI – Law Working Paper*, nº. 40, 2005.

FLYVBJERG, Bent, "Quality Control and Due Diligence in Project Management: Getting Decisions Right by Taking the Outside View", *International Journal of Project Management*, vol. 31, nº 5, 2016.

FOORTHUIS, Ralph/BOSM, Rik, "A Framework for Organizational Compliance Management Tactics", Lecture Notes in Business Information Processing 83, pp. 259-268, 2011

FRANKLIN, Alan, "So You Want to Be a Compliance or Risk Assessment Officer?", *SSRN Electronic Journal*, 2017.

GADINIS, Stavros/MIAZAD, Amelia, "The Hidden Power of Compliance", *SSRN Electronic Journal*, 2018.

GARCIA, Cátia Marisa Rodrigues, "Implementação de um Sistema de Controlo Interno numa Entidade do Setor Não Lucrativo", Orientado por: Mestre Daniel Oliveira, Instituto Politécnico de Tomar Projeto apresentado ao Instituto Politécnico de Tomar para cumprimento dos requisitos necessários à obtenção do grau de Mestre em Auditoria e Análise Financeira, 2017.

GERALDO, Tiago Geraldo, "A responsabilidade do compliance officer: fundamentos e limites do dever de auto-vigilância empresarial", *in* AAVV, *Estudos sobre Law Enforcement, Compliance e Direito Penal*, 2ª Edição, Almedina, 2018.

GOMES, José Ferreira, "A responsabilidade civil dos auditores", in AA.VV, *Código das Sociedades Comerciais e Governo das Sociedades*, Almedina, 2008.

GONÇALVES, Alexandra Fernandes, "Análise de Compliance – O Caso Banco Espírito Santo", Trabalho Final na modalidade de Dissertação apresentado à Universidade Católica Portuguesa para obtenção do grau de mestre em Auditoria e Fiscalidade, sob orientação Professora Doutora Luísa Anacoreta, 2017.

GONÇALVES, José Diogo Moreira, *Incentivo à Compreensão da Oferta e Recebimento Indevidos de Vantagem, à Luz das Alterações à Lei nº50/2007*, Dissertação de Mestrado em Direito Criminal sob a Orientação do Prof. Doutor José Damião da Cunha, Faculdade de Direito da Universidade Católica Portuguesa, Escola do Porto, 2019.

GOUVEIRA, Jorge Bacelar/PINHEIRO, Júlio Elvas, *Branqueamento de Capitais e Beneficiário Efetivo – Introdução e Legislação*, Petrony, 2019.

GRAHAM, John R./GRENNAN, Jillian/HARVEY, Campbell R./RAJGOPAL, Shivaram, Corporate Culture: Evidence from the Field (June 26, 2019). 27th Annual Conference on Financial Economics and Accounting Paper, Duke I&E Research Paper No. 2016-33, Columbia Business School Research Paper No. 16-49.

Greco, Luís, "O que significa a teoria do domínio de fato para a criminalidade da empresa", *Autoria como domínio do facto. Estudos introdutórios sobre concursos de pessoas no direito penal* brasileiro (Organização: Luís Greco, Adriano Teixeira, Alaor Leite e Augusto Assis), Marcial Pons, 2014.

Gregoriou, Greg N/Lhabitant, Francois, "Madoff: A Riot of Red Flags", *SSRN Electronic Journal*, 2009; Linus Wilson, "Madoff's Dirty Money", *Journal of Money Laundering Control*, 2019.

Griffith, Sean J., "Agency, Authority, and Compliance", *Fordham Law Legal Studies Research Paper* nº 3462638, 2019.

Griffith, Sean J., "Corporate Governance in an Era of Compliance", William & Mary Law Review, Vol. 57, No. 6, 2016, Fordham Law Legal Studies Research Paper No. 27666611, 2016.

Haugh, Todd Haugh, "The Criminalization of Compliance", *Notre Dame Law Review*, 1215, 2017.

Hess, David, "A Business Ethics Perspective on Sarbanes Oxley and the Organizational Sentencing Guidelines", *Michigan Law Review*, Vol. 105, No. 8, 2006.

Hess, David, "Ethical Infrastructures and Evidence-Based Corporate Compliance and Ethics Programs: Policy Implications from the Empirical Evidence", *New York University Journal of Law and Business, Forthcoming*, 2015.

Hintze, Mike, "Viewing the GDPR through a De-Identification Lens: A Tool for Compliance, Clarification, and Consistency", *International Data Protection Law (Oxford University Press)*, Volume 8, Issue 1, 2018.

Hood, Christopher C./Rothstein, Henry, "Business Risk Management in Government: Pitfalls and Possibilities", *CARR Discussion Paper (Launch Paper)*, 2003.

Hopt, Klaus J., "Corporate Governance of Banks after the Financial Crisis", in: E. Wymeersch, K. J. Hopt, G. Ferrarini, eds., *Financial Regulation and Supervision, A post-crisis analysis, Oxford University Press* 2012, pp. 337-367 (Part A) *ECGI – Law Working Paper* nº 207.

Jensen, Michael C., "Agency Costs of Overvalued Equity", *ECGI – Finance Working Paper* No. 39/2004 Harvard Business School NOM Working Paper No. 04-26, Financial Management, Vol. 34, nº 1, Spring 2005.

Jerab, Daoud Abdellatef, "The Effect of Internal Corporate Governance Mechanisms on Corporate Performance", *SSRN Electronic Journal*, 2011.

Júnior, Filipa Marques/Medeiros, João, "A elaboração de programas de compliance", in AAVV, *Estudos sobre Law Enforcement, Compliance e Direito Penal*, 2ª Edição, Almedina, 2018.

Kaptein, Muel, "Why Do Good People Sometimes Do Bad Things?, 52 Reflections on Ethics at Work", 2012.

Killingsworth, Scott, "Modeling the Message: Communicating Compliance Through Organizational Values and Culture", *Georgetown Journal of Legal Ethics*, Vol. 25, No. 4, 2012.

Killingsworth, Scott, "The Privatization of Compliance", *RAND Center for Corporate Ethics and Governance Symposium White Paper Series, Symposium on "Transforming Compliance: Emerging Paradigms for Boards, Management, Compliance Officers, and Government"* (2014).

Koehler, Mike, "The Story of the Foreign Corrupt Practices Act", *Ohio State Law Journal*, Vol. 73, nº 5, 2012.

Koufopoulos, Dimitrios N., "Corporate Ethics Governance – The Role of Stakeholders in a Framework beyond Codes and Borders" SSRN Electronic Journal, 2012.

Kuhlen, Lothar, "Cuestiones fundamentales de *compliance* y Derecho penal», *Compliance y teoría del Derecho Penal* (org. Lothar Kuhlen, Juan Pablo Montiel e Ínigo Ortiz de Urbina Gimeno), Marcial Pons, 2013.

Labareda, João, *Contributo para o Estudo do Sistema de Controlo e da Função de Cumprimento "Compliance"*, Instituto dos Valores Mobiliários, 2013.

Langevoort, Donald C., "Behavioral Ethics, Behavioral Compliance", *Research Handbook on Corporate Crime and Financial Misdealing, Jennifer Arlen, ed., Edward Elgar Publishing, Forthcoming*, 2015.

Lascuraín, Juan Antonio "Los programas de cumprimento como programas de prudencia penal", *Revista Portuguesa de Ciência Criminal*, nº 25, 2015.

Layton, Roslyn, "How the GDPR Compares to Best Practices for Privacy, Accountability and Trust", SSRN Electronic Journal, 2017.

Leech, Tim/Hanlon, Conor, "Three Lines of Defense versus Five Lines of Assurance: Elevating the Role of the Board and CEO in Risk Governance", *The Handbook of Board Governance: A Comprehensive Guide for Public, Private and Not – for – Profit Board Members*, 2016.

Leitão, Paulo Jorge da Silva, "Elaboração de Proposta de Manual de Controlo Interno do Grupo Derovo", Trabalho de projeto apresentado para a obtenção do grau de mestre em Controlo de Gestão, com orientação de Georgina Morais e supervisionado por Amândio Santos, Instituto Politécnico de Coimbra, Instituto Superior de Contabilidade e Administração de Coimbra, 2014.

Lin, Tom C. W., "Compliance, Technology, and Modern Finance", *Temple University Legal Studies Research Paper* nº 2017-06, 2017.

Loureiro, Maria João Esteves Fernandes, "O Sistema de Controlo Interno nas Instituições financeiras", dissertação submetida ao Instituto Superior de Contabilidade e Administração de Lisboa para cumprimento dos requisitos necessários à obtenção do grau de Mestre em Auditoria, realizada sob a orientação científica de Ana Marinho Pires, professora da área científica de Riscos Empresariais e de Controlo Interno, 2015.

Lyons, Sean, "Corporate oversight and stakeholder lines of defense", The Conference Board Executive Action Report, nº 365, October 2011.

MAHAJAN, Pallavi, "Business Ethics in the Scenario of Corporate Governance", *SSRN Electronic Journal*, 2011.

MAMAYSKY, Isaac, "Understanding Ethics and Compliance", *Journal of Regulatory Compliance*, 2021.

MARAGNO, Lucas/BORBA, Jose Alonso, "Unearthing Money Laundering at Brazilian Oil Giant Petrobras", Journal of Money Laundering Control, Forthcoming, 2018.

MARTÍN, Adán Nieto, *Manual de Cumplimiento Penal en la Empresa*, Tirant lo Blanch, 2015.

MARTÍN, Adán Nieto, "Responsabilidad social, gobierno corporativo y autorregulación: sus influencias en el derecho penal de la empresa", *Política Criminal*, nº 5, Ano 3-5, 2008.

MARTINEZ, Veronica Root, "Complex Compliance Investigations", *Notre Dame Legal Studies Paper* nº 1927, 2019.

MARTINEZ, Veronica Root, "The Compliance Process", *Notre Dame Legal Studies Paper* nº 1838, 2019.

MAWUTOR, John Kwaku Mensah, "The Failure of Lehman Brothers: Causes, Preventive Measures and Recommendations", *Research Journal of Finance and Accounting*, Vol. 5, nº 4, 2014.

MCGEE, Robert W., "The Panama Papers: A Discussion of Some Ethical Issues", *Journal of Insurance and Financial Management* 3(3): 1-41 (2017).

MENDES, Paulo de Sousa, "A problemática da punição do autobranqueamento e as finalidades de prevenção e repressão do branqueamento de capitais no contexto da harmonização europeia", *Católica Law Review*, Vol. I, nº 3, 2017.

MENDES, Paulo de Sousa, "Law Enforcemente & Compliance", *in* AAVV, *Estudos sobre Law Enforcement, Compliance e Direito Penal*, Almedina, 2018.

MIKES, Anette, "Risk Management at Crunch Time: Are Chief Risk Officers Compliance Champions or Business Partners?" *SSRN Electronic Journal*, 2008; Tamar Frankel, "The Law Officer (LO) and Compliance Officer (CO): Status, Function, Liabilities, and Relationship", *Boston Univ. School of Law, Law and Economics Research Paper*, nº 18-25, 2018.

MILLER, Geoffrey P., "The Compliance Function: An Overview", *NYU Law and Economics Research Paper* No. 14-36, 2014.

MULIG, Elizabeth V./SMITH, Murphy, "Understanding and Preventing Money Laundering", *Internal Auditing*, 19(5): 22-25, September-October 2004.

NERSESSIAN, David, "Business Lawyers as Worldwide Moral Gatekeepers? Legal Ethics and Human Rights in Global Corporate Practice", *Georgetown Journal of Legal Ethics*, 2015.

NEVES, Rui de Oliveira, "Fiscalização e Proteção do Investidor. Alguns Problemas do Governo Societário", *in I Congresso Direito das Sociedade em Revista* (Org: Rui Pinto Duarte, Pedro Pais de Vasconcelos, Coutinho de Abreu), Almedina, 2011.

O'DELL, Eoin, "Compensation for Breach of the General Data Protection Regulation", 40(1) *Dublin University Law Journal*, 2017.

O'REGAN, David, *Auditor's Dictionary: Terms, Concepts, Processes, and Regulations* ([Online-Ausg.] ed.). New York: John Wiley and Sons Ltd., 2004.

PELLEGRINA, Lucia Dalla/MASCIANDARO, Donato, "The Risk Based Approach in the New European Anti-Money Laundering Legislation: A Law and Economics View", *Paolo Baffi Centre Research Paper* nº 2008-22.

PEREIRA, Francisco José de Carvalho Pires Rodrigues, *O controlo das comunicações eletrónicas do trabalhador: análise do caso do TEDH – Bărbulescu c. Roménia, de 5 de setembro de 2017*, dissertação de mestrado sob a orientação da Prof. Doutora Sofia Oliveira Pais, Faculdade de Direito da Universidade Católica do Porto, 2018.

PERLMAN, Leon/GURUNG, Nora, "Focus Note: The Use of eKYC for Customer Identity and Verification and AML", *SSRN Electronic Journal*, 2019.

PICARD, Pierre M/PIERETTI, Patrice, "Bank Secrecy, Illicit Money and Offshore Financial Centers", *Paolo Baffi Centre Research Paper* nº 2009-45, 2009.

PINTO, Frederico Lacerda da Costa, "O ilícito de mera ordenação social e a erosão do princípio da subsidiariedade da intervenção penal", in AA.VV, *Direito Penal Económico e Europeu: Textos Doutrinários*, Vol. I – Problemas Gerais, Coimbra Editora, 1998.

PINTO, Frederico da Lacerda da Costa, "Tendências e ruturas na evolução do Direito Penal económico", *Católica Law Review*, Vol. I, nº3, 2017.

PIZARRO, Sebastião Nóbrega, *Manual de Compliance*, Nova Causa Edições Jurídicas, 2016.

PLANAS, Roberto Robles, "El responsable de cumplimiento («Compliance Officer») ante el Derecho penal", *Criminialidad de Empresa y Compliance "Prevención y Reacciones Corporativas"* (Direção: Jesús María Silva Sánchez; Coordenação: Raquel Montaner Fernández, Atelier Libros, 2013.

PLANAS, Roberto Robles, "Riesgos penales del asesoramiento jurídico", *Diario la Ley*, 7015, 2008.

REGAN JR., Milton C./BAUMAN, Jeffrey D., "Legal Ethics and Corporate Practice", Georgetown Law and Economics Research Paper nº 843607, 2005.

ROCIO, Joana, "A Medida de Resolução no Caso BES – Uma análise do mecanismo de resolução aplicado ao Banco Espírito Santo", Dissertação de Mestrado em Direito Empresarial, Sob a orientação do Mestre Jorge Brito Pereira, UCP, 2015.

RODRIGUES, André Alfar, Código dos Valores Mobiliários Anotado e Comentado, AAFDL Editora, 2021.

RODRIGUES, André Alfar, *Deveres e Responsabilidade do Intermediário Financeiro*, Almedina, 2020.

RODRIGUES, João Vítor Freitas, "Compliance nas Instituições Bancárias – Relação com o Sistema de Controlo Interno e a Auditoria Interna", dissertação apresentada à

Universidade Católica Portuguesa para a obtenção do grau de Mestre em Direito e Gestão, sob orientação da Senhora Professora Doutora Isabel Menéres Campos e do Senhor Professor Doutor Ricardo Cruz, UCP Porto, 2019.

ROSE, Kalle Johannes, "Lack of Clarity in Recent Criminal Law Directive Gives Ground for Significant Expansion of EU Money Laundering Regulation", *Copenhagen Business School, CBS LAW Research Paper* nº 21-05, 2021.

ROTSCH, Thomas, "Criminal Compliance", *Indret*, nº1, 2012.

RUCE, Philip J., "Anti-Money Laundering: The Challenges of Know Your Customer Legislation for Private Bankers and the Hidden Benefits for Relationship Management ('The Bright Side of Knowing Your Customer')", *The Banking Law Journal*, Vol. 128, No. 6, 2011.

SÁNCHEZ, Jesús Maria Silva, "Deberes de vigilância y compliance empresarial", *Fundamentos del Derecho penal de la empresa*, Edisofer, 2013.

SANTOS, Andreia Filipa Amaral, *Os Revisores Oficiais de Contas como Gatekeepers no seio das Sociedades Anónimas*, Dissertação de Mestrado em Direito Empresarial sob a Orientação do Prof. Doutor Rui Pinto Duarte, 2016.

SCHARFMAN, Jason, "The Madoff Identity: A New Operational Due Diligence Paradigm in a Post-Madoff World", *SSRN Electronic Journal*, 2009.

SCHNEIDER, Friedrich, "Money Laundering and Financial Means of Organized Crime: Some Preliminary Empirical Findings", *Paolo Baffi Centre Research Paper* nº 2008-17.

SCHÜNEMANN, Bernd, *Unternehmenskriminalität und Strafrecht: eine Untersuchung der Verantwortlichkeit der Unternehmen und ihrer Führungskräfte nach geltendem und geplantem Straf und Ordnungswidrigkeitenrecht*, Heymann: Köln, 1979

SEZEK, Senem/KOUFOPOULOS, Dimitrios N., "Corporate Ethics Governance – The Role of Stakeholders in a Framework beyond Codes and Borders", *SSRN Electronic Journal*.

SIEBER, Ulrich Sieber/ENGELHART, Marc, *Complaince Programs for the Prevention of Economic Crimes: An Empirical Survey of German Companies*, Schriftenreihe des Max-Planck-Instituts für ausländisches und internationales Strafrecht, Reihe S: Strafrechtliche Forschungsberitche (MPIS), vol. 140, Berlin: Duncker & Humblot, 2014.

SILVEIRA, Renato de Mello Jorge/SAAD-DINIZ, Eduardo, *Compliance, Direito Penal e Lei Anticorrupção*, São Paulo: Saraiva, 2015.

SPALDING, Albert D., "Auditing Due Diligence in Law and Ethics: The Ponzi 'Feeder Fund' Cases", *Review of Business & Finance Case Studies*, v. 3 (1), 2012.

SPIRA, Laura F./PAGE, Michael, "Risk management: the reinvention of internal control and the changing role of internal audit, Accounting, Auditing and Accountability Journal, vol. 16, nº 4, 2003.

STUCKE, Maurice E.," In Search of Effective Ethics & Compliance Programs", Journal of Corporation, *University of Tennessee Legal Studies Research Paper* No. 229, 2013.

TANZI, Paola Musile, Giampaolo Gabbi, Daniele Previati, Paola Schwizer, "Compliance Risk in the Evolution of the Investment Services – Characteristics, Control Tools and Organizational Issues", *SSRN Electronic Journal*, 2009.

TISCINI, Riccardo/DONATO, Francesca di, "The Relation between Accounting Frauds and Corporate Governance Systems: An Analysis of Recent Scandals", *SSRN Electronic Journal*, 2008.

TRAUTMAN, Lawrence J., "Following the Money: Lessons from the Panama Papers, Part 1: Tip of the Iceberg", *121 Penn St. L. Rev. 807*, (2017).

VERHAGE, Antoinette, The *Anti Money Laudering Complex and the Compliance Industry*, Routledge, 2011.

VIDALETTI, Leiliane Piovesani, "Caso *Bărbulescu v. Roménia*: Tensão entre o direito do empregador e o direito à privacidade do empregado no contexto da sociedade tecnológica", Revista Jurídica Luso-Brasileira do Centro de Investigação de Direito Privado da Faculdade de Direito da Universidade de Lisboa (CIDP), Ano 6, 2020.

VOSS, W. Gregory, "European Union Data Privacy Law Reform: General Data Protection Regulation, Privacy Shield, and the Right to Delisting", *Business Lawyer*, Vol. 72, nº 1, Winter 2016/2017.

VOSS, W. Gregory, "Internal Compliance Mechanisms for Firms in the EU General Data Protection Regulation", 50 (3) *Revue juridique Thémis de l'Université de Montréal* (RJTUM), 2018.

WANGERIN, Daniel, "M&A Due Diligence, Post-Acquisition Performance, and Financial Reporting for Business Combinations", *Contemporary Accounting Research* 36(6), 2019.

WHALEN, Christopher Whalen, "The Subprime Crisis: Cause, Effect and Consequences", Networks Financial Institute Policy Brief No. 2008-PB-04, 2008.

ZENTENO, Andy Carrión/VIDELA, Gustavo Urquizo, "La responsabilidad penal del oficial de cumplimiento en el ámbito empresarial: Un breve análisis comparativo entre Alemania-Perú y EEUU", *in*: AA.VV., *Lavado de activos y compliance: Perspectiva internacional y derecho comparado* (org.: Kai Ambos / / Dino Carlos Caro Coria / Ezequiel Malarino), Jurista Editores, 2015.

ZHOU, Chen, "Are Banks Too Big To Fail? Measuring Systemic Importance of Financial Institutions", *SSRN Electronic Journal*, 2009; Emilios Avgouleas, "The Reform of 'Too-Big-To-Fail' Bank: A New Regulatory Model for the Institutional Separation of 'Casino' from 'Utility' Banking", SSRN Electronic Journal, 2010.

SOBRE O AUTOR

Licenciado em Direito pela Faculdade de Direito da Universidade de Lisboa;

Mestre em Direito Empresarial pela Universidade Católica Portuguesa, Escola de Lisboa, cuja Tese de Mestrado foi publicada pela Almedina, com o tema: "Deveres e Responsabilidade do Intermediário Financeiro";

Atualmente frequenta o Doutoramento na Faculdade de Direito na Universidade Nova de Lisboa, com Especialização em Direito Privado;

Detém uma Pós-Graduação Avançada em Direito das Sociedades Comerciais (*Foundations of Corporate Law & Deals, Markets and Litigation*) pelo Centro de Investigação de Direito Privado da Faculdade de Direito da Universidade de Lisboa;

Foi Conselheiro Pedagógico da Faculdade de Direito da Universidade de Lisboa e Coordenador do Gabinete de Erasmus e Relações Internacionais da Associação Académica da Faculdade de Direito da Universidade de Lisboa;

Atualmente é Advogado Associado na área de Corporate & Finance na SRS – Advogados;

É Investigador no Nova Consumer Lab e no Nova Compliance Lab.